JN060819

摩訶止観（II）

菅野博史 訳註

第三文明選書19

凡　例

一　底本には『大正新脩大蔵経』第四十六巻所収本を用いる。また、『天台大師全集・摩訶止観』（中山書房、一九六九年。初版は一九一九年）所収本を参照する。文字を改める場合は、語注のなかで、いちいち注記する。

二　見開き二頁にわたって、はじめに訓読訳を掲げ、次に、訓読訳に出る重要な語句に語注を付ける。語注の番号は、見開き二頁の範囲で連番とし、次頁では、新たに（1）から始める。

三　訓読訳と底本との対照の便宜のために、訓読訳の上段余白に『大正新脩大蔵経』第四十六巻の頁・段を記した。たとえば、14ａは十四頁上段を示す（中段はｂ、下段はｃと表記する）。

四　訓読訳の字体は、原則として常用漢字を用い、また、異体字を通用の字体に改める場合もある。

五　仮名遣いは、原則として現代仮名遣いを用いる。

六　リズムを重んじる伝統的な訓読よりも、意味を取りやすくするために、主格を示す「は」を多用するなど工夫する。伝統的な訓読といっても、さまざまな方式がある。本書では、仮定形の場合は、原則として「未然形＋ば」の形式で訓読する。

七　送り仮名は多めに送り、読み仮名を多めに振る。

八　読みやすくするため、訓読訳に簡略な科文を示す。科文の文章は『摩訶止観』本文ではなく、訳者が付加したものであるので、注意されたい。科文については、『国訳一切経』を参考にし、数字化した。ただし、『国訳一切経』の科文のあまりに細かい分科は省略したところもある。なお、「破法遍」の段は巻第五下から巻第六下までであるが、この段の科文は非常に複雑煩瑣で、本書に反映することはできない。しかし、この長い段落にまったく科文を付けないと理解に困難をきたすので、便宜的に簡略な科文を付けた。これには、岩波文庫本の科文も参考とした。

九　語注については、仏教用語だけでなく、文意を容易に把握できるように、一般の難解な語句にも付ける。語注の見出し語は、原漢文を掲げる。注のなかで、経論を引用する場合、専門家のための情報提供であるので、原則的に原漢文のままにする。

十　語注の中のローマ字は、とくに断りがない場合は、サンスクリット語（梵語）を示す。音訳（音写語）に対応する梵語を記す場合が多いが、実際には梵語ではなく俗語である場合も多い。また、対応する原語も複数ある場合もあるので、本書に記した対応梵語も一応の目安とご理解いただきたい。

十一　経論の出典は、引用文の後ろの（　）に記す。『大正新脩大蔵経』の頁・段・行を、T25, 23a11-13（『大正新脩大蔵経』第二十五巻、二十三頁上段十一行～十三行）などと記す。また、『新纂大日本続蔵経』の頁・段・行を、X28, 365b24-c4（『新纂大日本続蔵経』第二十八巻、三百六十五頁中段二十四行～下段四行）などと記す。

十二　本書は四冊本であるが、第四冊の巻末に解説と索引を付ける。索引の語句の選定にあたっては、原則として語注の見出し語を採用する。したがって、記載の頁数は、その語句の説明が記されている頁ということになる。また、本文に難解な語句が出てきた場合は、その頁に語注が付いていなくとも、すでに前の部分で語注を付けた可能性が高いので、巻末の索引を検索して、その語句の説明を参照していただきたい。

十三　本書を四分冊とするが、頁数の関係で、第一冊は『摩訶止観』の巻第一上から巻第三上まで、第二冊は巻第三下から巻第五下まで、第三冊は巻第六上から巻第八上まで、第四冊は巻第八下から巻第十下までを収める。頁は四分冊にわたって通頁とする。

十四　本書で用いる略号は以下の通りである。

『大正新脩大蔵経』第九巻二十一頁中段三行→T9, 21b3

『天台大師全集・摩訶止観』→『全集本』

妙楽大師湛然（七一一〜七八二）の『止観輔行伝弘決』→『輔行』

宝地房証真（十二世紀〜十三世紀）の『止観私記』→『私記』

慧澄癡空（一七八〇〜一八六二）の『摩訶止観開講演義』→『講義』

大宝守脱（一八〇四〜一八八四）の『摩訶止観開講要義』→『講述』

目次

『摩訶止観』科文(Ⅱ)　(頁)

巻第三下

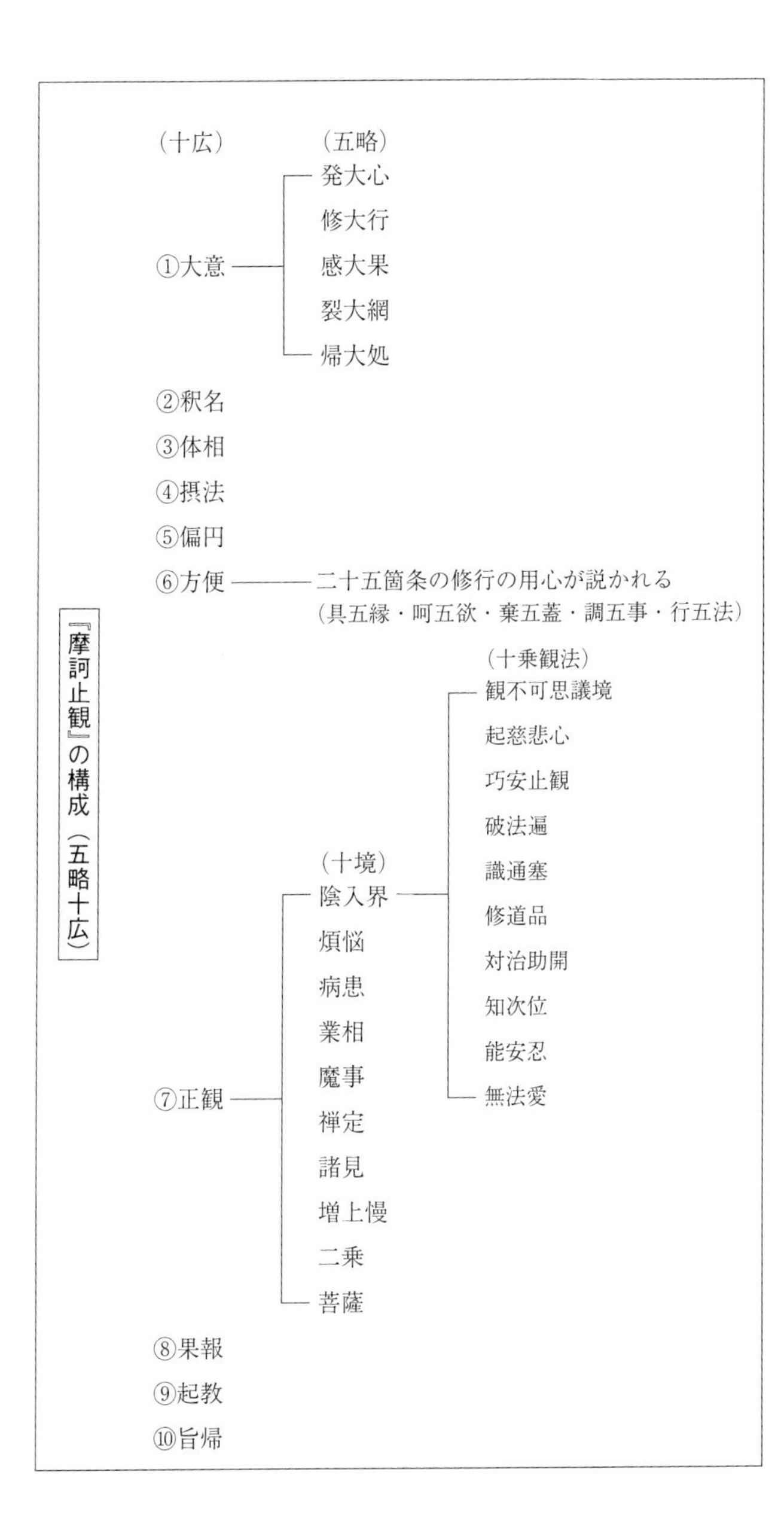
『摩訶止観』の構成（五略十広）
（十広）
（五略）
①大意
発大心
修大行
感大果
裂大網
帰大処
②釈名
③体相
④摂法
⑤偏円
⑥方便
二十五箇条の修行の用心が説かれる
（具五縁・呵五欲・棄五蓋・調五事・行五法）
⑦正観
（十境）
陰入界
煩悩
病患
業相
魔事
禅定
諸見
増上慢
二乗
菩薩
（十乗観法）
観不可思議境
起慈悲心
巧安止観
破法遍
識通塞
修道品
対治助開
知次位
能安忍
無法愛
⑧果報
⑨起教
⑩旨帰

本文レイアウト／安藤　聡
装幀／クリエイティブ・コンセプト

摩訶止観（II）

摩訶止観 巻第三下

隋の天台智者大師説く
門人の灌頂記す

次に円教は、但だ一実諦を明かすのみ。『大経』に云わく、「実には是れ一諦なれども、方便もて二を説く[1]」と。今も亦た此れに例す。実には是れ一諦なれども、方便もて三を説くなり。『法華』に云わく、「更に異の方便を以て、助けて第一義を顕わすのみ[2]」と。是れ円教の二諦・三諦・一諦の離合[3]の相と為すなり。

次に四諦の離合を明かすとは、前の三諦・二諦・一諦は皆な竪に辨じて、四諦は則ち横に論ずれば、則ち四種の四諦有り。謂わく、生滅・無生滅・無量・無作等なり。生滅の四諦は、即ち是れ横に三蔵の二諦を開くなり。無生の四諦は、即ち是れ横に通教の二諦を開くなり。無量の四諦は、即ち是れ横に別教の二諦を開くなり。無作の四諦は、即ち是れ横に円教の一実諦を開くなり。今、『中観論』を将て此の四番の四諦に合すれば、『論』[4]に「因縁所生法」と云うは、即ち生滅の四諦なり。「我説即是空」は、即ち無生の四諦なり。「亦為是仮名」は、即ち無量の四諦なり。「亦名中道義」は、即ち無作の四諦なり。

5.3.3.2.2. 智に約して離合を論ず

5.3.3.2.2.1. 諦・智相待して、各おの離合を明かす

二に智の離合を明かすとは、諸の経に、或いは一智、二、三、四、乃至、十一智[5]等を説く。若

（1）大経云実是一諦方便説二——『南本涅槃経』巻第二十四、高貴徳王菩薩品、「云何為信。菩薩摩訶薩信於三宝施有果報、信於二諦一乗之道更無異趣、為諸衆生速得解脱、諸仏・菩薩分別為三、信第一義諦、信善方便、是名為信。如是信者、若諸沙門、若婆羅門、若天、魔、梵、一切衆生所不能壊。因是信故、得聖人性。修行布施、若多若少、悉得近於大般涅槃、不堕生死。戒・聞・智慧亦復如是。是名為信。雖有是信、而亦不見。是為菩薩修大涅槃成就初事」（T12, 762a1-9）を参照。底本の「三」を、宮本・甲本によって「二」に改める。

（2）法華云更以異方便助顕第一義耳——『法華経』方便品、「更以異方便、助顕第一義」（T9, 8c10-11）を参照。

（3）離合——分離と統合の意。

（4）将中観論合此四番四諦——『中論』巻第四、観四諦品、「衆因縁生法　我説即是無　亦為是仮名　亦是中道義」（T30, 33b11-12）を参照。

（5）十一智——『大品般若経』巻第一、序品、「十一智、法智・比智・他心智・世智・苦智・集智・滅智・道智・尽智・無生智・如実智」（T8, 219a13-15）を参照。

し三智を説かば、用て三諦を観ず可し。其の増減の如きは、当に云何が観ずべき。
一智とは、『経』に云わく、「一切の諸の如来は、同じく共に一の法身、一の心、一の智慧なり。力・無畏も亦た然り」[1]と。唯一の仏智は、即ち一切種智なり。一相、寂滅相、種種の行・類・相貌は皆な知るを、一切種智と名づく。[2]此の智もて三諦を観ずれば、一相の寂滅相と言う 28c が若きは、即ち是れ中道を観ず。若し種種の行・類・相貌は皆な知ると言わば、即ち是れ双べて二諦を照らすなり。

二智の若きは、所謂る権実なり。権は、即ち一切智と道種智にして、有無の両諦を観ずるなり。実は、即ち一切種智にして、中道諦を観ずるなり。

三智もて三諦を観ずるは、解す可ければ、説かず。

四智とは、『大品』に、「道慧・道種慧・一切智・一切種智」と明かすが如し。[3]『釈論』に此れを解するに、多種有り。[4]或いは因の中に但だ理体有るを、名づけて道慧・道種慧と為し、果上に事理皆な満ずるを、一切智・一切種智と名づく。或いは言わく、因の中の権実なるが故に、道慧・道種慧と言い、空に入るを実慧と為し、仮に入るを権慧と為すと。或いは言う。果上の権実なるが故に、一切智・一切種智と言い、直ちに中道を縁ずるを一切智と名づけ、双べて二諦を照らすを一切種智と名づく。或いは言う。因の中の総別、果の上の総別なり。或いは言う。

（1）経云一切諸如来同共一法身一心一智慧力無畏亦然――『六十巻華厳経』巻第五、菩薩明難品、「文殊法常爾　法王唯一法　一切無礙人　一道出生死　一切諸仏身　唯是一法身　一心一智慧　力無畏亦然」（T9, 429b18-21）を参照。「力」は、十力のことで、仏の持つ十種の智慧の力を指す。処非処智力・業異熟智力・静慮解脱等持等至智力・根上下智力・種種勝解智力・種種界智力・遍趣行智力・宿住随念智力・死生智力・漏尽智力をいう。「無畏」は、四所無畏のことで、四種の畏れのない自信を指す。正等覚無畏・漏永尽無畏・説障法無畏・説出道無畏をいう。

（2）一相寂滅相種種行類相貌皆知名一切種智――『大品般若経』巻第二十一、三慧品、「一相故、名一切種智。所謂一切法寂滅相。復次諸法行・類・相貌、名字顕示説、仏如実知。以是故、名一切種智」（T8, 375c22-25）を参照。また、『法華経玄籤備撿』巻第二、「【玄】行類相貌。大論釈云、行是菩薩三乗異於他人、以行表知也。類者、分別諸菩薩是退是不退。相貌者、以行類種種因縁、得知不退菩薩相也」（X28, 473a11-14）、『止観輔行助覧』巻第二、「論種種行類相貌、智論七十二云、三事何異。有人言行。是阿鞞跋致菩薩。身口意異於他人。以此表甚深智慧也。類者、分別知諸菩薩是阿鞞跋致非阿鞞跋致耶。相貌者、除行類。種種因縁、得知阿鞞跋致相」（X55, 877c5-9）を参照。「一切種智」は、一切を知る仏の智慧のこと。

（3）如大品明道慧道種慧一切智一切種智――『大品般若経』巻第一、序品、「菩薩摩訶薩欲遍知仏十力・四無所畏・四無閡智・十八不共法・大慈大悲、当習行般若波羅蜜。菩薩摩訶薩欲具足道慧、当習行般若波羅蜜。菩薩摩訶薩欲以道慧具足道種慧、当習行般若波羅蜜。欲以道種慧具足一切智、当習行般若波羅蜜。欲以一切智具足一切種智、当習行般若波羅蜜。欲以一切種智断煩悩習、当習行般若波羅蜜」（T8, 219a17-25）を参照。

（4）釈論解此有多種――『大智度論』巻第二十七（T25, 260b17-29）を参照。

道慧・道種慧は是れ単に権実を明かし、一切智・一切種智は是れ複に権実を明かす。[1] 是の如き等、種種に四智を釈するも、四智は秖だ是れ三諦を照らすなり。

若し『経』の中に、五諦、六、七、八、九、乃至、無量を明かすこと有らば、但だ此の意を得て之れを釈して、三諦に入らしむ。

十一智とは、世智、他心智の両種は俗諦を照らす。八智は真諦を観ず。如実智は中道を観ず。是れ智に離合有れども、三諦は動ぜずと名づく。

復た次に、智と諦と倶に開かば、其の多少に随って自相いに摂す。三諦に即ち三智有り、二諦に即ち二智有るが如し。此の義は解す可し。

又た、智と諦と倶に開かざれば、且らく一諦・一智に拠りて、増やさず減らさず。此れも亦た解す可し。

若し智は開合すと雖も、終に是れ実智にして、能く実体を顕わすなり。

5.3.3.2.2. 諦・智に約して共に離合を論ず

次に諦・智に約して合して辯ずとは、三蔵の真諦は一眼・一智を発し[2]、俗諦は一眼・一智を発す[3]。両諦は共に一眼・一智を発す[4]。慧眼・一切智は真諦を縁じ、法眼・道種智は俗諦を縁じ、

29a

仏眼・一切種智は共に真俗の両諦を縁ずれども、双べて照らすと道うことを得ず、秖だ前後共に照らすと道うことを得るのみ。

通教の真諦は二眼・二智[5]を発し、俗諦は一眼・一智[6]を発し、一切智・一切種智は共に真諦を縁じ、道種智は俗諦を縁ず。

（1）或言道慧道種慧是単明権実一切智一切種智是複明権実――『輔行』巻第三之三、「直語道慧道種慧、故名為単。転慧名智、各加一切。是故名複。是則一権一切権、一実一切実。是故単複倶通因果。今亦従別、故慧単而智複」（T46, 236b16-19）を参照。

（2）一眼一智――三蔵教の真諦の「一眼」は慧眼で、「一智」は一切智である。

（3）一眼一智――三蔵教の俗諦の「一眼」は法眼で、「一智」は道種智である。

（4）一眼一智――ここの「一眼」は仏眼で、「一智」は一切種智である。

（5）二眼二智――通教の真諦の「二眼」は慧眼・仏眼で、「二智」は一切智・一切種智である。

（6）一眼一智――通教の俗諦の「一眼」は法眼で、「一智」は道種智である。

若し別接通[1]を作さば、俗諦は一眼・一智[2]を発し、真諦は一眼・一智[3]を発し、真を開して中を出だし、一眼・一智[4]を発す。智の諦を縁ずることも亦た是の如し。

別教の三諦は、一一の諦、各おの一眼・一智[5]を発す。智の諦を縁ずることも亦た是の如し。

若し別教に二諦を作さば、俗の中の空は一眼・一智[6]を発し、俗の中の有は一眼・一智[7]を発し、真諦は一眼・一智[8]を発す。智の諦を縁ずることも亦た是の如し。

円教は、一実諦、三眼・三智[9]を発す。智の諦を縁ずることも亦た是の如し。

問う。云何んが別を以て通を接するや。

答う。初め空・仮の二観は、真俗の上の惑を破し尽くして、方に中道を聞き、仍お観を修して無明を破し、能く八相作仏[10]することを須う。此の仏は是れ果なり、仍お前の二観[11]を因と為すが故に、別を以て通を接すと言うのみ。此の仏果を以て、三阿僧祇百劫[12]、相を種うる因[13]を接せざるが故に、三蔵を接せず。此の果を将て十地の因を接せざるが故に、別を接せず。此の果を将て十住に無明を断ずるを接せざるが故に、円を接せず。唯だ別を以て通を接することを得。

(1)別接通――通教の修行者が空を悟る場合、その空が但空でなく、不但空であることを知って、中道を悟る。その中道が但中（中道が空・仮から独立していること）である場合は、別教に引き継がれ、これを別接通という。不但中（中道が空・仮と融合していること）である場合は、円教に引き継がれ、これを円接通という。別教の地前（初地以前の位）の修行者が不但中を悟る場合は、円教に引き継がれ、これを円接別という。

(2)一眼一智――別接通の俗諦の「一眼」は法眼で、「一智」は道種智である。

(3)一眼一智――別接通の真諦の「一眼」は慧眼で、「一智」は一切智である。

(4)一眼一智――ここの「一眼」は仏眼で、「一智」は一切種智である。

(5)一眼一智――ここの「一眼」は仏眼で、「一智」は一切種智である。

(6)一眼一智――俗諦のなかの空の「一眼」は慧眼で、「一智」は一切智である。

(7)一眼一智――俗諦のなかの有の「一眼」は法眼で、「一智」は道種智である。

(8)一眼一智――真諦の「一眼」は仏眼で、「一智」は一切種智である。

(9)三眼三智――「三眼」は、慧眼・法眼・仏眼で、「三智」は一切智・道種智・一切種智である。

(10)八相作仏――八相成道ともいう。釈尊が衆生救済のために、八種の姿を示したこと。作仏、成道も八相の一つであるが、最重要なので、別出する。八相は、下天・託胎・降誕・出家・降魔・成道（作仏）・転法輪・入涅槃のこと。

(11)二観――空観と仮観のこと。

(12)三阿僧祇百劫――菩薩が発心してから成仏するまでの時間の長さをいう。三阿僧祇劫の間、六波羅蜜を修行し、百劫の間、三十二相を得る福業を修して成仏する。「阿僧祇」は、インドの巨大な数の単位。asaṃkhya、asaṃkheya の音訳。無数、無央数と訳す。「劫」は、kalpa の音訳で、インドの最も長い時間の単位。

(13)種相――仏の備える三十二相の原因を作ること。「相」は、lakṣaṇa の訳語で、大きな特徴の意。『法華玄義』巻第四上、「又示同習六度三阿僧祇、百劫種相好、柔伏煩悩、六度菩薩小善之行」（T33, 724b24-26）を参照。

其の義は此の如し。

5.3.4. 得失を明かす

四に得失を明かすとは、失とは即ち思議、得とは即ち不思議なり。若し智は心に由って生じ、自ら能く境を照らすこと、炬(たいまつ)の物を照らすに、若しは照らすも、未だ照らさざるも、此の物は本より有るが如く、若しは観ずるも、観ぜざるも、境は自(おのずか)ら天然なりと言わば、諦・智は相い由籍(ゆじゃく)[1]せず。若し智は自ら智ならず、境に由るが故に智にして、境も自ら境ならず、智に由るが故に境にして、長短は相い待(だい)するが如しと言わば、此れは是れ相い由って有り。若し境は自ら境ならず、亦た智に由るが故に境ならず、境・智の因縁の故に境にして、智も亦た例して然りと言わば、此れは是れ共に合して名を得。若し皆な上の三種[2]の如くならず、但だ自然(じねん)にして爾りと言わば、即ち是れ無因の境・智なり。此の四解[3]に皆な過(あやま)ち有り。所以は何ん。四取有れば、則ち依倚(えい)[4]有り、依倚すれば則ち是非し、是非すれば則ち愛恚(あいい)し、愛恚すれば一切の煩悩を生じ、煩悩を生ずるが故に、戯論諍競(けろんじょうきょう)[5]を生じ、諍競を生ずるが故に、身・口・意の業を起こし、業を生ずるが故に、苦海に輪廻して、解脱の期(ご)無し。当に知るべし、四取[6]は是れ生死の本なり。故に龍樹は之れを伐(き)る。諸法は自(じ)より生ぜず[7]。那(な)んぞ自の

29b

境智を得ん。他生無し。那んぞ相い由るの境・智を得ん。共生（ぐうしょう）無し。那んぞ因縁の境・智を得ん。無因生（むいんしょう）無し。那んぞ自然の境智を得ん。若し四の見に執して著せば、愚惑は紛綸（ふんりん）[8]たり。

（1）由籍——依存すること。
（2）三種——智によるので境であること（他生）、境によるので境であること（自生）、境智の因縁によるので境であること（共生）を指す。
（3）四解——境・智に関する自生・他生・共生・無因生の四つの理解のこと。
（4）依倚——依存すること。
（5）戯論諍競——戯れの議論をして争い競うこと。
（6）四取——自生・他生・共生・無因生の四つの理解を採用すること。
（7）諸法不自生——『中論』巻第一、観因縁品、「諸法不自生　亦不従他生　不共不無因　是故知無生　不自生者、万物無有従自体生。必待衆因。復次若従自体生。則一法有二体。一謂生。二謂生者、若離余因従自体生者、則無因無縁。又生更有生生、則無窮。自無故他亦無。何以故。有自故有他。若不従自生、亦不従他生。共生則有二過。自生他生故。若無因而有万物者、是則為常。是事不然。無因則無果。若無因有果者、布施・持戒等、応堕地獄。十悪・五逆、応当生天。以無因故」（T30, 2b6-17）を参照。
（8）紛綸——多く乱れて生じること。

何ぞ謂いて智と為さん。今、不自生等を以て四性を破す[1]。性は破するが故に、依倚無く、乃至、業・苦等無く、清浄なる心は常に一なれば、則ち能く般若を見る[2]。

是の義を以ての故に、自の境・智の苦・集は生ぜず。即ち是れ生生不可説なり。故に身子は黙然たり[3]。乃至、無因の境・智の苦・集は生ぜず。即ち是れ不生不生不可説なり。故に、浄名は口を杜ぐ[4]。言語の道は断え、心の行処は滅す。説く可からずと雖も、四悉檀の因縁有るが故に、亦た説くことを得可し[5]。或いは自生の境・智を説き、乃至、或いは無因の境・智を説く。四説を作すと雖も[6]、性執は久しく破すること[7]、前の如し。但だ名字のみ有り。名字は無性なり。無性の字なれば、是の字は住せず、亦た住せざるにも不ず。是れ不可思議と為す。故に『金光明』に、「不可思議の智の境、不可思議の智の照」と云うは[8]、即ち此の意なり。

若し四性の境・智を破せば、此れを実慧と名づく。若し四悉檀もて縁に赴きて四の境・智を説かば、此れを権慧と名づく。是の如き境・智は、凡夫は両つながら失う[9]。二乗は一は得、一は失う[10]。菩薩は両つながら得[11]。何を以ての故に。凡夫に四性有れば、自行を失と為し、四悉檀無ければ、化他を失と為す。二乗は四性を破して第一義に入れば、自行を得と為し、衆生を度

(1)四性――自性（自分から生じる性質のもの）・他性・共性・無因性を指す。

(2)清浄心常一則能見般若――『大智度論』巻第十八、「無量衆罪除　清浄心常一　如是尊妙人　則能見般若」（T25, 190b22-23）を参照。

(3)身子黙然――『維摩経』巻中、観衆生品、「天曰、耆年解脱、亦何如久。舎利弗黙然不答」（T14, 548a8-9）を参照。

(4)浄名杜口――『維摩経』巻中、入不二法門品、「於是文殊師利問維摩詰、我等各自説已、仁者当説何等是菩薩入不二法門。時維摩詰黙然無言」（同前、551c20-22）を参照。「浄名」は、Vimalakīrti の漢訳。維摩詰と音写する。「杜口」は、口を閉じること、沈黙すること。

(5)雖不可説有四悉檀因縁故亦可得説――『南本涅槃経』巻第十九、光明遍照高貴徳王菩薩品、「不生生不可説、生生亦不可説、生不生亦不可説、不生不生亦不可説、生亦不可説、不生亦不可説、有因縁故、亦可得説」（T12, 733c9-12）を参照。

(6)四説――四悉檀に基づく四種の説の意。

(7)性執――実体に対する執著の意。「性」は、自性（実体）の意。

(8)金光明云不可思議智境不可思議智照――『金光明経』巻第三、散脂鬼神品、「我現見不可思議智光・不可思議智炬・不可思議智行・不可思議智聚・不可思議智境」（T16, 346c2-4）を参照。

(9)両失――権慧と実慧をどちらも失うこと。

(10)一得一失――実慧を得て、権慧を失うこと。

(11)両得――権慧と実慧をどちらも得ること。

せざれば、化他を失と為す。菩薩は具足す。[1]是の故に両つながら得。[2]又た凡夫の両失は、是れ思議の失なり。二乗の一得一失は、倶に是れ思議なり。菩薩の両得は、倶に不思議なり。此れは通教に約して、得失を辨ず。若し別をば通に望めば、通教の両得は、倶に是れ思議なり。別教の両得は、倶に不思議なり。若し円をば別に望めば、別教の教道の両得は、倶に是れ思議なり。何を以ての故に。教門は方便なればなり。[3]或いは無明は一切の法を生ずと言い、或いは法性は一切の法を生ずと言う。或いは縁修は真修を顕わすと言い、或いは真は自ら顕わると言う。此れを執すれば、還って性の過を成じ、可思議の中に堕するなり。証道の若きは、即ち不思議なり。円教の教・証の若きは、倶に不思議なり。何が故に爾るや。至理は説無けれども、縁の為めに四説す。[4]但だ仮名のみ有り。仮名の名なれば、名は即ち無生なり。故に教・証は倶に不可思議なり。思無く、念無し。故に依倚・戯論・結業無し。業無きが故に、生死無し。是れ自行を得と為すと名づく。実体を得て、能く不可説を以て説き、衆生を化導して、生死を出で実体を得しむれば、是れ自他倶に体を得と為すなり。

29c

5.4. 摂法

第四に摂法を明かすとは、疑う者は、止観の名は略にして、法を摂すること周からずと謂う。

今は則ち然らず。止観は総持して、遍く諸法を収む。何となれば、止は能く諸法を寂し、病に灸(やいと)するに穴(つぼ)を得れば、衆(もろもろ)の患(わずら)いは皆な除くが如く、観は能く理を照らすは、珠王(じゅおう)を得れば、衆の宝は皆な獲(う)るが如く、一切の仏法を具足す。『大品』に百二十条有り、(5)及び一切の法に皆な当に般若を学ぶべしと言う。般若は秖(た)だ是れ観智なるのみなれども、観智は已に一切の法を摂す。又た、止は是れ王三昧にして、一切の三昧は悉ごとく其の中に入る。

今、更に広く摂法を論ずるに、即ち六意と為す。一に一切の理を摂し、二に一切の惑を摂し、三に一切の智を摂し、四に一切の行を摂し、五に一切の位を摂し、六に一切の教を摂す。此の

(1)具足――自行と化他を完備すること。
(2)両得――権慧と実慧をどちらも得ること。
(3)教道方便――「教道」は仏の言教を指し、「証道」は真理を証得することをいう。蔵教・通教は、教道・証道ともに権＝方便であり、円教はともに実であるが、別教における教道は権で、証道は円教における悟りと同じく真実であるとされる。
(4)四説――四悉檀に基づく四種の説の意。
(5)大品有百二十条――『大品般若経』巻第一、序品には「当学般若波羅蜜」が六十数回出るが、「百二十条」という数字は不明。

六の次第は、仏有るも仏無きも、理性(りしょう)は常住なり。理に迷うに由るが故に、生死の惑を起こす。理に順じて観ず。是の故に智を論ず。解あるが故に行を立て、行に由るが故に位を証し、位は満ずるが故に他を教う。事理・解行・困果・自他等は、次第に皆な止観に摂し尽くすなり。

5.4.1. 止観を以て別々に六を摂す

5.4.1.1. 一切の理を摂す

一に三止三観を以て一切の理を摂すとは、理は是れ諦法にして、上の開合・偏円の同じからざるが如し。権実の外、更に別の理無し。摩黎山(まりせん)[1]を除きて、余に栴檀(せんだん)無し。若し更に有らば、即ち是れ妄語なり。既に止観を以て体を顕わせば、即ち一切の理を摂するなり。

5.4.1.2. 一切の惑を摂す

二に止観は一切の惑を摂すとは、諦に迷うを以ての故に、生死の惑を起こす。迷いは即ち無明なり。若し権の理に迷わば、則ち界内の相応・独頭(どくず)等の無明有り。見思の諸使と合する者を相応と名づけ、相応せざる者を独頭と名づく。是の事は知らざるが故に、貪を起こす。知らざる者は是れ無明なり。貪を起こすは是れ行、貪とは是れ識、識の四陰と共に起こるは是れ名色、

30a

色の諸根を動かすは是れ六入、六入の著する所は是れ触、触の塵に随順するは是れ受、受の喜楽(ぎょう)する所は是れ愛、愛と倶に生ずる纏(てん)[2]は是れ取、当来に生ずる業を造るは是れ有、未来の陰(おん)の起こるは是れ生、陰の熟するは是れ老、陰を捨つるは是れ死なり。是の十二の輪は、更互(たが)いに因果と為り、煩悩は業に通じ、業は苦に通じ、苦は煩悩に通ずるが故に、三道[3]と名づく。『成論』に云わく、「前は後の三の中に行じ、後は前の七の中に行ず。七は是れ業、復た是れ道にして、能く後の世に通ず。後の三は業に非ざれども、能く七に通じ、亦た是れ道なることを

（1）摩黎山――「摩黎」は、Malaya の音写語。摩羅耶とも音写する。栴檀香を出す山。
（2）纏――まとわりつくこと。
（3）三道――煩悩（惑）道、業道、苦道をいう。

得」[1]と。『経』の中に、亦た呼びて「十二牽連（けんれん）」[2]、「十二輪」[3]と為す。束縛すること窮まらざるが故に、名づけて輪と為す。三世は間隔（けんきゃく）するが故に、分段と名づく。真諦の理を覆いて解脱することを得ず。此れは即ち是れ病なり。病を説けば、即ち薬を知る。薬は即ち従仮入空（じゅげにっくう）の止観なり。薬を観れば、即ち病を知る。故に此の惑は入空の止観の摂する所と為るなり。

若し実理に迷わば、則ち界外の相応・独頭等の無明[4]有り。所以は何ん。界内に相応・独頭を断ずと雖も、習気（じっけ）は猶お在り。小乗の中には習（じゅう）は正使に非ざれども、大乗の実説には、習は即ち別惑[5]にして、是れ界外の無明なり。故に『宝性論』に云わく、「二乗の人に無常・苦・空・無我等の対治有りと雖も、仏の法身に於いては、猶お是れ顛倒なり[6]」と。顛倒は、即ち是れ無

(1) 成論云前行後三中後行前七中七是業復是道――『成実論』巻第八、十不善道品、「問曰、何故名為業道。答曰、意

即是業。於此中行、故名業道。先行後三中、後行前七中。三業道非業。七業亦業亦道」（T32, 305c14-16）を参照。「後三」は、有・生・老死を指す。「前七」は、識・名色・六入・触・受・愛・取を指す。

(2)十二牽連――十二因縁の別名として、多くの経典に出る。「牽連」は、連なるの意の類義字を重ねた熟語で、十二因縁が次々と連続しているさまを表現したもの。

(3)十二輪――十二因縁の別名である。

(4)相応独頭等無明――「相応」の無明は、見思惑などと合する無明で、「独頭」の無明は、見思惑などと合しない無明を指す。

(5)別惑――塵沙惑・無明惑は菩薩だけが断じる惑なので、別惑と呼ぶ。

(6)宝性論云二乗之人雖有無常苦空無我等対治於仏法身猶是顚倒――『究竟一乗宝性論』巻第三、一切衆生有如来蔵品、「略説四句義 四種顚倒法 於法身中倒 修行対治法 此偈明何義。彼信等四法。如来法身因此能清浄。彼向説四種法。彼次第略説対治四顚倒。如来法身四種功徳波羅蜜果応知。偈言略説四句義故。此明何義。謂於色等無常事中起於常想。於苦法中起於楽想。於無我中起於我想。於不浄中起於浄想。是等名為四種顚倒応知。偈言四種顚倒法故。為対治此四種顚倒故。有四種非顚倒法応知。何等為四。謂於色等無常事中生無常想・苦想・無我想・不浄想等。是名四種不顚倒対治応知。偈言修行対治法故。如是四種顚倒対治、依如来法身。復是顚倒応知。偈言於法身中倒故。対治此倒、説有四種如来法身功徳波羅蜜果。何等為四。所謂常波羅蜜・楽波羅蜜・我波羅蜜・浄波羅蜜応知。偈言修行対治法故。是故聖者勝鬘経言、世尊、凡夫衆生於五陰法、起顚倒想。謂無常常想・苦有楽想・無我我想・不浄浄想。世尊、一切阿羅漢辟支仏空智者、於一切智境界及如来法身本所不見。若有衆生信仏語故、於如来法身、起常想・楽想・我想・浄想」（T31, 829b12-c5）を参照。

明の独頭なり。無漏智の業を行と為す。三種の意生身(いしょうしん)[1]は、亦た是れ五種の意生身なり[2]。意は即ち是れ識、身は即ち名色、六入・触・受、無明の細惑、戯論の未だ究竟して滅せざるは即ち是れ愛・取、煩悩の染(ぜん)・業の染・生の染の未だ究竟せざるは即ち是れ有、三種の意因の移るは即ち是れ生、其の果の変易(へんにゃく)するは即ち是れ老死なり。此の十二を束(つか)ぬれば、是れ無漏界の中の四種の障なり。謂わく、縁・相・生・壊なり[3]。縁は即ち煩悩道、相は即ち業道、生・壊は即ち苦道なり。故に知んぬ、界外にも十二因縁有ることを。所以は何ん。仏を降って已下、皆な無明有り、無明は業を潤す。業は既に潤えば、那んぞ苦無きことを得んや。此の十二輪は、果を退して下に堕せずと雖も、無明の輪従り老死に至り、老死の輪従り無明に至ることを妨げず。実理を障(さ)うるは、良(まこと)に此の惑に由る。此の惑は、入仮・入中の両観の治(じ)する所と為る。

(1)三種意生身――『勝鬘経』一乗章、「世尊、如是無明住地力、於有愛数四住地、無明住地其力最大。譬如悪魔波旬於他化自在天、色・力・寿命・眷属・衆具・自在殊勝。如是無明住地力、於有愛数四住地、其力最勝、恒沙等数上煩悩依、亦令四種煩悩久住。阿羅漢・辟支仏智所不能断、唯如来菩提智之所能断。如是世尊、無明住地最為大力。

世尊、又如取縁有漏業因而生三有。如是無明住地、縁無漏業因、生阿羅漢・辟支仏・大力菩薩三種意生身。此三地、彼三種意生身生及無漏業生、依無明住地、有縁非無縁。是故三種意生及無漏業、縁無明住地。世尊、如是有愛住地数四住地、不与無明住地業同、無明住地異、離四住地。仏地所断、仏菩提智所断。何以故。阿羅漢・辟支仏、断四種住地、無漏不尽、不得自在力、亦不作証。無漏不尽者、即是無明住地」(T12, 220a9-25) を参照。『究竟一乗宝性論』巻第三、「一切衆生有如来蔵品」、「声聞辟支仏得大力自在。菩薩為証如来功徳法身第一彼岸、有四種障。何等為四。一者縁相。二者因相。三者生相。四者壊相。縁相者、謂無明住地。即此無明住地与行作縁。如無明縁行。無明住地縁亦如是故。因相者、謂無明住地縁行。即此無明住地縁行為因。如行縁識。無漏業縁亦如是故。生相者、謂無明住地縁依無漏業因生三種意生身。如四種取。縁依有漏業因而生三界。三種意生身生亦如是故。壊相者、謂三種意生身縁不可思議変易死如依生縁、故有老死。三種意生身縁不可思議変易死亦如是故」(T31, 830a29-b12) を参照。「意生身」は、manomaya-ātmabhāva,-kāya,-skandha などの訳。意成身(いじょうしん)とも訳す。意より成る身、意のままに生まれる身、意によって生じた身などと種々に解釈される。界外の不思議変易の生死を受ける身のこと。意志によって生じた身のこと。『宝性論』によれば、三種とは、阿羅漢、辟支仏(独覚)、大力菩薩のことである。『勝鬘経』一乗章も同様である。

(2)五種意生身――『観音義疏記』巻第三、「五種意生身、即全在者也。楞伽但明三種意生身。今家約義、開為五種。且三種者、一入三昧楽意成身。此擬二乗入空意也。二覚法自性意成身。此擬通教菩薩出仮意也。三種類倶生無作意成身。此擬別教菩薩修中意也。若開為五者、於三昧開両教二乗、於覚法開別教十行」(T34, 951a2-8) を参照。これによれば、三種の意生身は、三昧楽意成身・覚法自性意成身・種類倶生無作意成身である。さらに第一の三昧楽意成身から蔵教・通教の二乗を開き出し、第二の覚法自性意成身から別教の住行を開き出して、五種とする。

(3)謂縁相生壊――前ページ注1の『究竟一乗宝性論』の引用を参照。

更に之れを料簡す。何を以ての故に、三種の意生身に、凡そ多種有るや。若しは析・体の二乗[1]、及び通[2]の菩薩等は、先に界内の惑を断じ尽くせども、未だ曾て仮・中を修習せざれば、界外に生ずるも、界外の惑は全く未だ伏せられず。其の根は則ち鈍なり。若し彼に於いて観を習う時は、必ず須らく次第に歴劫修行し、恒沙の仏法を学びて、先ず塵沙を破すべし。塵沙は生を潤さずと雖も、能く化道を障う。故に須らく前に断ずべし。此の惑を断ずるは、止だ是れ調心の方便なるのみ。界外の惑を伏し、進んで三道を断ずれば、相応・独頭、枝・本[3]は皆な去る。(30b)故に知んぬ、仮観は正しく塵沙を摂得し、亦た無明を摂得することを。別・円の二人の若きは、通惑[4]は先に尽き、別惑は伏せられて、彼の界[5]に生ずれば、神根[6]は即ち利なり。但だ中観を修して、彼の三道を治す。初地従り乃ち後地に至るまで、地地の中に皆な三道有り。地地の無明は分分に滅し、業は滅し、苦は滅し、地地の相応[7]は去る時、独頭も亦た去る。地地に智有りと雖も、智は無明と雑り、雑るが故に、亦た呼びて智障と為すことを得。上分の智を障うるが故なり。唯だ仏心の中にのみ無明無ければ、則ち煩悩道は尽く。煩悩道は尽くるが故に、業は尽く。業は尽くるが故に、苦は尽く。三道の究竟するは、唯だ如来にのみ在り。是の故に中観は界外の惑を摂得するなり。

5.4.1.3. 一切の智を摂す

三に止観に一切智を摂すとは、諸智の離合は前に説く所の如く、三観もて往きて収むるに、畢ごとく尽きざること無し。世智は理を照らさざれども、十一智の中に已に摂す。若し広く二十智[8]を明かさば、亦た三観の摂する所と為るなり。

(1)析体二乗――蔵教・通教の二乗（声聞・縁覚）のこと。「析」は蔵教、「体」は通教をそれぞれ指す。
(2)通――通教を指す。
(3)枝本――「枝」は塵沙惑、「本」は無明惑を指す。
(4)通惑――見思惑のこと。声聞・縁覚・菩薩が共通に断じる惑なので通惑と呼ぶ。
(5)彼界――界外（三界外部）を指す。
(6)神根――精神的な能力の意。
(7)相応――相応の無明のこと。
(8)二十智――『法華玄義』巻第三上、「一世智、二五停心四念処智、三四善根智、四四果智、五支仏智、六六度智、七体法声聞智、八体法支仏智、九体法菩薩入真方便智、十体法菩薩出仮智、十一別教十信智、十二三十心智、十三十地智、十四三蔵仏智、十五通教仏智、十六別教仏智、十七円教五品弟子智、十八六根清浄智、十九初住至等覚智、二十妙覚智」（T33, 707a28-b6）を参照。

5.4.1.4. 一切の行を摂す

四に止観に一切の行を摂すとは、前の智は是れ解にして、解あれども行無ければ、終に至る所無し。行に両種有り。謂う所は慧行・行行なり。若しは三蔵の中の慧行・行行、乃至、円の中の慧行・行行なり。慧行は是れ正行にして、行行は是れ助行なり。毘婆舎那は能く煩悩を破し、復た奢摩他の力を須いて、正知見を助く。正・助の両行は智に随って転ずること、足の眼に随うが如し。三蔵の中の無常の析観[1]の若きは、是れ慧行なり。不浄・慈心[2]等は、是れ行行なり。此の両行は、析智に随って空に入るなり。通の中、法は幻化の如しと体するが若きは、是れ慧行なり。一切の法に歴る数息・念処[3]の事を縁ずる止観は、是れ行行なり。此の両行は、体法の智に随って空に入るなり。衆生を化せんが為めに、道種智を修するが若きは、俗の理を縁ずるは慧行に属し、俗の事を縁ずるは行行に属し、此の両行は、道種智に随って仮に入るなり。中道の実相・一道清浄を縁ずるが若きは、是れ慧行にして、一切の法門に歴るに、諸度は皆な是れ摩訶衍、十二因縁は即ち是れ仏性、念処は即ち是れ道場に坐す等にして、是れ行行なり。此の両行は、中智に随って実相に入るなり。

復た次に、根本四禅は、定・慧等しきが故に、[4]両に摂す。欲界は定少なく慧多ければ、観の摂なり。中間も亦た爾り。四空[5]は定多く慧少なければ止の摂なり。四無量心の前の三心[6]は観の

30c

摂、捨心は止の摂なり。九想・八念[7]・十想は観の摂なり。八背捨の前の三の背捨[8]は観の摂にして、後の五[9]は止の摂なり。九次第定[10]・師子奮迅・超越等は是れ止の摂なり。

四念処は是れ慧の性なれば観の摂なり。若し四意止(しいし)[11]の説を作さば、作心して不浄等を記録

(1)析観――蔵教の析色入空観のこと。
(2)不浄慈心――五停心観のなかの不浄観と慈心観（慈悲観）のこと。
(3)数息念処――数息観と四念処観（身の不浄、受の苦、心の無常、法の無我を観察すること）のこと。
(4)両――慧行と行行を指す。
(5)四空――空無辺処・識無辺処・無所有処・非想非非想処を指す。
(6)前三心――四無量心のなかの慈・悲・喜の心を指す。
(7)八念――念仏・念法・念僧・念戒・念捨・念天・念出入息・念死を指す。
(8)前三背捨――八背捨のなかの内有色相（＝想）外観色背捨・内無色相外観色背捨・浄背捨身作証を指す。
(9)後五――八背捨のなかの虚空処背捨・識処背捨・不用処背捨・非有想非無想背捨・滅受想背捨を指す。
(10)九次第定――色界の四禅・四空定（四無色定）・滅受想定（滅尽定）のこと。
(11)四意止――四念処の別訳である。

す。此れは止の摂に属すれども、終に是れ観を主と為す。四正勤（ししょうごん）[1]は念処を成ぜんが為めなれば、一往は観の摂なれども、両悪[2]の生ぜざるが若きは止の摂にして、両善[3]の為めに生ずるは観の摂なり。四如意足[4]は四の因縁従り定を得、即ち果を名と為すは止の摂なり。五根の信・進・慧の三根は観の摂にして、念・定は止の摂なり。又た、信・念は両[5]に属す。五力も亦た是の如し。七覚分は、択法（ちゃくほう）・喜・進等は観の摂、除・捨・定は止の摂、念は両処[6]に通ず。八正は、正見・正思惟は観の摂、正業・正語・正命は戒に属すれば即ち止の摂、正念・正定・正精進は止の摂なり。四諦・三諦は是れ有為の行にして観門に属し、滅諦は是れ無為の行にして止門に属す。十六行[7]は皆な是れ観門なり。

四弘誓は四諦に依って起これば、彼の如し。十八不共法（ふぐうほう）[8]は、三業随智[9]の慧行は観の摂、三無失[10]は止の摂、三世を知る[11]は観の摂にして、余は知る可し。四無畏[12]は、一切智無畏は観に属して

(1) 四正勤——四正断、四意断ともいう。四種の正しい努力のこと。律儀断（まだ生じない悪を生じさせないように努力すること）・断断（すでに生じた悪を断じようと努力すること）・随護断（まだ生じていない善を生じさせようと努力すること）・修断（すでに生じた善を増大させるよう努力すること）。三十七道品（四念処・四正勤・四如意足・五根・五力・七覚支・八正道）の第二。

(2)両悪――まだ生じていない悪とすでに生じた悪のこと。
(3)両善――まだ生じていない善とすでに生じた善のこと。
(4)四如意足――四神足ともいう。三十七道品の第三。四種の自在力を得るための基となるもの。欲、勤、心、観の四神足を指す。
(5)両――止と観を指す。
(6)両処――止と観を指す。
(7)十六行――四諦を観察することのすがた、状態を行相という。四諦のそれぞれに四行相があるので、合わせて十六行相がある。苦諦に関しては、諸法が非常・苦・空・非我であることを観じ、集諦に関しては、すべての惑業が因・集・生・縁であることを観じ、滅諦に関しては、滅諦が滅・静・妙・離であることを観じ、道諦に関しては、道諦が道・如・行・出であることを観じること。
(8)十八不共法――『法界次第初門』巻第三、「一身無失、二口無失、三念無失、四無異想、五無不定心、六無不知已捨、七欲無減、八精進無減、九念無減、十慧無減、十一解脱無減、十二解脱知見無減、十三一切身業随智慧行、十四一切口業随智慧行、十五一切意業随智慧行、十六智慧知過去世無礙、十七智慧知未来世無礙、十八智慧知現在世無礙」(T46, 695a22-b1)を参照。
(9)三業随智――一切身業随智慧行・一切口業随智慧行・一切意業随智慧行を指す。本ページ注8を参照。
(10)三無失――身無失・口無失・念無失を指す。本ページ注8を参照。
(11)知三世――智慧知過去世無礙・智慧知未来世無礙・智慧知現在世無礙を指す。本ページ注8を参照。
(12)四無畏――四種の畏れのない自信。本文に出る一切智無畏・漏尽無畏・至処道無畏・障道無畏を指す。

摂し、漏尽は止の摂、至処道(ししょどう)は観の摂、障道は止の摂、三三昧門[1]は止の摂、三解脱門は観の摂、六度は前の三は是れ功徳にして止の摂、後の三は是れ智慧にして観の摂なり。又た、五度は功徳にして止の摂、般若は観の摂なり。又た、六度は皆な是れ功徳荘厳にして止の摂なり。乃至、九種大禅[2]、百八三昧[3]は、皆な止に属して摂す。十八空・十喩[4]・五百陀羅尼[5]は、皆な観の摂なり。是の如き等の一切の慧行・行行は、止観の摂する所と為らざること無し。当に知るべし、止観の名は略なれども、義を摂すること則ち広し、云云。

5.4.1.5. 一切の位を摂す

五に一切の位を摂すとは、若し一地は即ち二地、二地は即ち三地にして、寂滅真如に何の次位か有らんと云わば、此れは則ち次位有ること無し[6]。又た、大乗経の中に、処処に皆な一切の地位を説く。良(まこと)に以(おもんみ)れば、生無く滅無き正慧は無所得にして、能く煩悩・業・苦を治し、三道は若し浄まらば、無為の法の中に於いて差別有り。次位は何ぞ嫌わんや。

析法入空の有・無の二門に断ずる所の三道の若きは、『毘曇』に明かす所の七賢・七聖・四

(1) 三三昧門――空・無相・無作の三種の三昧を指す。次下に出る「三解脱門」は、三三昧門の別名として使われる

こともあるが、ここでは区別して使われている。『摩訶止観』巻第七上、「若入此門、即得発真。謂空・無相・無作門。亦名三解脱門。亦名三三昧。若従正見・正思惟入定、従定発無漏、是時正見智名大臣、正定為大王。従此得名、名三三昧。非智不禅、即此意也。若由正定生正見、従正見発無漏、是時正定為大臣、智慧為大王。従此得名、名三解脱。非禅不智、即此意也。或可三昧是伏道、解脱是断道・証道」(T46, 90a28-b7) を参照。

(2) 九種大禅――自性禅・一切禅・難禅・一切門禅・善人禅・一切行禅・除悩禅・此世他世楽禅・清浄浄禅をいう。世間禅・出世間禅・出世間上上禅のうち、出世間上上禅に属する。

(3) 百八三昧――『大智度論』巻第五、「復次般若波羅蜜摩訶衍義品中略説、則有一百八三昧。初名首楞厳三昧、乃至虚空不著不染三昧。広説則無量三昧。以是故説諸菩薩得諸三昧」(T25, 97a12-16) を参照。

(4) 十喩――『大品般若経』巻第一、序品 (T8, 217aを参照) には、諸法を幻・焔・水中月・虚空・響・揵闥婆城(けんだつばじょう)・夢・影・鏡中像・化の十種にたとえている。

(5) 五百陀羅尼――『大品般若経』巻第二十三、六喩品、「能具足八背捨・九次第定・五神通・五百陀羅尼門」(T8, 390a19-20)、『大智度論』巻第五、「如是等略説五百陀羅尼門、若広説則無量。以是故言諸菩薩皆得陀羅尼」(T25, 96b27-29)、同、巻第二十八、「復次菩薩得是一切三世無礙明等諸三昧、於一一三昧中、得無量阿僧祇陀羅尼。如是等和合名為五百陀羅尼門。是為菩薩善法功徳蔵。如是名為陀羅尼門。諸三昧門者、三昧有二種」(同前、268a29-b5) を参照。

(6) 若云一地即二地二地即三地寂滅真如有何次位此則無有次位――『入楞伽経』巻第七、入道品、「十地為初地　初地為八地　九地為七地　七地為八地　二地為三地　四地為五地　三地為六地　寂滅有何次」(T16, 555c14-17)、同、巻第九、総品、「十地即初地　初地即八地　九地即七地　七地即八地　二地即三地　四地即五地　三地即六地　寂静無次第」(同前、570a19-22) を参照。

31a
沙門果[1]、『成論』に明かす所の二十七賢聖等[2]の差別の位の相の如し。乃至、非有非無門の位も、皆な析空観に摂せらる。体法の四門[3]の入空に断ずる所の三道の若きは、『大品』に三乗共位の乾慧、乃至八地を明かすが如く、悉ごとく同じく入空の止観の摂なり。若し従空入仮に歴別の行を修して意を得ずば、三十心[4]の伏惑の位を成ず。即ち空・仮の両観を用て摂す。若し意を得ば、能く三道[5]を破して、十地の位を成ず。即ち第三観[6]の摂なり。或いは純ら仮観を用て摂す。乃至、四門も亦た是の如し。円の信解行の若きは、事に即して而も真なり。観行従り相似に入り、進んで無明を破し、仏の知見を開示悟入す。[7]凡そ四十二位[8]あり。同じく宝乗に乗りて、直ちに道場に至る。[9]『涅槃』に、「十五日の月は、光用転た顕わるるは、其の智徳を譬う。十六日の月は、光用漸く減ずるは、其の断徳を譬う」と説く。[10]亦た、十四般若の如きは是れ因位、[11]十五は妙覚の如く、是れ果位なり。皆な中観を用て摂す。乃至、四門も亦た是の如し。

問う。大乗には地位を明かさず。止観は何の摂する所あらんや。

(1)七賢七聖四沙門果――「七賢」は、五停心・別相念処・総相念処の三賢と煖・頂・忍・世第一法の四善根を指す。「七聖」は、随信行・随法行・信解・見得・身証・時解脱羅漢・不時解脱羅漢を指す。「四沙門果」は、声聞の四種の階位。預流果（須陀洹果）・一来果（斯陀含果）・不還果（阿那含果）・無学果（阿羅漢果）を指す。

(2)二十七賢聖――『釈籤』巻第十、「仏言学人有十八、無学有九。学十八者、謂信行・法行・信解・見得・身証家家・一種子・向初果・得初果・向二果・二果・向三果・三果、及五種含。謂中・生・行・不行・上流。九無学者、思・進・退・不退・不動・住・護・慧・倶」(T33, 884b8-13) を参照。

(3)四門――有門・無門・亦有亦無門・非有非無門を指す。

(4)三十心――十住・十行・十廻向を指す。

(5)三道――煩悩道・業道・苦道を指す。

(6)第三観――中観のこと。

(7)開示悟入仏之知見――『法華経』方便品、「諸仏世尊欲令衆生開仏知見、使得清浄故、出現於世。欲示衆生仏之知見故、出現於世。欲令衆生悟仏知見故、出現於世。欲令衆生入仏知見道故、出現於世」(T9, 7a23-27) を参照。

(8)四十二位――十住・十行・十廻向・十地・等覚・妙覚の菩薩の位を指す。

(9)同乗宝乗直至道場――『法華経』譬喩品、「乗此宝乗　直至道場」(同前、15a13-14) を参照。

(10)涅槃説十五日月光用転顕譬其智徳十六日月光用漸滅譬其断徳――『南本涅槃経』巻第十八、梵行品、「譬如月光従初一日至十五日形色光明漸漸増長。月愛三昧亦復如是、令初発心諸善根本漸漸増長。乃至具足大般涅槃。是故復名月愛三昧。大王、譬如月光従十六日至三十日形色光明漸漸損減。月愛三昧亦復如是、光所照処所有煩悩能令漸滅。是故復名月愛三昧」(T12, 724b11-17) を参照。

(11)十四般若是因位――『仁王般若経』巻上、菩薩教化品、「衆生本業、是諸仏菩薩本業、本所修行、五忍中十四忍具足」(T8, 827a6-7) を参照。伏忍・信忍・順忍・無生忍のそれぞれに上中下の三種があり、寂滅忍に上下の二種があるので、合わせて十四忍といわれる。

答う。大乗の経論には皆な地位を明かす。汝は地位を畏れて地位無きに入らば、無の縛を免れず。文字の性を離るるは、即ち是れ解脱なり。[1]地位を説くと雖も、即ち地位無し。『中論』に云わく、「外人の如きは、世間の因果を破せば、則ち今世・後世無し。出世の因果を破せば、則ち三宝・四諦・四沙門果無し」[2]と。何等の三宝か無き。見は既に滅せざれば、則ち三蔵の中の三宝・四諦・四沙門果無し。尚お揣度の道果をすら得ず。何処にか後の三番[3]の三宝・四諦・四沙門果有らん。此れは外道の全く四番の三宝等無きとするを斥くるなり。若し揣度を斥けば、但だ三蔵の中の三宝・四諦・四沙門果のみ有りて、後の三番の道果無し。我が破する所の如きは、即ち三宝・四諦・四沙門果有り。何となれば、界内の煩悩・業・苦を析破せば、即ち三蔵の三宝・四諦・四沙門果有り、若し体破せば、即ち三番の三宝・四諦・四沙門果有り。此の一語を点じて、内の留滞を治し、外を破して、以て邪を閑ぎ、二辺の邪小を去り、正しき三宝・四諦は則ち立つ。云何んが無しと言わんや。

　但だ位有るや、位無きやは、証に非ざれば、了せず。今、但だ教を信ずるのみ。教有らば、31b 則ち階位は宛然[4]たり。教無くば、則ち豁[5]として空浄に同じ。句義[6]無きは是れ菩薩の句義なり。空を点じて位を論ずれば、位は不可得なり。応に諍いを生ずべからざるなり。

　又た、『中論』の偈の四句[7]に約するに、亦た地位の義有ることを得。偈に「因縁もて生ずる所の法は、我れは即ち是れ空なりと説く」と云うとは、即ち煩悩・業・苦を破す。便ち須陀洹の若しは智、若しは断有るは、是れ菩薩の無生法忍[8]にして、六地は二乗に斉しく、七地を方便

（1）文字性離即是解脱――『摩訶止観』（Ⅰ）の三七ページ注11を参照。
（2）中論云如外人破世間因果則無今世後世破出世因果則無三宝四諦四沙門果無――『中論』巻第四、観四諦品、「問曰、破四顚倒、通達四諦、得四沙門果。若一切皆空　無生亦無滅　如是則無有　四聖諦之法　以無四諦故　見苦与断集　証滅及修道　如是事皆無　以是事無故　則無四道果　無有四果故　得向者亦無　若無八賢聖　則無有僧宝　以無四諦故　亦無有法宝　以無法僧宝　亦無有仏宝　如是説空者　是則破三宝」（T30, 32b12-22）を参照。
（3）三番――通教・別教・円教を指す。
（4）宛然――そのまますっくり備わっているの意。
（5）豁――からっと開けるようす。
（6）無句義是菩薩句義――『大智度論』巻第四十四、「爾時須菩提白仏言、世尊、云何為菩薩句義。仏告須菩提、無句義是菩薩句義。何以故。阿耨多羅三藐三菩提中無有義処、亦無我。以是故、無句義是菩薩句義」（T25, 379b14-17）を参照。「句義」は、語の意味のこと。pada-artha の訳語。
（7）中論偈四句――『摩訶止観』（Ⅰ）の六七ページ注3を参照。
（8）便有須陀洹若智若断是菩薩無生法忍――『大品般若経』巻第二十二、遍学品、「是八人若智若断、是菩薩無生法忍。須陀洹若智若断・斯陀含若智若断・阿那含若智若断・阿羅漢若智若断・辟支仏若智若断、皆是菩薩無生忍」（T8, 381b23-26）を参照。

と為し、十地を仏の如しと為す。此の位は自ら明らかなり。云何んが無しと言わん。偈に「亦た名づけて仮名と為す」とは、是れ漸次に界外の三道を破す。即ち四十二の賢聖[1]の位有り。云何んが無しと言わん。偈に「亦た中道の義と名づく」とは、即ち是れ円かに五住を破す。便ち六即の位有り。云何んが無しと言わん。秖だ四句を用て一切の位を摂するのみ。一切の位は四句を出でず、四句は止観を出でず。故に位を摂すと言うなり。

5.4.1.6. 一切の教を摂す

六に一切の教を摂すとは、『毘婆沙』に云わく、「心は能く一切の法の為めに名字を作る。若し心無くば、則ち一切の名字無し」と。当に世・出世の名字は、悉ごとく心従り起こることを知るべし。若し観心は僻越[2]して、無明の流れに順ぜば、則ち一切の諸の悪しき教は起こること有り。謂う所は僧佉[3]・衛世[4]の九十五種の邪見の教[5]は生ず。亦た諸の善き教の起こること有り、五行六甲[6]・陰陽八卦[7]、五経子史[8]の世智無道の名教は、皆な心従り起こる。何ぞ出世の名教は皆な心従り起こると云うや。堅意の『宝性論』に云わく、「一の大経巻有り、三千大千世界の大きさの如くにして、大千世界の事を記す。中の如きも、小の如きも、四天下、三界等の大きさなるものも、皆な其の事を記して、一微塵の中に在り。一塵は既に然れば、一切の塵も亦た爾り。一人は世に出で、浄き天眼を以て、此の大経巻を見て、是の念を作さく、云何んが大経は微塵の内に在れども、一切の衆生を饒益（にょうやく）せざるやと。即ち方便を以て、破して此の経を出だして、以て他を益す。如来の無礙の智慧の経巻は、具さに衆生の身の中に在れども、顛倒して之

(1)四十二賢聖――三十心の「賢」と、十地、等覚、妙覚の「聖」を合わせて四十二となる。
(2)僻越――よこしまで逸脱するようす。
(3)僧佉――インドの六派哲学のなかのサーンキヤ哲学を指す。
(4)衛世――インドの六派哲学のなかのヴァイシェーシカ哲学を指す。
(5)九十五種邪見教――九十五種の外道をたとえる。外道の総数を、九十六種とする説と九十五種とする説がある。『南本涅槃経』巻第十、一切大衆所問品、「常説一切外学九十五種皆趣悪道。声聞弟子皆向正路」（T12, 668a4-5）、同、現病品、「爾時衆人心生悪賤起必死想。如来今者亦復如是。当為外道九十五種之所軽慢生無常想」（同前、670b23-25）を参照。
(6)五行六甲――「六甲」は、五行方術の一つで遁甲の術を指す。陰陽五行説に基づく占術・呪術のこと。
(7)陰陽八卦――『周易』の八種の卦のこと。陰卦と陽卦を組み合わせて八卦を作り、これを重ねて六十四卦とし、吉凶禍福を占う。
(8)五経子史――「五経」は、儒教の五種の経典、『易経』、『書経』、『詩経』、『礼記』、『春秋』を指す。「子史」は、儒教以外の思想書（子書）と歴史書（史書）を指す。

れを覆い、信ぜず、見ず。仏は衆生をして八聖道を修し、一切の虚妄を破し、己が智慧は如来と等しきことを見せしむ」[1]と。此れは微塵に約して、有に附して喩えを為す。

又た、空に約して喩を為さば、『発菩提心論』に云わく、「譬えば人有りて、仏法の滅するを見、如来の十二部経を以て、仰いで虚空に書くに、宛然として具足すれども、一切の衆生に、知る者有ること無し。久久の後、更に一人有りて、空を遊行し、経を見て、云何んが衆生は知らず見ざるやと嗟咄[2]して、即便ち写し取り、衆生に示して導くが如し」[3]と。云何んが経を写すや。謂わく、衆生をして八正道を修し、虚妄等を破せしむ。修に多種有り。若し心の因縁は生滅して無常なるを観じて、八正道を修せば、即ち三蔵の経を写す。若し心の因縁は即ち空なるを観じて、八聖道を修せば、即ち通教の経を写す。若し心は分別校計して、無量の種有り、凡夫・二乗の測ること能わざる所にして、法眼の菩薩のみ、乃ち能く之れを見ると観じて、是れ無量の八正道を修せば、即ち別教の経を写す。若し心は即ち是れ仏性なりと観じて、円かに八正道を修せば、即ち中道の経を写す。一切の法は、悉ごとく心の中より出で、心は即ち大乗にして、心は即ち仏性なりと明かす。自ら己が智慧は如来と等しと見る。又た、心は即仮・即中なりと観ぜば、即ち『華厳』の経を摂す。若し心は因縁もて生ずる法にして生滅すと観ぜば、即ち三蔵の『四阿含』の教の乳の如くなる経を摂す。若し心は即空なりと観ぜば、即ち共般若

31c

（1）堅意宝性論云有一大経巻如三千大千世界大記大千世界事如中如小四天下三界等大者皆記其事在一微塵中一塵既然一切塵亦爾一人出世以浄天眼見此大経巻而作是念云何大経在微塵内而不饒益一切衆生即以方便破出此経以益於他如来無礙智慧経巻具在衆生身中顛倒覆之不信不見仏教衆生修八聖道破一切虚妄見已智慧与如来等――『宝性論』巻第二、僧宝品、「仏子、譬如有一極大経巻。如一三千大千世界。大千世界一切所有無不記録……彼等三千大千世界極大経巻。在一極細小微塵内。一切微塵皆亦如是。時有一人出興於世。智慧聡達具足成就清浄天眼。見此経巻在微塵内。作如是念。云何如此広大経巻在微塵内而不饒益諸衆生耶。我今応当勤作方便破彼微塵出此経巻饒益衆生。作是念已。爾時彼人即作方便、破壊微塵出此経巻饒益衆生。仏子、如来智慧、無相智慧、無閡智慧、具足在於衆生身中。但愚癡衆生顛倒想覆。不知不見不生信心。爾時如来以無障閡清浄天眼、観察一切諸衆生身。既観察已作如是言。奇哉奇哉。云何如来具足智慧、在於身中而不知見。我当方便教彼衆生覚悟聖道、悉令永離一切妄想顛倒垢縛、令具足見如来智慧在其身内与仏無異。如来即時教彼衆生修八聖道、捨離一切虚妄顛倒、離顛倒已、見如来智。与如来等饒益衆生故」（T31, 827b4-c1）を参照。

（2）嗟咄――嘆くこと。

（3）発菩提心論云譬如有人見仏法滅以如来十二部経仰書虚空宛然具足一切衆生無有知者久久之後更有一人遊行於空見経嗟咄云何衆生不知不見即便写取示導衆生――『発菩提心経論』巻第二、空無相品、「諸仏子、譬如菩薩仰書虚空、悉写如来十二部経。経無量劫仏法已滅。求法之人無所見聞。衆生顛倒造悪無辺。復有他方浄智慧人、憐愍衆生広求仏法。行到於此見空中字。文画分明即便識之。読誦受持如所説行、広演分別利益衆生。此書空者、識空字人可思議不。而得宣伝・修習・受持。引導衆生令離繋縛」（T32, 516a23-b1）を参照。

の酪の如くなる経を摂す。若し具さに心は因縁もて生ずる法にして即空・即仮・即中なりと観ぜば、即ち方等の生酥の経を摂す。若し但だ即空・即仮・即中を用いば、即ち『大品』の熟酥の経を摂す。若し即中を用いて心を観ぜば、即ち『法華』の仏知見を開き、大事正直[1]の醍醐の経を摂す。若し四句の相即を用いて心を観ぜば、即ち『涅槃』の同じく仏性を見る醍醐の経有り。又た、若し因縁を観じ、又た因縁は即ち是れ仏性にして、仏性は即ち是れ如来なりと観ぜば、是れ乳の中の殺人(せつにん)と名づく。若し析空を観じ、又た析空は即ち是れ仏性にして、仏性は即ち是れ如来なりと観ぜば、是れ酪の中の殺人と名づく。若し即空を観じ、又た即空は即ち是れ仏性なりと観ぜば、是れ生酥の殺人と名づく。若し仮名を観じ、又た仮名は即ち是れ仏性なりと観ぜば、是れ熟酥の殺人と為す。若し即中を観じ、又た即中は即ち是れ仏性なりと観ぜば、是れ醍醐の殺人と名づく。今、通じて殺人と言うは、即ち二死[2]は已に三道清浄を断ずるを、名づけて殺人と為す。是れ止観に不定の教を摂すと為す。略して摂することは上の如し。広く摂すれば、絓(す)べて一切の経教をば、悉ごとく止観を用て之れを摂し、畢ごとく尽くさざること無し。

32a

復た次に、心に諸教を摂するに、略して両の意有り。一には一切衆生の心の中に一切の法門を具足し、如来は明審(あき)らかに其の心の法を照らし、彼の心を按じて説かば、無量の教法は、心従り而も出ず。二には如来は往昔(むかし)曾て漸頓の観心を作して、偏円は具足す。此の心の観に依りて、衆生の為めに説き、弟子を教化し、如来は塵を破し巻を出だし、仰いで空の経を写すことを学ばしむるが故に、一切の経教有りて悉ごとく三止・三観の摂する所と為るなり。

5.4.2. 六法は更互いに相い摂するを明かす

上の六意[3]の摂法の次第は解す可し。今、直だ一法を以て、一切の法を摂せば、一理は一切の理、一切の惑、一切の智、一切の行、一切の位、一切の教を摂するなり。又た、一惑は一切の理・智・行・位・教を摂するなり。又た、一智は一切の理・惑・行・位・教を摂するなり。又た、一行は一切の理・惑・智・位・教を摂するなり。又た、一位は一切の理・惑・智・行・教を摂するなり。又た、一教は一切の理・惑・智・行・位を摂するなり。

(1) 大事正直――『法華経』方便品、「諸仏世尊唯以一大事因縁故、出現於世」(T9, 7a21-22)、同、「正直捨方便　但説無上道」(同前、10a19) に基づく表現。
(2) 二死――分段の生死と不思議変易の生死を指す。
(3) 六意――理・惑・智・行・位・教の六つの意味。

5.5. 偏・円を明かす

第五に偏円を明かすとは、行人は既に止観は法として収めざること無きことを知れり。法を収むること既に多ければ、須らく大・小、共・不共の意、権・実、思議・不思議の意を識るべし。故に偏・円を簡ぶ。此れに就いて五と為す。一に大・小を明かし、二に半・満を明かし、三に偏・円を明かし、四に漸・頓を明かし、五に権・実を明かす。

夫れ至理は大ならず、小ならず、乃至、権に非ず、実に非ず。大・小、権・実は、皆な説く可からざるも、若し因縁有らば、大・小等は皆な説くことを得可し。小の方便力を以て五比丘[1]の為めに小を説き、大の方便力を以て諸の菩薩の為めに大を説く。大・小は倶に方便なりと雖も、須らく所以を識るべし。故に五双[2]を用て料簡し、混濫すること無からしむ。

5.5.1. 大・小を明かす

5.5.1.1. 小を明かす

小とは、小乗なり。智慧の力は弱くして、但だ析法の止観を修し、色心を析するに堪えたり。『釈論』に檀波羅蜜を解するが如し[3]。外道の隣虚[4]を破して云わく、「此の塵を有と為すや、無と為すや。若し極微の色有らば、則ち十方の分有り。若し極微の色無くば、則ち十方の分無し[5]」

と。若し極微の色を析し尽くさずば、則ち常見・有見を成ず。若し極微を析し尽くさば、則ち断見・無見を成ず。此れは外道の色を析するなり。心を析するも亦た是の如し、若し心有り、心無しと計せば、皆な断常に堕す。此れは皆な外道の色心を析するなり。『論』の文に、仍お三蔵の析法の観を明かして云わく、「色の若しは麁、若しは細は、総じて之れを観ずるに、無

（1）五比丘――釈尊の初転法輪の対告衆である五比丘の名は資料によって異なる。たとえば、パーリの律蔵・大品では、Aññāsi-koṇḍañña（サンスクリット語では Ajñāta-kaundinya。以下同じ）、Assaji（Aśvajit）、Bhaddiya（Bhadrika）、Vappa（Vāśpa）、Mahānāma（サンスクリット語も同じ）である。『法華文句』巻第一上（T34, 8b9-11）では、拘隣（Ajñāta-kaundinya）、頞鞞（Aśvajit の音写語。湿鞞、阿説示とも音写する。馬星は意訳）、跋提（Bhadrika の音訳。摩訶男［Mahānāma の音訳］は、同一人物とされている）、十力迦葉（Daśabala Kāśyapa。十力は意訳、迦葉は音訳）、拘利太子である。ただし、拘利太子は摩訶男と同一とする説もある。

（2）五双――大・小、半・満、偏・円、漸・頓、権・実の五組を指す。

（3）如釈論解檀波羅蜜――『大智度論』巻第十二に檀波羅蜜についての詳しい解釈が説かれる（T25, 145a15-150b24）。

（4）隣虚――paramāṇu の旧訳。極微とも訳す。虚無に隣るという意味。

（5）云此塵為有為無若有極微色則有十方分若無極微色則無十方分――『大智度論』巻第十二、「復次若有極微色、則有十方分。若有十方分、是不名為極微。若無十方分、則不名為色。復次若有極微、則応有虚空分斉。若有分者、則不名極微。復次若有極微、是中有色・香・味・触作分、色・香・味・触作分。是不名極微」（同前、147c26-148a2）を参照。

32b

常・無我なり」[1]と。何を以ての故に、麁・細の色等は、無明従り生ずるや。無明は実ならず。故に麁・細は皆な仮なり。仮なるが故に、無常・無性にして、即ち空に入ることを得。又た、介爾(けに)も心は起こらば、必ず根・塵を藉(か)る。一法として縁従(よ)り生ぜざるもの有ること無し。縁従り生ずる者は、悉ごとく皆な無常なり。或いは言わく、「一念の心に六十の刹那あり」と。或いは言わく、「三百億の刹那あり」と。刹那は住せざれば、念念無常なり。無常・無主なれば、煩悩の本は壊(え)す。業無く苦無く、生死は滅するが故に、名づけて涅槃と為す。是れ色心を析する観の意と名づくるなり。

析の名は本と外道に於いてすれば、邪析を対破して、正析を明かす。何ぞ但だ外邪のみ応に正析を須うべきや。若し仏の弟子は仏の教門を執して、見著[2]を生ぜば、亦た正析を須う。所謂る三蔵の四門に四の見著[3]を生じ、乃至、円教の四門に四の見著を生じ、戯論諍競して、自らを是とし、他を非とし、皆な甘露を服するも、命を傷(そこな)い早夭(そうよう)[4]し、金鎖もて自ら繋(つな)ぎ生死に流転す。宜しく正析を用うべきなり。故に『大論』に云わく、「涅槃を破すとは、聖人の得る所の涅槃を破せず」[5]と。但だ学者は未だ涅槃を得ざるに、執して戯論を成ずるが為めの故に、涅槃を破すと言う。若し爾らば、皆な析法の方便を用て之れを破す。凡そ四門有り。一一の門に於いて、十法[6]を具足し、正因縁を識り、乃至、法愛を起こさず、能く諸門に於いて、第一義を見る。故に知んぬ、三蔵の四門、析法の止観、断奠[7]するに是れ小乗なることを。

（1）論文仍明三蔵析法之観云色若麁若細総而観之無常無我——『大智度論』巻第十二、「以是推求、微塵則不可得。如経言、色若麁若細、若内若外、総而観之、無常・無我。不言有微塵。是名分破空」（T25, 148a2-4）を参照。
（2）見著——誤った見解と執著の意。『大智度論』巻第四十二、「有二種著。一者欲著、二者見著。有人観是無常・苦等、破欲著、得解脱。或有人雖観無常等、猶著法生見。為是人故、分別色相空、如是則離見著」（同前、367c17-21）、『法華玄義』巻第八上、「又心是縄墨、若観心得正語、離邪倒説。観心正則勉邪行、心無見著、則入正理」（T33, 778b27-28）を参照。
（3）四見著——『摩訶止観』巻第三下、「諸法不自生、那得自境智。無他生、那得相由境智。無共生、那得因縁境智。無無因生、那得自然境智。若執四見著、愚惑紛綸、何謂為智」（T46, 29a27-b1）を参照。
（4）早夭——若死にすること。
（5）大論云破涅槃者不破聖人所得涅槃——『大智度論』巻第三十一、「問曰、若涅槃空無相、云何聖人乗三種乗入涅槃。又一切仏法皆為涅槃故説。譬如衆流皆入于海。答曰、若涅槃是第一宝・無上法、是有二種。一者有余涅槃、二無余涅槃。愛等諸煩悩断、是名有余涅槃。聖人今世所受五衆尽、更不復受、是名無余涅槃。不得言涅槃無。以衆生聞涅槃名、生邪見、著涅槃音声而作戯論。若有若無。以破著故、説涅槃空。若人著有、是著世間。若著無、則著涅槃。破是凡人所著涅槃、不破聖人所得。何以故。聖人於一切法中不取相故」（T25, 288c1-12）を参照。
（6）十法——十乗観法のこと。
（7）断奠——断定すること。

5.5.1.2.　大を明かす

次に大を明かすとは、大乗なり。智慧は深利にして、不生不滅の体法の止観を修す。大人の行ずる所なるが故に、大乗と名づく。『中論』に即空[1]を明かすとは、摩訶衍を申ぶるなり。摩訶衍は、即ち大なり。『衍』の中に云わく、「声聞を得んと欲せば、当に般若を学ぶべし[2]」とは、元、此れは是れ菩薩の法なり。大は能く小を兼ぬれば、傍らに声聞を挟む。譬えば朱雀門[3]は天家の立つる所にして、正しくは王事に通ずれども、群小も之れに由って出入することを妨げず。小人を通ずと雖も、終に是れ天門なるが如し。今、摩訶衍も亦た是の如し。正しくは菩薩、法を体して空に入るが為めなれば、小乗有りと雖も、終に名づけて大と為す。例せば三蔵の析法に仏・菩薩有りと雖も、終に是れ小乗なるが如し、云云。

言う所の大乗の体法の観とは、三蔵に異なる。三蔵は、名は仮にして、法は実なり。実を析して空ならしむ。譬えば柱を破して空ならしむるが如し。今、大乗の体[4]の意は、名実は皆な仮、（32c）自相は是れ空にして、本来虚寂なり。譬えば鏡の柱は本自り柱に非ず、柱を滅するを待ちて、方に空なるに不ず、影に即して是れ空、不生不滅なること、実の柱に同じからざるが如し。又た、『大論』に摩訶衍の人の体法の観を明かすとは、仏は一の方[5]なる木の上に在りて、諸の比丘に告ぐるを引く。「譬えば比丘は禅定を得る時、土を変じて金と為し、金を変じて土と為せども、実に金・土に非ず、変化の所為なるが如し[6]」と。色心も亦た是の如し。生に非ず、滅に非ず、無明の変なるのみ。本自り生ぜず。今、那んぞ滅することを得ん。又た、「一端の氈(ちょう)を

(1)中論明即空――『摩訶止観』(Ⅰ)の六七ページ注3を参照。

(2)衍中云欲得声聞当学般若――『大品般若経』巻第三、勧学品、「欲学声聞地、亦当応聞般若波羅蜜持誦読正憶念如説行。欲学辟支仏地、亦当応聞般若波羅蜜持誦読正憶念如説行。欲学菩薩地、亦当応聞般若波羅蜜持誦読正憶念如説行。何以故。是般若波羅蜜中広説三乗。是中菩薩摩訶薩・声聞・辟支仏当学」(T8, 234a15-21)を参照。

(3)朱雀門――六朝時代の都、建康の南城門を指す。

(4)体――通教の体法のこと。

(5)方――四角の意。

(6)大論明摩訶衍人体法観者引仏在一方木上告諸比丘譬如比丘得禅定時変土為金変金為土実非金土変化所為――『大智度論』巻第十二、『大智度論』巻第十二、「復有観空。是畳(宋・元・明の三本には「氎」に作る)随心有。如坐禅人観畳或作地、或作水、或作火、或作風、或青、或黄、或白、或赤、或都空、如十一切入観。如仏在耆闍崛山中、与比丘僧倶、入王舎城。道中見大水(他のテキストでは「木」に作る。この引用文においては、以下同じ)、仏於水上敷尼師壇坐、告諸比丘、若比丘入禅、心得自在。能令大水作地、即成実地。何以故。是水中有地分故。如是水・火・風・金・銀種種宝物即皆成実。何以故。是水中皆有其分」(T25, 148a4-13)を参照。

観ずるに、即ち十八空を具す」を引く。[1]是れ体法の観と名づく。

復た次に、三蔵の析する所を、名づけて情に随って色心を観ずと為す。有を析するの観は、亦た是れ事観なり。入る所の真は、真に仏性に非ず。実理に会せざれば、但だ情に随って真と為すのみ。大乗の体法は、理に随って色心を観ずと名づく。幻を尋ねて幻師を得、幻師を尋ねて幻法を得るが如し。亦た夢を尋ねて眠を得、眠を尋ねて心を得るが如し。幻の色心を尋ねて無明を得、無明を尋ねて仏性を得。体法は理に通ずるが故に、理に随う観と名づく。体法の止観に、凡そ四門有り。一一の門に於いて、皆な十法成観[2]を具す。此の観は、但だ外道の果報の色心を体するのみに非ず、一切の執計を絓預(かいよ)[3]す。三蔵の四門、乃至、円の四門に、未だ入ることを得ざる者は、門を執して見を成ずるも、皆な幻の如しと体す。断奠(だんてん)して大乗の止観と名づくるなり。若し今の観を用うる意を得ば、大乗の諸門に執を生ずるは、尚お須らく空もて破すべし。終に彼の世間の法師・禅師の、『老子道徳』、『荘子』[4]逍遥(しょうよう)と仏法と斉(ひと)しと称するに同じからず。是の義は然らず。円門に著を生ずれば、尚お三蔵の初門に破せらる。猶お小乗に入らず。況んや復た凡鄙(ぼんぴ)の見心をや。螢と日とは懸(はる)かに殊にして、山と毫[5]とは相い絶す。自ら道真と言い、瞿曇(くどん)[6]を慢(あなど)[7]る者を、寧(いずく)んぞ破せざらんや。

（1）引観一端氎即具十八空——『大智度論』巻第十二、「復次是氎中有十八空相故、観之便空、空故不可得」（T25, 148a20-22）を参照。「氎」は、織り目の細かい毛織物の意。『大智度論』の原文は「畳」（宋・元・明の三本には「氎」）に作る。「十八空」は、内空、外空、内外空、空空、大空、第一義空、有為空、無為空、畢竟空、無始空、散空、性空、自相空、諸法空、不可得空、無法空、有法空、無法有法空を指す。『大品般若経』巻第一、序品（T8, 219c9-12）を参照。

（2）十法成観——『摩訶止観』正修止観章に説かれる十境十乗の観法（十法成乗観）を指す。

（3）絓預——関係するの意。

（4）子——底本の「氏」を、『全集本』によって「子」に改める。

（5）毫——細い毛の意。

（6）瞿曇——釈尊の姓、Gotama（サンスクリット Gautama）の音写語。

（7）自言道真慢瞿曇——『太子瑞応本起経』巻下、「迦葉続念、是大沙門雖神、不如我道真也」（T3, 481c13-14）を参照。

5.5.2. 半・満を明かす

二に半満[1]を明かす。半とは、九部の法[2]を明かすなり。満とは、十二部の法[3]を明かすなり。世に、「涅槃の常住なるは、始めて復た是れ満にして、余は悉ごとく半なり」と伝う。菩提流支の云わく、「三蔵は是れ半にして、般若より去りて皆な満なり」と。今、半満の語を明かすは、直ちに是れ大小を扶成[4]す。前に已に析・体もて大小を判ぜり。今も亦た体・析を以て、半・満を判ずること前の如し、云云。

5.5.3. 偏・円を明かす

33a

三に偏円を明かすとは、偏は偏僻[5]に名づけ、円は円満に名づく。通途は、一往小を喚びて偏と為す。何に于いてか得ざらん。別の義もて分別すれば、意は則ち不可なり。半・小の両名は、剋定[6]して短に局る。引くとも、長なることを得ず。偏の義は亘り通じ、小従り大に之く。譬えば半月は上下の弦に斉るも、漸月は爾らず。弓娥[7]自り始めて十四夜に終わるまでは、皆な称して漸と為し、唯だ十五夜のみ乃ち円満の月と称するが如し。小・半も亦た爾り。析法の半字の小乗を斉りて、大と名づくることを得ざるも、偏の意は即ち遠ければ、初めに三蔵の析法の止観従り已上、別教の止観の辺を去りて中に入る已還を、皆な名づけて偏と為す。故に『大

経』に云わく、「此れ自りの前は、我れ等は皆な邪見の人と名づくるなり」[8]と。唯だ円教の止

(1) 半満——半字、満字は、サンスクリット語で、母韻十二字、子音三十五字のそれぞれを半字といい、母韻と子音を合わせて意味を持つ一語としたものを満字という。教判に応用され、劣った教えを半字、優れた教えを満字と判じる。『南本涅槃経』巻第八、文字品（T12, 655a20-22）を参照。

(2) 九部法——『法華経』方便品（T9, 7c25-27）によれば、修多羅・伽陀・本事・本生・未曾有・因縁・譬喩・祇夜・優波提舎経のこと。

(3) 十二部法——仏の説法を内容・形式のうえから十二種に分類したもの。ここでは、『法華玄義』の本文に出る名称と、それに対応する梵語、漢訳を示す。修多羅（sūtra. 経）・祇夜（geya. 重頌、応頌）・和伽羅那（vyākaraṇa. 授記）・伽陀（gāthā. 孤起頌、諷頌）・優陀那（udāna. 自説）・尼陀那（nidāna. 因縁）・阿波陀那（avadāna. 譬喩）・伊帝目多伽（itivṛttaka. 本事）・闍陀伽（jātaka. 本生）・毘仏略（vaipulya. 方広）・阿浮陀達磨（adbhutadharma. 未曾有）・優波提舎（upadeśa. 論議）のこと。

(4) 扶成——助けて成立させること。

(5) 偏僻——偏ったものの意。

(6) 剋定——確定すること。

(7) 弓娥——弓の形のような美しい眉の意。

(8) 大経云自此之前我等皆名邪見人也——『南本涅槃経』巻第七、四倒品、「迦葉菩薩白仏言、世尊、我従今日始得正見。世尊、自是之前、我等悉名邪見之人」（T12, 648a27-28）を参照。

観、一心三諦の随自意の語を以て、独り円の称に当たるなり。

5.5.4. 漸・頓を明かす

四に漸頓を明かすとは、漸は次第に名づけ、浅に藉り、深に由る。[1]頓は頓足、頓極に名づく。此れも亦た別意無く、還って偏・円を扶成す。三教の止観は悉ごとく皆な是れ漸にして、円教の止観は之れを名づけて頓と為す。此れは是れ名を按じて解釈せり。其の義は已に顕われり。

今、更に広く料簡して、遺滞[2]無からしむ。前の二教の止観の若きは、是れ漸にして頓に非ず。力は遠きに及ばず、但だ偏真に契うのみ。円教の止観は、是れ頓にして漸に非ず。大直道を行じ、辺に即して而も中なり。別教の止観は、亦漸亦頓なり。何を以ての故に。初心に中を知るが故に、亦頓と名づけ、方便に渉りて入るが故に、亦漸と名づく。

復た次に、前の両観[3]の観・教・行・証を、皆な名づけて漸と為す。別教の教・観・行は、皆な名づけて漸と為せども、証道は是れ頓なり。円教の教・観・行・証を、皆な名づけて頓と為す。何が故に爾るや。前の二観は是れ方便の説にして、草庵[4]・曲径なり。故に教・観の四種[5]は倶に漸なり。別の観は、方便を帯びて説く。若し方便に依りて行ぜば、先に通惑[6]を破するが故に、三種[7]は皆な漸にして、後に無明を破して、仏性を見るが故に、証道は是れ頓なり。円の観

は、「正直に方便を捨てて、但だ無上の道を説くのみ[8]」、「唯だ此の一事のみ実にして、余の二

（1）漸名次第藉浅由深――『輔行』巻第三之四、「三観三智次第而入。藉者由也。因空入仮因仮入中。故云藉浅。為中道故、先修二観。為利他故、先断己縛。故云由深。足極二名、有通有別。通則倶通初後。別則極後足初、初心所観万法具足。惑尽徳満至後方極」（T46, 247c28-248a4）を参照。

（2）遺滞――遺漏や滞りの意。

（3）前両観――蔵教・通教の二つの観の意。

（4）草庵――粗末な家の意。『法華経』信解品の長者窮子の譬喩において、窮子が長者の実子であることに気づかず、あいかわらず粗末な家に住みつづけたことをいう。「草庵」は、『法華経』信解品、「猶処門外　止宿草庵」（T9, 18a29）を参照。

（5）教観四種――教・観・行・証の四種を指す。

（6）通惑――見思惑を指す。

（7）三種――観・教・行の三種を指す。

（8）正直捨方便但説無上道――本書三三三ページ注1を参照。

は則ち真に非ず」[1]、「最実の事を説く」[2]と。是れ教実と名づく。「如来の行を行ず」[3]、「如来の室に入り、衣・座等」[4]、「復た一行有り、是れ如来の行なり」[5]と。是れ行実と名づく。見る所の中道は、即ち一究竟なり。如来の得る所の法身に同じくして、異なること無く、別なること無し。是れ証実と名づく。

前の両観は、因の中には教・行・証の人有れども、果上には但だ其の教有るのみにして、行・証の人無し。何を以ての故に。因の中の人は、身を灰にして寂に入り、空に沈んで尽ごと(33b)く滅し、果頭の仏を成ずることを得ざればなり。直だ是れ方便の説なるのみ。故に其の教のみ有りて、行・証の人無し。別教は、因の中には教・行・証の人有り、若し果に就かば、但だ其の教のみ有りて、行・証の人無し。何を以ての故に。若し無明を破して初地に登る時は、即ち是れ円が家の初住の位にして、復た別が家の初地の位に非ざればなり。初地すら尚お爾り。何に況んや後の地、後の果をや。故に知んぬ、因人は果に到らざることを。故に果頭無人と云う。円教は、因の中の教・行・証の人は、悉ごとく因従り以て果に至る。倶に是れ真実なり。故に実に人有りと言うなり。

復た次に、前の三の止観の教・行・証の人は、未だ会せられざる時は、尚お円を知ることすらせず。何に況んや円に入らんをや。仏は若し宗を会して[6]、漸を開し頓を顕わさば、悉ごとく皆な通じて入る。即頓[7]に非ずと雖も、是れ漸頓[8]なり。故に『法華』に云わく、「汝等(なんだち)の行ずる所は、是れ菩薩の道なり」[9]、「各おの宝車に乗じて、子の本願に適(かな)う」[10]、「声聞の法を決了するに、

(1)唯此一事実余二則非真――『法華経』方便品、「唯此一事実　余二則非真　終不以小乗　済度於衆生」（T9, 8a21-22）を参照。
(2)説最実事――『法華経』薬草喩品、「今為汝等説最実事」（同前、20b22）を参照。
(3)行如来行――『法華経』法師品、「当知是人則如来使、如来所遣、行如来事」（同前、30c27-28）を参照。
(4)入如来室衣座――『法華経』法師品、「入如来室、著如来衣、坐如来座、爾乃応為四衆広説斯経」（同前、31c23-25）を参照。
(5)復有一行是如来行――『南本涅槃経』巻第十一、聖行品、「復有一行是如来行。所謂大乗大涅槃経」（T12, 673b26-27）を参照。
(6)会宗――「宗」、つまり根本思想を理解すること。『講義』には、「権実、趣を同じくするを、会宗と云う」とある。
(7)即頓――たちどころに頓であること。
(8)漸頓――段階的に頓になること。
(9)汝等所行是菩薩道――『法華経』薬草喩品、「汝等所行　是菩薩道　漸漸修学　悉当成仏」（T9, 20b23-24）を参照。
(10)各乗宝車適子本願――ぴったりした出典はないが、関連する表現として、『法華経』譬喩品、「諸子是時　歓喜踊躍　乗是宝車　遊於四方　嬉戯快楽　自在無礙」（同前、14c17-19）、同、「乗此宝乗　直至道場」（同前、15a13-14）を参照。

是れ諸経の王なり」[1]と。漸法を開通して、悉ごとく入ることを得しめ、別理[2]を以て之れを接す。故に『涅槃』の中に、「二乗の道果を得たれども、円常を隔てず、是れに因って修学して、皆な当に仏と作るべし」[3]と。即ち是れ漸従り円に入る。亦た開漸顕頓の意と名づくるなり。

復た次に、四種の止観、円に入るは、必ずしも併せて行の成ずるを待って円に入らず、必ずしも併せて漸を開し頓を顕わすを待って円に入らず、入ることは則ち不定なり。所以は何ん。一切衆生の心性の正因は、之れを乳に譬え、了因の法を聞くを、名づけて毒を置くと為し[4]、正因の断えざるは、乳の四微[5]の如く、五味[6]は変ずと雖も、四微は恒に在り。是の故に、毒は四微に随って、味味に人を殺す。衆生の心性も亦復た是の如し。正因は壊せざれば、了因の毒は正に随って奢促[7]すれども、処処に発すことを得。或いは理の発、或いは教の発、或いは行の発、或いは証の発あり[8]。辟支仏の利智の善根は熟して、無仏の世に出で、自然に悟ることを得るが如く、理の発も亦た爾り。久しく善根を植ゆれば、今生に円教を聞かずと雖も、了因の毒は、任運に自ら発す。此れは是れ理の発なり。若し『華厳』の「日は高山を照らす」[9]を聞きて、即

（1）決了声聞法是諸経之王――『法華経』法師品、「如是諸人等　不聞法華経　去仏智甚遠　若聞是深経　決了声聞法　是諸経之王」（T9, 32a13-16）を参照。

(2) 別理――別教の理を指す。

(3) 涅槃中得二乗道果不隔円常因是修学皆当作仏――出典未詳。

(4) 聞了因法――『講義』には、「聞法了因」の誤写と推定している。

(5) 四微――色・香・味・触の四種の極微を指す。

(6) 五味――これは牛から乳が出て、それが順に発酵精製されていく様子を、仏がさまざまな教えを順に説く様子に重ね合わせたものである。乳味・酪味（dadhi. 牛乳を少し発酵させたヨーグルトのようなもの）・生蘇味（nava-nita. 新鮮なバター）・熟蘇味（熟蘇は生蘇を精製して作ったもの。対応梵語は確定していない）・醍醐味（maṇḍa, sarpirmaṇḍa. 乳酪の最も精製されたもので、最上の味とされる）をいう。『南本涅槃経』巻第十三、聖行品、「譬如従牛出乳、従乳出酪、従酪出生酥、従生酥出熟酥、従熟酥出醍醐。醍醐最上。若有服者、衆病皆除。所有諸薬悉入其中。善男子。仏亦如是。従仏出生十二部経。従十二部経出修多羅。従修多羅出方等経。従方等経出般若波羅蜜。従般若波羅蜜出大涅槃。猶如醍醐。言醍醐者、喩於仏性。仏性者、即是如来」（T12, 690c28-691a7）を参照。

(7) 奢促――奢は遅いこと、促は速いこと。

(8) 或理発或教発或行発或証発――「理発」は理即の発、「教発」は名字即の発、「行発」は観行即の発、「証発」は相似即・分真即・究竟即の発をそれぞれ指す。

(9) 華厳日照高山――『六十巻華厳経』の三照の譬喩については、『華厳経』巻第三十四、宝王如来性起品、「譬如日出、先照一切諸大山王、次照一切大山、次照金剛宝山、然後普照一切大地」（T9, 616b14-16）を参照。天台家では、『華厳経』の本文の趣意を離れて、太陽が高山、幽谷、平地を順に照らすことを読み取り、釈尊の説法の順序を決める根拠としている。

33c

ち悟ることを得ば、此れは是れ教の発なり。聞き已って思惟し、思惟して即ち悟るは、是れ観行の発と為すなり。若是し六根浄の位に進みて無明を破せば、是れ相似の証の発なり。若し更に増道損生せば、亦た是れ証の発なり。此れは円が家[1]に約し、入の不定を論ずるなり。

若し前の三教の行人、各おの凡地に在りて発さば、即ち是れ理の発なり。若し教を聞かば、是れ教の発と為す。若し方便を修せば、即ち是れ観行の発なり。若し賢聖の位の中に於いて発せば、即ち是れ証の発なり。此れは三家に約して入れば、則ち不定なり。復た不定なれども、人を殺すに非ざること有り。無漏を修する時に、有漏は求めざるに自ら発して、全く二死[2]を殺さざるが如し。若し中道を修して、無漏を発得し、長く三界の苦輪の海に別かれば、乃ち是れ一死[3]にして、而も二死に非ず。亦た不定と名づく。

復た次に、四種の止観は、当分[4]に円と漸あり。三蔵の中、初心の方便従り来たって真位に入る有り。此れを名づけて漸と為す。三十四心に結を断じて果を成ずれば、豈に円と名づけざらんや。通・別の中の初心より乃ち後心に至るまで、豈に漸と円無からんや。円の中の当体に理極まるを円と称すとも、亦た初心より乃ち四十一地に至るまで有り。豈に是れ漸ならずや。妙覚の究竟は、豈に是れ円ならずや。円の円[5]は、漸の円[6]に非ず。円の漸[7]は、漸の漸[8]に非ず。故に知んぬ、当分に皆な二義を具することを。『法華疏』の中に応に広く説くべし。[9]

然るに、漸の漸は円の漸に非ざれども、円の漸と成ることを得可し。漸の円は円の円に非ざれば、円の円と成ることを得可からず。何となれば、『法華』に云わく、「汝等の行ずる所は、是れ菩薩の道なり」[10]と。故に漸の漸は、円の漸と成れども、漸の円は権に設くる三教の果なれば、更に妙覚の仏と成る可からず、云云。例せば、小の小は大の小に非ざれども、大の小と成

(1)円家――円教の範疇の意。
(2)二死――分段の生死と不思議変易の生死を指す。
(3)一死――分段の生死を指す。
(4)当分――それぞれの分際、段階においての意。
(5)円円――円教の円を指す。
(6)漸円――漸教の円を指す。
(7)円漸――円教の漸を指す。
(8)漸漸――漸教の漸を指す。
(9)法華疏中応広説――『法華玄義』巻第九下、「四句料簡者、問。若言初住入理、名為円因・円果。何得文云、漸漸修学得成仏道……此経之宗、利益巨大、始自円漸、終竟円円。大乗因果、増長具足、云云」(T33, 796a24-b18)を参照。
(10)法華云汝等所行是菩薩道――本書三四七ページ注9を参照。

ることを得可し。小の大は大の大に非ざれば、大の大と成ることを得可からず。権の権は実の権に非ざれども、実の権と成ることを得可し。権の実は実の実に非ざれば、実の実と成ることを得可からず。何となれば、三教の果頭には教有りて人無きが故に、権の実は実の実と成る可からず。半・満、漸・頓も、例して応に此の如く分別すべし。復た文を煩わしくせざるなり。

観心もて往きて推するに、法相は応に爾るべし。而るに、人は多く信ぜず。今『涅槃』の五譬を用て、此の意を釈成す。第六に云わく、「凡夫は乳の如く、須陀洹は酪の如く、斯陀含は生酥の如く、阿那含は熟酥の如く、阿羅漢・辟支仏・仏は醍醐の如し」[1]と。『大論』に云わく、「声聞経の中、阿羅漢を称して、名づけて仏地と為す」[2]と。故に三人は同じく是れ醍醐なり。此の譬えは、豈に三蔵の中の五味を釈するに非ずや。漸の円の意は、此れに類して成ずることを得。三十二に云わく、「衆生は血を雑えたる乳の如く、須陀洹・斯陀含は浄き乳の如く、阿那含は酪の如く、阿羅漢は生酥の如く、辟支仏・菩薩は熟酥の如く、仏は醍醐の如し」[3]と。此の譬えは、豈に通教の中の五味を釈するに不ずや。支仏は習を侵し、少しく声聞に勝るが故に、菩薩と同じく熟酥と為す。仏は正・習尽くれば[4]、名づけて醍醐と為す。此れを借りて通教に類するに、当分の漸の円の義は顕らかなり。第九に云わく、「衆生は、牛より新たに生ずる、血と乳と未だ別かれざるが如し。声聞は乳の如く、縁覚は酪の如く、菩薩は生・熟酥の如く、

34a

仏は醍醐の如し」[5]と。此の譬えは、豈に是れ別教の五味の意ならずや。十住の初めの中、能く

（1）第六云凡夫如乳須陀洹如酪斯陀含如生酥阿那含如熟酥阿羅漢辟支仏仏如醍醐――『南本涅槃経』巻第八、如来性品、「善男子、我与無我、性相無二。汝応如是受持頂戴。善男子、汝亦応当堅持憶念如是経典。如我先於摩訶般若波羅蜜経中説我・無我、無有二相。如因乳生酪、因酪得生酥、因生酥得熟酥、因熟酥得醍醐」（T12, 651c18-22）を参照。

（2）大論云声聞経中称阿羅漢名為仏地――『大智度論』巻第七十五、「已作地者、声聞人得尽智・無生智、得阿羅漢。於菩薩、成就仏地」（T25, 586a15-17）を参照。

（3）三十二云衆生如雑血乳須陀洹斯陀含如浄乳阿那含如酪阿羅漢如生酥辟支仏菩薩如熟酥仏如醍醐――『南本涅槃経』巻第三十二、迦葉菩薩品、「是故我於経中先説衆生仏性如雑血乳。血者即是無明行等一切煩悩、乳者即是善五陰也。是故我説従諸煩悩及善五陰得阿耨多羅三藐三菩提。如衆生身皆従精血而得成就。仏性亦爾。須陀洹人・斯陀含人断少煩悩、仏性如乳。阿那含人仏性如酪。阿羅漢人、猶如生酥。従辟支仏至十住菩薩、猶如熟酥。如来仏性猶如醍醐」（T12, 818c1-9）を参照。

（4）正習――煩悩の正使と習気のこと。

（5）第九云衆生如牛新生血乳未別声聞如乳縁覚如酪菩薩如生熟酥仏如醍醐――『南本涅槃経』巻第九、菩薩品、「仏言、善男子、声聞如乳、縁覚如酪、菩薩之人如生熟酥、諸仏世尊猶如醍醐。以是義故、大涅槃中説四種性而有差別。迦葉復言、一切衆生性相云何。仏言、善男子、如牛新生、乳・血未別。凡夫之性雑諸煩悩亦復如是」（同前、664b18-23）を参照。

通の見思を断じ尽くすを乳と名づけ、総じて声聞に擬す。十住の後心は、少し深きが故に、支仏の酪の如きに擬す。十行・十向[1]は、生・熟酥の如く、十地の初めを、已に名づけて仏と為すが故に、醍醐の如し。此れを借りて、別観の当分の漸の円の意を顕成す、云云。二十七に云わく、「雪山に草有り、名づけて忍辱と為す。牛は若し食せば、即ち醍醐を成ず」[2]と。草は正道を喩う。若し能く正道を修せば、即ち仏性を見る。此の譬えは、豈に是れ円の意ならずや。四味に歴ずして、即ち醍醐を成ず。此れを借りて類して漸の円等の位を成ず、云云。第八に云わく、「毒を乳の中に置けば、五味に遍くして、皆な能く人を殺す」[3]と。此の譬えは、豈に不定を譬えざるや。即ち四種の理・教・行・証にして、円に入るを得ることを成ず、云云。

今、漸・頓に約して、此の如き料簡を作す。前の三科[4]、後の一科[5]も、亦た応に是の如くなるべし、云云。但だ小・大、半・満は、分に斉りて[6]剋定して、同じきことを得ざるのみ。

5.5.5. 権実を明かす

5.5.5.1. 釈名

五に権実を明かすとは、権は是れ権謀[7]、暫く用いて、還た廃す。実は是れ実録[8]、究竟の旨帰なり。権を立つるに、略して三意と為す。一に実の為めに権を施す。二に権を開きて実を顕わす。三に権を廃して実を顕わす。『法華』の中の蓮華の三譬の如し、[9]云云。諸仏は即ち一大事をもて出世す。[10]元と、円頓一実の止観の為めに、三権の止観を施すなり。権は本意に非ざれど

（1）十向――十廻向のこと。
（2）二十七云雪山有草名為忍辱牛若食者即成醍醐――『南本涅槃経』巻第二十七、師子吼菩薩品、「雪山有草、名曰忍辱。牛若食之、則成醍醐」（T12, 784a27-28）を参照。
（3）第八云置毒乳中遍於五味皆能殺人――『南本涅槃経』巻第二十七、師子吼菩薩品、「譬如有人置毒乳中、乃至醍醐皆悉有毒。乳不名酪、酪不名乳、乃至醍醐亦復如是。名字雖変、毒性不失、遍五味中、皆悉如是。若服醍醐、亦能殺人。実不置毒於醍醐中」（同前、784c9-13）を参照。
（4）前三科――大・小、半・満、偏・円の三項目を指す。
（5）後一科――権・実の一項目を指す。
（6）斉分剋定――範囲を限定して確定すること。
（7）権謀――臨機応変の策の意。
（8）実録――事実の記録の意。
（9）如法華中蓮華三譬――『法華玄義』巻第一上、「蓮華多奇。為蓮故華、華実具足、可喩即実而権。又華開蓮現、可喩即権而実。又華落蓮成、蓮成亦落、可喩非権非実。如是等種種義便故、以蓮華喩於妙法也」（T33, 682b18-21）を参照。
（10）諸仏即一大事出世――『摩訶止観』（Ⅰ）の一〇五ページ注1を参照。

も、意も亦た権の外に在らず。祇だ三権の止観を開きて、円頓一実の止観を顕わすなり。実の為めに権を施すに、実は今已に立てり。権を開きて実を顕わせば、権は即ち是れ実にして、権の論ず可きもの無し。是の故に、権を廃して実を顕わすに、権は廃して実は存す。暫く釈名を用うるに、其の義は允と為す。

5.5.5.2. 料簡

5.5.5.2.1. 四悉・五時に約して、以て権実を判ず

34b

問う。何の意もて此の権実を用うるや。

答う。仏は衆生の種種の性欲[1]を知り、四悉檀を以て之れを成熟す。若し人は正しき因縁を聞かんと欲せば、為めに三蔵の観を説き、因縁即空を聞かんと欲せば、為めに通の観を説き、歴劫の修行を聞かんと欲せば、為めに別の観を説き、即中を聞かんと欲せば、為めに円の観を説く。是れ世界に随う悉檀と名づけ、亦た楽欲[2]に随うと名づく。実の為めに権を施し、権実の止観を説くなり。真を扶くるの事善を生ぜんが為めに、三蔵の観を説き、真を扶くるの理善を生ぜんが為めに、通の観を説き、中を扶くるの事善を生ぜんが為めに、別の観を説き、中を扶くるの理善を生ぜんが為めに、円の観を説く。是れ為人に随う悉檀と名づけ、

亦た便宜に随って権実の止観を説くと名づくるなり。邪な因縁、無因縁を破せんが為めに、三蔵の観を説き、拙度を破せんが為めの故に、通の観を説き、共法を破せんが為めの故に、別の観を説き、方便を帯ぶるを破せんが為めの故に、円の観を説く。是れ対治悉檀もて権実の止観を説くと為すなり。思議の鈍根の拙度をして真諦に入らしめんが為めに、三蔵の観を説き、思議の利根の巧度をして真諦に入らしめんが為めの故に、通の観を説き、不思議の鈍根の拙度をして中を見るに入らしめんが為めの故に、別の観を説き、不思議の利根の巧度をして中を見るに入らしめんが為めの故に、円の観を説く。是れ一実の為めに、而も三権を施すと名づく。権実相対すれば、則ち四種の止観有り。実の為めに権を施すは、意此れに斉(かぎ)るなり[3]。

　権実は既に興れば、良(まこと)に悉檀に由る。権実は廃す可きも、亦た悉檀に由る。何となれば、衆生の煩悩・結使は厚く、利智の善根は薄きが故に、初観を興して、其の事善を生ず。事善は若し生じ、煩悩の伏することは薄くば、即ち三蔵の観を廃す。理善を生ぜんが為めに、通の観を

(1)性欲――性質・欲求の意。
(2)楽欲――願い・欲求の意。
(3)斉此――蔵教・通教・別教・円教の四教に限られるの意。

興す。理善は已に生じたれば、即ち通の観を廃す。界外の事善を生ぜんが為めに、即ち別の観を興す。界外の事善は已に生じたれば、即ち別の観を廃す。界外の理善を生ぜんが為めに、即ち円の観を興す。是れ興・廃の因縁の故に、権実の止観を説くと為すなり。余の三悉檀の興・廃は解す可し。

若し五味の教に約して、興廃を論ぜば、『華厳』は大行人の為めに両権[1]を廃して、一権一実[2]を興す。三蔵は両権一実[3]を廃して、但だ一権[4]を興すのみ。方等は四種倶に興る[5]。『般若』は一権[6]を廃して、両権一実[7]を興す。『法華』は三権[8]を廃して、一実を興す。『涅槃』は還って四種を興して、皆な仏性に入り、隔つ可き所無し。

是の故に、如来は巧みに悉檀を用て、興・廃は時に適い（かな）、機に順じて作し、皆な衆生を益す。34c 是の故に、如来は空しく法を説かず、人を度せんが為めの故に、応に興すべく、応に廃すべきなり。

5.5.5.2.2. 四種の止観に約して、以て開権を明かす

三権に対して一実を説き、実を存し権を廃するは、已に前に説くが如し。今更に料簡するに、四種の止観は、皆な実にして虚ならず。所以は何ん。若し開決せずば[9]、則ち理に入ること無し。

今、声聞の法を決了するに、是れ諸経の王なり。[10]方便の門を開いて、真実の相を示す。[11]一一の止観は、皆な円に入ることを得。快馬（けめ）は鞭の影を見て、即ち正路を得るが如し。[12]故に四種は皆

(1)両権――蔵教・通教の権（方便の教え）を指す。
(2)一権一実――「一権」は別教、「一実」は円教をそれぞれ指す。
(3)両権一実――「両権」は通教・別教、「一実」は円教をそれぞれ指す。
(4)一権――蔵教を指す。
(5)四種――蔵教・通教・別教・円教の四教を指す。
(6)一権――蔵教を指す。
(7)両権一実――「両権」は通教・別教、「一実」は円教をそれぞれ指す。
(8)三権――蔵教・通教・別教を指す。
(9)開決――開会のこと。
(10)今決了声聞法是諸経之王――本書三四八ページ注1を参照。
(11)開方便門示真実相――『法華経』法師品、「此経開方便門、示真実相」（T9, 31c16-17）を参照。
(12)如快馬見鞭影即得正路――『雑阿含経』巻第三十三、「世有四種良馬。有良馬駕以平乗、顧其鞭影馳駃、善能観察御者形勢、遅速左右、随御者心。是名、比丘、世間良馬第一之徳」（T2, 234a17-20）、『大智度論』巻第一、「爾時長爪梵志、如好馬見鞭影即覚、便著正道」（T25, 62a6-7）などを参照。

な実なり。

又た、四種は皆な権なり。何を以ての故に。四つの理は皆な不可説なり。権も不可説なるが故に権に非ず、実も不可説なるが故に実に非ず、権に非ざれども、強いて説きて権と為し、実に非ざれども、強いて説きて実と為す。

等しく是れ強いて説くは、何の意もて権を名づけて実と為さざるや。

説有るを以ての故に、故に皆な是れ権なり。

又た、此の権実は、悉ごとく是れ非権非実なり。何を以ての故に。皆な不可説なるが故なり。此の非権非実は、向の実に異なることを得ず。向には理を見るを以て実と為せり。実は秖だ是れ非権非実なるのみ。此の義を以ての故に異ならず。若し異ならば、応に別の慧有るべく、応に別の理を照らすべし。理と惑は既に同じければ、異ならしむ可からず。権に対するが故に実を説き、教を廃するが故に理を説く。故に非権非実と言う。教に即して理なれば、権実は即ち非権非実にして、二無く別無く、合ならず散ならず。非権非実にして、理性は常に寂なるを、之れを名づけて止と為し、寂にして常に照らし、亦権亦実なるを、之れを名づけて観と為す。観の故に、智と称し、般若と称す。止の故に、眼と称し、首楞厳と称す。是の如き等の名は、二ならず別ならず、合ならず散ならず。即ち不可思議の止観なり。此れは但だ実は是れ非権非実なりと開くのみならず、権も亦た是れ非権非実なりと開く。猶お開権顕実の意に属するのみ。

5.5.5.2.3. 接通に約して、以て教理を明かす

問う。一実の為めに三権を施すに、唯だ四種の止観有るのみ。別を以て通を接する止観の若きは、権と為すや、実と為すや。復た何の意もて四の数に預(あずか)らざるや。何の意もて但だ通のみを接すと言うや。何の位にて被接(ひしょう)[1]するや、何の位に接入するや。

答う。接して教に入ることを得れば、此れは則ち権に属す。接して証に入ることを得れば、此れは則ち実に属するなり。四教は其の始終を論ずれども、接は但だ終わりありて始め無きが故に、四の数に入らず。諸教は皆な接することも、亦た応に之れ有るべし。此の義をば用いざ

(1)被接――「被」は、受け身の助字。「接」は、接続の意。引き継がれるの意。三種の被接がある。通教から別教に引き継がれることを別接通(べっせつつう)といい、通教から円教へ引き継がれることを円接通(えんせつつう)といい、別教から円教に引き継がれることを円接別(えんしょうべつ)という。

(35a) るは、二教[1]は界内の理を明かし、二教[2]は界外の理を明かし、両処は交際するに、須らく一の接を安くべし。故に但だ別を以て通を接す。若し通に斉って言を為さば、無明を破することを論ぜず、八地を支仏地と名づけ、此れ従り被接して中道有ることを知る。九地に無明を伏し、十地に無明を破するを、即ち名づけて仏と為す。但だ一品を破するのみなるに、那んぞ是れ極なることを得ん。故に別に接入することを知るなり。若し別教に望まば、是れ初地の位行に入るなり。若し諦に就いて接を論ぜば、通教の真諦は、空と中とをば合わせて論ず。初め従り已来、但だ真の中の空を観じ、見思の惑を破し尽くして、第八地に到らば、方に為めに真の内の中を説く、故に云わく、「智者は、空、及与び不空を見る」[3]と。被接して方に聞く。聞き已って理を見るは、即ち是れ別の位に入るなり。三蔵の菩薩の、位を明かすことは、爾らざるが故に、接を論ぜず。別・円は発心より已に中道を知れり。更に何を将てか接せん。故に知んぬ、接は但だ通のみに在ることを。

5.5.5.2.4. 重ねて教理の権実を簡ぶ

問う。三権は皆な実なることを知ることを得るや。

答う。別教は初めより知り、通教は後に知り、三蔵は初後倶に知らず。

問う。若し知らば、何の意もて権と名づくるや。若し知らずば、二経に相違す。答う。別は初めより知ると雖も、方便を帯びて聞くは、教は猶お是れ権なり。通は後に知ると雖も、接す可き者は知れば、教は終に是れ権なり。其の意は見る可し。若し三蔵の知らざるは、二経に違うと言わば、『大経』に云わく、「阿羅漢は、三宝の常住にして不変なるを知らずば、所有る禁戒も亦た具足せず、声聞の道を得ること能わず」[4]と。此の義は、今当に通ずべし。羅漢の自力に任せば、応に常住なるを知見すべからず。譬えば、天眼は未だ開かずば、障の外を見ず、他の説を聞かずば、亦た知ること能わざるが如し。羅漢も亦た是の如し。仏眼は未だ

(1)二教――蔵教・通教を指す。
(2)二教――別教・円教を指す。
(3)云智者見空及与不空――『南本涅槃経』巻第二十五、師子吼菩薩品、「仏性者、名第一義空。第一義空名為智慧。所言空者、不見空与不空。智者見空及与不空、常与無常、苦之与楽、我与無我」(T12, 767c18-21)を参照。
(4)大経云阿羅漢不知三宝常住不変者所有禁戒亦不具足不能得声聞之道――『南本涅槃経』巻第三、長寿品、「復次善男子、応当修習仏・法及僧而作常想。是三法者、無有異想、無無常想、無変異想。若於三法修異想者、当知是輩清浄三帰則無依処、所有禁戒皆不具足、終不能証声聞・縁覚菩提之果。若能於是不可思議修常想者、則有帰処」(同前、622b17-22)を参照。

35b

開かず、又た仏の説を聞かず。那んぞ自ら常住を知ることを得んや。故に『法華』に云わく、「自ら得る所の功徳に於いて、滅度の想を生ず」[1]、「若し余仏に遇わば、便(すなわ)ち決了することを得」[2]、又た云わく、「声聞、縁覚、不退の菩薩も亦た知ること能わず」[3]と。当に知るべし、聞かざれば、則ち知らざることを。『経』に知ると称するは、己が理の真諦無為を知るに斉(かぎ)る。亦た是れ常にして、一相無変なるに於いてす。若し人は真諦を分別して、二相に遷動せられば、真を発すること能わず。要(かなら)ず須らく空を観じて、方に無漏に入るべし。須菩提は空を観じ、憍陳如(きょうじんにょ)は無生智を証するが如し、云云。又た、律儀を具足せざる者は、若し能く空を観じて、道共戒(どうぐかい)を得ば、此れは是れ具足戒なり。故に『華厳』に云わく、「諸法の実の性相は、常住にして変異せず。二乗も亦た皆な得れども、名づけて仏と為さず」[4]と。故に知んぬ、常住の語は通ずれば、此の釈を作すことを得。若し此の釈を作さずば、三蔵は大乗の常住を説かず。声聞は那んぞ声聞の道を具し、禁戒を具することを得んや。若し此の釈を作さば、道共戒をば失うこと無く、弥(いよ)いよ其の美を益(ま)す。

又た、例を挙げて釈せば、『大品』に云うが如し、「婬欲は、梵天に生ずることを障(さ)う。何に況んや菩提をや」[5]と。梵天に生ぜんが為めには、須らく婬欲を断ずべし。菩提を得んと欲せば、二辺の欲を断ずべし。欲の名は同じと雖も、其の意は則ち異なり。此の義も亦た爾り。真諦に入らんと欲せば、須らく無為は常にして変易(へんにゃく)せざることを知るべし。実相に入らんと欲せば、亦た常住にして、一相不変なるを知る。常を知る語は同じくして、大小は則ち異なり。故に三蔵の止観の、円を知らざるは、実に『経』に違せざるなり。『勝鬘』に云わく、「若し常住を知

(1) 法華云於自所得功徳生滅度想――『法華経』化城喩品、「我滅度後、復有弟子不聞是経、不知不覚菩薩所行、自於所得功徳生滅度想、当入涅槃」(T9, 25c14-16) を参照。

(2) 若遇余仏便得決了――『法華経』方便品、「若遇余仏、於此法中便得決了」(同前、7c7) を参照。

(3) 云声聞縁覚不退菩薩亦不能知――『法華経』方便品、「舎利弗当知　諸仏語無異　於仏所説法　当生大信力　世尊法久後　要当説真実　告諸声聞衆　及求縁覚乗　我令脱苦縛　逮得涅槃者　仏以方便力　示以三乗教　衆生処処著　引之令得出」(同前、6a21-27) を参照。

(4) 華厳云諸法実性相常住不変異二乗亦皆得而不名為仏――『六十巻華厳経』巻第二十六、十地品、「諸法実性相　常住無変異　二乗亦得此　而不名為仏」(同前、566c19-20) を参照。

(5) 如大品云婬欲障生梵天何況菩提――『大品般若経』巻第一、奉鉢品、「爾時四天王天乃至阿迦尼吒天皆大歓喜、各自念言、我等当作方便、令是菩薩離於婬欲。従初発意常作童真、莫使与色欲共会。若受五欲、障生梵天。何況阿耨多羅三藐三菩提」(T8, 221b3-7) を参照。

らずば、所有る三帰は皆な成就せず」[1]と。此れは云何んが通ぜん。遠く根本を尋ぬれば、三乗の初業は、法に愚かならず。[2]若し四念処の聞慧を取りて初と為さば、此れは初めに真諦の常住を知りて、六十二見を起こさず、倚著[3]の心無きを以て、賢聖は成就す。此の釈は前の意に同じ。若し古昔を初業と為さば、先に菩提心を発して、早く常住を知り、生死を畏怖して、大を退し小を取る。[4]法才王子、[5]及び『涅槃』の中の退転の菩薩は、[6]初め従り已来、一体の三宝に帰依して、戒善を熏修し、受法有って捨法無く、心は無尽なるが故に、戒も亦た無尽なり。[7]一切の戒善は、此れの熏ずる所と為る。譬えば大地は冥に樹木を益し、樹木の萌芽は悉ごとく成就することを得るが如し。小乗の帰戒は菩薩の戒を離れず、菩薩の戒の力は、能く之れを成就す。即ち此の義なり。若し初業に常を知ることを作さずば、三蔵の帰戒の羯磨は、悉ごとく成就せず。若し此の釈を作さば、大小の両経に於いて、義に相違無し。

摩訶止観巻第三下

（1）勝鬘云若不知常住所有三帰皆不成就――『勝鬘経』一乗章、「若復説言無尽法・常住法、一切世間之所帰依者、亦名善説如来。是故於未度世間・無依世間、与後際等、作無尽帰依・常住帰依者、謂如来・応・等正覚也。法者即是説一乗道、僧者是三乗衆。此二帰依非究竟帰依、名少分帰依」（T12, 221a1-6）を参照。

（2）三乗初業不愚於法――『勝鬘経』自性清浄章、「三乗初業、不愚於法」（同前、222a29）を参照。

（3）倚著――依存し執著すること。

（4）畏怖生死退大取小――『大智度論』巻第十二、「舎利弗思惟言、如此弊人等、難可度也。眼実無用、而強索之。既得而棄、又以脚蹋。何弊之甚。如此人輩、不可度也。不如自調、早脱生死。思惟是已、於菩薩道退、迴向小乗。是名不到彼岸」（T25, 145a25-29）を参照。

（5）法才王子――『菩薩瓔珞本業経』巻上、賢聖学観品、「若不値善知識者、若一劫二劫乃至十劫退菩提心。如我初会衆中有八万人退。如浄目天子・法才王子・舎利弗等欲入第七住。其中値悪因縁故。退入凡夫不善悪中、不名習種性人、退入外道」（T24, 1014c7-12）を参照。

（6）涅槃中退転菩薩――『南本涅槃経』巻第二十六、師子吼菩薩品、「善男子、汝不可以有退心故、言諸衆生無有仏性……退転菩薩亦復如是。善男子、一切衆生定当得成阿耨多羅三藐三菩提。以是義故、我経中説一切衆生乃至五逆・犯四重禁、及一闡提、悉有仏性」（T12, 779b8-c15）を参照。

（7）有受法無捨法心無尽故戒亦無尽――『菩薩瓔珞本業経』巻下、大衆受学品、「故知菩薩戒有受法、而無捨法、有犯不失、尽未来際。……是故心亦尽戒亦尽、心無尽故、戒亦無尽。六道衆生受得戒、但解語、得戒不失」（T24, 1021b7-22）を参照。

摩訶止観巻第四上

隋の天台智者大師説く
門人の灌頂記す

5.6. 方便

5.6.1. 通じて漸・頓二種の方便を明かす

35c
第六に方便を明かすとは、方便は善巧(ぜんぎょう)[1]に名づく。善巧に修行して、微少の善根を以て、能く無量の行をして成じ、解発して、菩薩の位に入らしむ。『大論』に、「能く少施・少戒を以て、声聞・辟支仏の上に出過す」と云うは、即ち此の義なり。[2]又た、方便とは、衆縁(しゅえん)は和合するなり。能く和合して因を成じ、亦た能く和合して果を取るを以てなり。『大品経』に言わく、「如来の身は、一因・一縁従り生ぜず、無量の功徳従り如来の身を生ず」[3]と。此の巧能(ぎょうのう)を顕わすが故に、方便を論ず。若し漸次に依らば、即ち四種の方便有り、方便に各おの遠近有り。『阿毘曇』に、「五停心を遠と為し、四善根を近と為す」と明かすが如し。[4]通・別の方便は、例して意もて知る可し。円教は、仮名・五品[5]の観行等の位は真を去ること猶お遙かなるを以て、遠の方便と名づけ、六根清浄の相似[6]は真に隣るを、近の方便と名づく。

(1)善巧——巧みなこと。
(2)大論云能以少施少戒出過声聞辟支仏上——『大智度論』巻第二十九、「菩薩摩訶薩行少施・少戒・少忍・少進・少禅・少智、欲以方便力迴向故、而得無量無辺功徳者、当学般若波羅蜜」(T25, 271a8-10)を参照。
(3)大品経言如来身者不従一因一縁生従無量功徳生——『大品般若経』巻第二十七、法尚品、「善男子、諸仏身亦如是、従無量功徳因縁生、不従一因一縁一功徳生。亦不無因縁有、衆縁和合故有。諸仏身不独従一事成、来無所従、去無所至。善男子、応当如是知諸仏来相・去相。善男子、亦当知一切法無来去相。汝若知諸仏及諸法無来・無去・無生・無滅相、必得阿耨多羅三藐三菩提、亦能行般若波羅蜜及方便力」(T8, 422a23-b2)を参照。
(4)如阿毘曇明五停心為遠四善根為近——特定の出典は未詳。「五停心」は、不浄観・慈悲観・数息観・因縁観・念仏観を指す。不浄観によって貪欲を止め、慈悲観によって瞋恚を止め、数息観によって散乱心を止め、因縁観によって愚癡を止め、念仏観によって種々の煩悩を止める。「四善根」は、煖・頂・忍・世第一法の位で、小乗仏教の内凡夫をいう。
(5)仮名——名字即を指す。
(6)六根清浄相似——菩薩の十信の位を、六根清浄位とも、六即のなかの相似即ともいう。

5.6.2. 別して今文の方便を明かす

今、五品の前の仮名の位の中に就いて、復た遠近を論ず。二十五法[1]を遠の方便と為し、十種の境界を近[2]の方便と為す。横竪に該羅し[3]、十観[4]は具足し、観行の位を成じて、能く真・似[5]を発するを、近の方便と名づく。

今、遠の方便を釈するに、略して五と為す。一に五縁[6]を具し、二に五欲[7]を呵し、三に五蓋[8]を棄て、四に五事[9]を調え、五に五法[10]を行ず。

夫れ道は孤り運ばず、之れを弘むるは人に在り。人は勝法を弘むるに、縁を仮りて道を進む。所以に須らく五縁を具すべし。縁の力は既に具すれば、当に諸の嗜欲を割くべし。嗜欲は外に屏くれば、当に内に其の心を浄むべし。其の心は若し寂ならば、当に五事を調え試すべし。五事は調え已り、五法を行ぜば、必ず所在[11]に至らん。

36a

譬えば陶師[12]の如きは、若し器を得んと欲せば、先ず良い処を択び、砂無く、鹵無く、草木の豊便なるに、作所[13]を立つ可し。次に余の際務[14]を息む。際務は静かならずば、安くんぞ功を就すことを得ん。外縁を息むと雖も、身の内に疾有らば、云何んが執作[15]せん。身は康壮[16]なりと雖も、泥・輪は調わずば、器物を成ぜず。上の縁は整うと雖も、業を専らにせず、廃して相続せずば、永く辨ずる理無し。

(1)二十五法――五縁・五欲・五蓋・五事・五法を合わせたもの。
(2)十種境界――陰界入・煩悩・病患・業相・魔事・禅定・諸見・増上慢・二乗・菩薩の十種の観察の対象界を指す。
(3)該羅――包括すること。
(4)十観――十乗観法のこと。観不思議境・起慈悲心・巧安止観・破法遍・識通塞・修道品・対治助開・知次位・能安忍・無法愛の十種の方法によって十種の境界を観察すること。
(5)真似――真実と相似の意であるが、それぞれ分真即、相似即を指す。
(6)五縁――持戒清浄、衣食具足、閑居静処、息諸縁務、得善知識の五つの条件をいう。
(7)五欲――色、声、香、味、触の五種の対境に対する欲望をいう。
(8)五蓋――貪欲、瞋恚、睡眠、掉悔(じょうげ)、疑の五種の煩悩をいう。
(9)五事――食、眠、身、息、心をいう。
(10)五法――欲、精進、念、巧慧、一心をいう。
(11)所在――あるべきところの意で、初住の位を指す。
(12)陶師――陶工。陶器を作る人。
(13)作所――作業所の意。
(14)際務――交際の務めの意。
(15)執作――働くこと。
(16)康壮――壮健であること。

止観の五縁も、亦復た是の如し。有待[1]の身の必ず資藉[2]を仮るは、彼の好き処の如し。塵欲を呵厭するは外縁を断つが如く、五蓋を棄絶するは内疾を治するが如く、五事を調適するは輪縄を学ぶが如く、五法を行ずるは作して廃せざるが如し。世間の浅事すら、縁に非ざれば合せず。何に況んや出世の道をや。若し弄引[3]無くば、何ぞ階る可きこと易からん。故に二十五法に歴て、事に約して観を為し、麁を調えて細に入り、散を検して静ならしむ。故に止観の遠の方便と為すなり。

此の五法の三科[4]は『大論』に出で、一種[5]は『禅経』に出で、一[6]は是れ諸の禅師の立つるなり、云云。

5.6.2.1. 広く解す

5.6.2.1.1. 五縁を具す

一に五縁を具すとは、一に持戒清浄なること、二に衣食は具足すること、三に静かなる処に閑居すること、四に諸の縁務を息むること、五に善知識を得ることなり。『禅経』に云わく、「四縁は具足すと雖も、開導は良師に由る」[7]と。故に五法を用て入道の梯隥[8]と為す。一も闕くれば、則ち事を妨ぐ。此れを釈するは、具さには『次第禅門』の如し。

5.6.2.1.1. 持戒清浄

此の中、持戒清浄を明かすに、即ち四意あり。一に戒の名を列し、二に持戒を明かし、三に犯戒（ぼんかい）を明かし、四に懺浄（さんじょう）を明かす。

(1)有待之身――『荘子』逍遥遊篇、「夫列子御風而行、泠然善也。旬有五日而後反。彼於致福者、未数数然也。此雖免乎行、猶有所待者也」を参照。「有待」は、依存するものがあること。列子が移動するには風が必要であることを指摘したものである。身体は、食べ物や睡眠などが必要であるので、「有待の身」といわれる。
(2)資藉――助け依存するの意。
(3)弄引――正説にたとえられる弄（歌曲の意）を引き出すものの意で、方便の意となる。
(4)三科――呵五欲・棄五蓋・行五法の三項目を指す。
(5)一種――具五縁を指す。
(6)一――調五事を指す。
(7)禅経云四縁雖具足開導由良師――出典未詳。
(8)梯隥――はしごの意。

5.6.2.1.1.1. 戒の名を列ぬ

名を列すとは、経論の出処は、甚だ多し。[1] 且らく『釈論』に依るに、十種の戒有り。謂う所は、不欠・不破・不穿・不雑・随道・無著・智所讃・自在・随定・具足なり。[2] 此の十は、通じて性戒[3]を用て根本と為す。『大論』に云わく、「性戒とは、是れ尸羅なり。身・口等の八種なり。謂わく、身の三、[4] 口の四[5]に、更に不飲酒を加う。是れ浄命[6]にして、意地[7]を防ぐ」[8] と。又た云わく、「十善は是れ尸羅なり。仏は世に出でずとも、世に常に之れ有り、故に旧戒と名づく」[9] と。

(1) 経論出処甚多――『大品般若経』巻第二十三、三次品、「菩薩摩訶薩従初発意已来、応念聖戒・無缺戒・無隙戒・無瑕戒・無濁戒・無著戒・自在戒・智者所讃戒・具足戒・随定戒」(T8, 386a4-7)、『六十巻華厳経』巻第十二、菩薩十無尽蔵品、「此菩薩成就饒益戒・不受戒・無著戒・安住戒・不諍戒・不悩害戒・不雑戒・離邪命戒・離悪戒・清浄戒」(T9, 475a28-b2)、『南本涅槃経』巻第十一、聖行品、「以是因縁、願令衆生護持禁戒、得清浄戒・善戒・不缺戒・不析戒・大乗戒・不退戒・随順戒・畢竟戒・具足成就波羅蜜戒」(T12, 675a13-15) などを参照。

(2)依釈論有十種戒所謂不缺不破不穿不雑随道無著智所讃自在随定具足――『大智度論』巻第二十二、「問曰、云何念戒。答曰……行者念清浄戒・不缺戒・不破戒・不穿戒・不雑戒・自在戒・不著戒・智者所讃戒」(T25, 225c19-226a1)を参照。また、前ページ注1に引用した『大品般若経』も参照。『法華玄義』巻第三下にも『大智度論』の名を挙げて、「大論亦明十種戒。不破・不缺・不穿・不雑四種、即是大経根本支中禁戒・清浄戒・善戒・不缺戒。論随道戒、即是大経護持正念支中不析戒也。論無著戒、即是大経迴向支中不退戒。論智所讃戒、即是大経大乗戒。論自在戒、即是大経自在戒。論随定戒、即是大経随順戒。論具足戒、即是大経波羅蜜戒。大経明畢竟、論言随定、此大同小異、於義無失」(T33, 717b23-c2)と述べている。

(3)性戒――遮戒の対で、在家・出家ともに、これを犯せば罪となる行為を戒めた戒。たとえば殺生戒・偸盗戒・邪婬戒・妄語戒などを指す。

(4)身三――十善のなかの身に関係する殺生・偸盗・邪婬の三項目を指す。

(5)口四――十善のなかの口に関係する妄語・両舌・悪口・綺語の四項目を指す。

(6)浄命――清浄な生活の意。

(7)意地――第六意識を指す。

(8)大論云性戒者是尸羅身口等八種謂身三口四更加不飲酒是浄命防意地――『大智度論』巻第十三、「尸羅〈秦言性善〉、好行善道、不自放逸、是名尸羅。或受戒行善、或不受戒行善、皆名尸羅。尸羅者、略説身・口律儀有八種。不悩害・不劫盗・不邪婬・不妄語・不両舌・不悪口・不綺語・不飲酒、及浄命、是名戒相」(T25, 153b9-13)を参照。

(9)十善是尸羅仏不出世世常有之故名旧戒――『大智度論』巻第四十六、「十善道為旧戒、余律儀為客。復次若仏出好世、則無此戒律。如釈迦文仏、雖在悪世、十二年中亦無此戒、以是故知是客」(同前、395c8-11)を参照。

36b

仏は世に出でざれども、凡夫も亦た八禅[1]を修するが故に、旧定と名づく。外道の邪見の六十二[2]等は、旧医の乳薬[3]にして、名づけて旧慧と為す。

常途に云わく、「客定無し。無漏は八禅を導くのみ」と。今、此の語を難ず。亦た応に無漏は十善を導くべきなり。戒・慧に既に客法[4]有れば、定のみ何ぞ独り無からんや。今、三帰・五戒・二百五十を用て客戒と為す。根本の十種の得戒の人は、仏は自ら「善く来たれ、比丘よ」と言うが如きは、自然に已に具足戒を得たり。摩訶迦葉の如きは自誓の因縁もて具足戒を得、憍陳如の如きは見諦[5]の故に具足戒を受け、波闍波提比丘尼の如きは八敬法[6]を以て具足戒を受け、達磨提那比丘尼の如きは信を遣わして[7]具足戒を受け、須陀耶沙弥の如きは論義して具足戒を受け、耶舎比丘等の如きは「善く来たれ」もて具足戒[8]を受け、跋陀羅波梨伽の如きは三帰を加えて具足戒を受け、辺地の如きは、第五の律師に具足戒を受け、中国は十人に白四羯磨[9]し

（1）八禅――色界の四禅（初禅・二禅・三禅・四禅）と四無色定（空無辺処定・識無辺処定・無所有処定・非想非非想処定）を指す。

（2）六十二――六十二種の外道の誤った見解をいう。『南本涅槃経』巻第二十三、光明遍照高貴徳王菩薩品、「云何菩

薩遠離五事。所謂五見。何等為五。一者身見、二者辺見、三者邪見、四者戒取、五者見取。因是五見、生六十二見。因是諸見、生死不絶。是故菩薩防護不近」（T12, 759a22-26）を参照。

（3）旧医乳薬――『南本涅槃経』巻第二、哀歎品（同前、617c-618c を参照）に出る譬喩に基づく。旧医が乳薬の好醜善悪を認識せず、どんな病気にもただ乳薬を用いていたのを、新しくやって来た客医が王に、乳薬は毒であるから禁止するように求めた。ところが、後に王が病にかかったとき、客医はかえって乳薬を用いることを勧めたので、王は厳しく問いただした。客医は、旧医がさまざまな病気の種類を区別せず、ただ乳薬だけを投薬していたが、乳薬は毒害にも甘露にもなることを説き、今の王の病には、乳薬が効果があることを説く。外道の常楽我浄に対して、いったんは無常・苦・無我・不浄を説いたが、『涅槃経』において、再び真実の常楽我浄を説くことをたとえたものである。

（4）客法――新しい法の意。

（5）見諦――四諦を見ること。

（6）八敬法――比丘尼が比丘に対して守るべき八種の戒律のこと。摩訶波闍波提が比丘尼になるために、釈尊から課された条件といわれる。

（7）遣信――消息を伝えること。

（8）第五律師――辺地においては、三師（戒和尚・羯磨師・教授師）と七証（七人の証明師）の十人の比丘ではなく、五人の戒師による授戒が認められるので、第五の律師から具足戒を受けることができる。

（9）白四羯磨――具足戒を授けるとき、羯摩師がある者の出家受戒の希望に関し僧衆に対して一度表白し、次にその可否を問う作法（これを羯摩という。羯摩は karma の音写語）を三度繰り返すことをいう。一白三羯摩ともいう。

て具足戒を受く。[1]客戒の人なり。根本浄禅、[2]観練熏修[3]を客定と為し、四諦の慧を客慧と為す。仏は出でて、方に有るなり。

性戒とは、受と不受とを問うこと莫く、犯さば即ち是れ罪なり。受と不受と、持たば即ち是れ善なり。若し戒を受けて持たば福を生じ、犯さば罪を獲。受けずば福無く、受けずして犯さば罪無し。草を伐り、畜を害する罪は、同じく対首懺[4]もて、二罪[5]は倶に滅するが如し。『大論』に解して云わく、「無作に違う罪は、同じく滅するのみ。而るに、命を償うことは猶お在り」[6]と。故に知んぬ、受得の戒は、性戒と異なり有るなり。故に『四分』に遮を問う法に云わく、「辺罪を犯さざるや」[7]と。辺罪は、即ち性罪なり。[8]此の罪は、優婆塞戒を障う。何に況ん

(1) 根本十種得戒人者如仏自言善来比丘自然已得具足戒根本十種得戒人者如仏自言善来比丘自然已得具足戒如摩訶迦葉自誓因縁得具足戒如憍陳如見諦故受具足戒如波闍波提比丘尼以八敬法受具足戒如達磨提那比丘尼遣信受具足戒如須陀耶沙弥論義受具足戒如耶舎比丘等善来受具足戒如跋陀羅波楞伽加三帰受具足戒如辺地第五律師受具足戒中国十人白四羯磨受具足戒――『入大乗論』巻第二、順修諸行品、「問曰、成就体性戒者、乃可供養。不応礼拝。答曰、不然。以有戒功徳故、亦応礼拝。豈但供養。汝言、不受戒菩薩、不応向礼。我今復当為汝広説。不但以白四羯磨故、而受具足戒。如比尼毘婆沙中説有十種受具足戒。菩薩有種種受戒。何等為十。如仏自言善来比丘、自然已得受

具足戒。如摩訶迦葉、自誓因縁、受具足戒。如憍陳如、見諦故受具足戒。如波闍波提比丘尼、以八法受具足戒。如達摩提那比丘尼、遣使受具足戒。如須陀尼耶沙弥、論義受具足戒。如耶舎比丘等、善来受具足戒。如拔陀羅波楞伽、三帰受具足戒。如辺地第五律師、受具足戒。中国白四羯磨、受具足戒。是以菩薩常受具足戒、未曾捨離」(T32, 48a27-b12)を参照。「中国」は、ここでは中心地(Madhyadeśa)の意でインドを指す。

(2)根本浄禅——禅を世間禅・出世禅・上上禅の三段階に分類する。世間禅には根本味禅と根本浄禅とがあり、前者は四禅・四無量心・四空定(四無色定)の十二門禅のことであり、後者は六妙門・十六特勝・通明禅のこと。

(3)観練熏修——『摩訶止観』(Ⅰ)の三五ページ注6を参照。

(4)対首懺——底本の「対手懺」を、『講義』によって「対首懺」に改める。「対首」は、波羅提提舎尼(pratideśanīya)の訳。対他説、各対応説、向彼悔、対首懺悔ともいう。他の修行僧に対して犯戒を懺悔することによって許されること。

(5)二罪——草を切ることと動物を傷害することの二つの罪。

(6)大論解云違無作罪同滅耳而償命猶在——出典未詳。「償命」は、自分の命で罪をつぐなうこと。

(7)四分問遮法云不犯辺罪不——『四分律』巻第三十五、「世尊言、不得如是露形看而為授戒。自今已去、聴問十三難事。然後授具足戒。白四羯磨当作如是問、汝不犯辺罪。汝不犯比丘尼。汝非賊心入道。汝非壊二道。汝非黄門。汝非殺父・殺母。汝非殺阿羅漢。汝非破僧。汝不悪心出仏身血。汝非是非人。汝非畜生。汝非有二形耶。仏言、自今已去、聴先問十三難事然後授具足戒、当作白四羯磨、如是授具足戒」(T22, 814c10-19)を参照。「辺罪」は、四波羅夷(殺生・偸盗・邪婬・妄語)の重罪を犯す罪。

(8)性罪——それ自体が罪である行ないのことで、四波羅夷を指す。

や大戒をや。若し性戒は清浄ならば、是れ戒度[1]の根本、解脱の初因なり。此の性戒に因って、無作の受得の戒有ることを得。

小乗に義を明かすに、無作戒は即ち是れ第三聚[2]なり。大乗の中に、『法鼓経（ほっくきょう）』は但だ色心を明かすのみにして、第三聚無し。[3]心は無尽なるが故に、戒も亦た無尽なり。[4]若し律儀戒（りつぎかい）に就いて無作を論ぜば、解す可し。定共戒（じょうぐかい）の無作は、定と倶に発す。有る人の言わく、「定に入る時は有り、定を出ずる時は無し」と。有る人の言わく、「無作は定に依る。定は在らば、失わず。定は退せば、即ち謝す」と。道共戒（どうぐかい）の無作とは、此の無作は、道に依る。道は失うこと無きが故に、此の戒も亦た失うこと無し。戒定道共は、[5]通じて是の戒の名あり、通じて性戒を以て本と為すと説く。故に『経』に、「此の戒に依（よ）りて、能く禅定、及び苦を滅する智慧を生ず」[6]と云うは、即ち此の意なり。

5.6.2.1.1.2. 持戒の相を明かす

5.6.2.1.1.2.1. 事の持戒の相を明かす

二に持を明かすとは、此の十種の戒もて一切の戒を摂す。

不欠戒とは、即ち是れ性戒、乃至四重[7]を持つ。清浄に守護するは、明珠を愛するが如し。若

(1)戒度――戒波羅蜜のこと。
(2)第三聚――色でもなく心でもない第三のグループの意。
(3)法鼓経但明色心無第三聚――『大法鼓経』、「仏告迦葉、非法亦法、法亦非法。法者復有二種。何等為二。有為及無為、色及非色、更無第三法。迦葉白仏言、法何像類。仏告迦葉、法者、非色。迦葉白仏言、非法何類。仏告迦葉、非法者、亦非色。迦葉白仏言、若法・非法非色無相。云何是法。云何非法。仏告迦葉、法者、是涅槃、非法者、是有。迦葉白仏言、若法・非法非色無相者、彼慧者云何知。何所知。何故知彼相耶。仏告迦葉、衆生生死中、習種種福徳、清浄善根、是其正行。若彼行如是法、一切浄相生。若行此法者、是法衆生。衆生生死中、行種種非福悪不善業。若彼行如是非法、一切悪不浄相生。若行此非法者、是非法衆生」(T9, 293a6-18)を参照。
(4)心無尽故戒亦無尽――『菩薩瓔珞本業経』巻下、大衆受学品、「一切菩薩凡聖戒尽心為体。是故心亦尽、戒亦尽。心無尽故、戒亦無尽」(T24, 1021b20-21)を参照。
(5)戒定道共――戒が禅定とともにあり、見道とともにあること、つまり定共戒(色界の四禅に入っている間だけ得られる有漏戒)と道共戒(見道以上の無漏定に入って無漏心が生じている間だけ得られる無漏戒)を指す。
(6)経云依因此戒能生禅定及滅苦智慧――『遺教経』、「依因此戒、得生諸禅定及滅苦智慧」(T12, 1111a3-4)を参照。
(7)四重――四重禁戒のことで、殺生・偸盗・邪婬・妄語の四波羅夷罪を指す。

し毀犯せば、器の已に欠けたるものは用に堪うる所無きが如く、仏法の辺人にして、沙門、釈子[1]にも非ず。比丘の法を失うが故に、称して欠と為す。

不破とは、即ち是れ十三[2]を持ちて、破損すること有ること無し。故に不破と名づく。若し毀犯せば、器の破裂するが如し。

36c

不穿とは、是れ波夜提[3]等を持つなり。若し毀犯すること有らば、器の穿漏するが如く、道を受くること能わず。故に名づけて穿と為す。

不雑とは、定共戒を持つなり。律儀を持つと雖も、破戒の事を念ず。之れを名づけて雑と為す。定共は心を持ちて、欲念は起こらざるが故に、不雑と名づく。『大経』に云うが如し、「彼の女人の身と合せずと雖も、共に言語し嘲調[4]し、壁の外の釧[5]の声を聞き、男女の相い追うを見るは、皆な浄戒を汚す[6]」と。『十住婆沙』に云わく、「其の事を制すと雖も、女人をして洗拭、按摩せしめ、染心もて共に語り相い視、或いは爾許の日を限りて戒を持ち、或いは後世の富楽、天上の自恣[7]を期するは、皆な不浄と名づく[8]」と。若し不雑戒を持たば、悉ごとく此れ等の念無きなり。

(1) 釈子――釈尊の弟子の意。

（2）十三——具足戒の五篇（波羅夷・僧残・波逸提・波羅提提舎尼・突吉羅）の一つで、四波羅夷に次いで重い十三の僧残（saṃghāvaśeṣa）を意味する。故出精戒・触女人戒・麁悪語戒・歎身索供養戒・媒嫁戒・無主房戒・有主房戒・無根謗戒・仮根謗戒・破僧違諫戒・助破僧違諫戒・汚家擯謗違諫戒・悪性拒僧違諫戒をいう。

（3）波夜提——prāyaścittika の音写語。波逸提、波逸底迦とも音写する。堕、単堕、単提と訳す。比丘には、九十条の波夜提がある。

（4）嘲調——からかい笑うこと。

（5）釧——腕輪のこと。

（6）如大経云雖不与彼女人身合而共言語嘲調壁外釧声見男女相追皆汚浄戒——『南本涅槃経』巻第二十九、師子吼菩薩品、「云何名為浄戒具足。善男子、若有菩薩自言戒浄、雖不与彼女人和合、見女人時、或共嘲調、言語戯笑、如是菩薩成就欲法、毀破浄戒、汚辱梵行、令戒雑穢、不得名為浄戒具足。復有菩薩自言戒浄、雖不与彼女人身合、嘲調戯笑、於壁障外遙聞女人瓔珞・環釧・種種諸声、心生愛著、如是菩薩成就欲法、毀破浄戒、汚辱梵行、令戒雑穢、不得名為浄戒具足」（T12, 794c12-20）を参照。

（7）自恣——気ままに過ごすこと。

（8）十住婆沙云雖制其事而令女人洗拭按摩染心共語相視或限爾許日持戒或期後世富楽天上自恣皆名不浄——『十住毘婆沙論』巻第十六、護戒品、「復次戒浄不浄相、七梵行法中説。如経説。以七種婬欲名戒不浄。一者雖断婬欲、而以染心受女人、洗浴按摩。二以染心聞女人香共語戯笑。三以染心目共相視。四雖有障礙、以染心聞女人音声。五先共女人語笑。後雖相離、憶念不捨。六自限爾所時、断婬欲、然後当作。七期生天上受天女楽及後身富楽。是故断婬欲、是名不浄。離此七事、名戒清浄」（T26, 110b17-25）を参照。

随道とは、諦理に随順して、[1]能く見惑を破す。

無著戒とは、即ち是れ真を見て聖と成り、思惟の惑に於いて、染著する所無し。此の両戒は、真諦に約して、戒を持つを以てなり。

智所讃戒・自在戒は、則ち菩薩の化他に約す。仏の讃ずる所と為り、世間の中に於いて、自在を得。是れ俗諦に約して、持戒を論ずるなり。

随定・具足の両戒は、即ち是れ首楞厳定に随う。[2]滅定を起たずして、諸の威儀を現じ、[3]十法界の像を示して、衆生を導利す。威儀は起動すと雖も、任運に常に静かなり。故に、随定戒と名づく。前来の諸戒は、律儀もて防止す。故に不具足と名づく。中道の戒は、戒として備わらざること無し。故に具足と名づく。此れは是れ中道第一義諦の戒を持つなり。中道の慧を用て遍く諸法に入る。故に『経』に云わく、「式叉」[4]と。式叉は大乗戒と名づくるなり。『涅槃』に、

(1)諦理――四諦の理の意。

(2)随首楞厳定――『大方等大集経』巻第二十、三昧神足品、「時仏世尊入王舎城。爾時心遊首楞厳定、示現微妙八十種好。若事象者即現象像、事師子者現師子像、有事牛者即現牛像、事命命鳥現命命像、有事免者即現免像、有事魚・龍・亀・鼈・梵天・自在・建陀・八臂・帝釈・阿修羅・迦楼羅・虎・狼・猪・鹿・水火風神・日・月・星宿・国王・大臣・男女・大小・沙門・婆羅門・四王・夜叉・菩薩・如来、各随所事而得見之、見已皆称南無・南無無上世尊、合掌恭敬礼拝供養」(T13, 138b15-24) を参照。

(3)不起滅定現諸威儀――『維摩経』巻上、弟子品、「時維摩詰来謂我言、唯。舎利弗、不必是坐、為宴坐也。夫宴坐者、不於三界現身意、是為宴坐。不起滅定而現諸威儀、是為宴坐」(T14, 539c19-22) を参照。「滅定」は、滅尽定のこと。滅受想定ともいう。nirodha-samāpatti の訳語。心と心の作用をすべて滅した無心の禅定で、これを修して、無色界の最高である非想非非想処に生まれるとされる。「威儀」は、礼儀(戒律)にかなった振る舞いの意。

(4)経云式叉――『勝鬘経』一乗章、「如世尊説六処。何等為六。謂、正法住・正法滅・波羅提木叉・比尼・出家・受具足。為大乗故説此六処。何以故。正法住者、為大乗故説。大乗住者、即正法住。正法滅者、為大乗故説。大乗滅者、即正法滅。波羅提木叉・比尼此二法者、義一名異。比尼者、即大乗学。何以故。以依仏出家而受具足。是故説大乗威儀戒是比尼、是出家、是受具足。是故阿羅漢無出家受具足。何以故。阿羅漢依如来出家受具足故。阿羅漢帰依於仏、阿羅漢有恐怖。何以故。阿羅漢於一切無行、怖畏想住、如人執剣欲来害己。是故阿羅漢無究竟楽」(T12, 219b15-27) を参照。「式叉」は、式叉迦羅尼の略。śikṣā-karaṇīya. 衆学と訳す。行儀作法であり、罰則はない。これに違反する場合は、突吉羅(ときら)になる。『四分律』には、百箇条ある。

五支戒、及び十種の戒を明かす。[1] 義勢[2]は略して同じ。設い諸の経論に更に戒相を明かすも、終に此の十科を出でず、云云。

前の三種の戒を束ねて、律儀戒と名づく。善を秉って悪を防ぎ、初めの根本従り乃ち不穿に至るまで、纖毫[3]も清浄なるを、束ねて律儀戒と名づく。凡夫の散心も悉ごとく能く此の戒を持得[4]するなり。次に、不雑の一戒は、定法は心を持ち、心は妄動せず、身・口も亦た寂にして、三業[5]は皎鏡[6]なり。此れは是れ定共戒なり。定に入る時、任運に雑うること無く、定を出ずるに身・口は柔軟にして、亦た雑えず。凡夫は定に入らば、則ち能く持得するなり。随道戒は、初果に諦を見、真を発して聖と成る。聖人の持つ所にして、凡夫の能く持つに非ざるなり。無著戒は、則ち三果の人の持つ所、亦た初果の持つ所に非ざるなり。智讃・自在、此れは乃ち菩（37a）薩は他を利するに、須らく此の戒を持つべく、則ち二乗の持つ所に非ず。随定・具足、此れは是れ大根性の持つ所にして、則ち六度・通教の菩薩の能く持つ所に非ざるなり。況んや復た凡夫・二乗をや。

5.6.2.1.1.2.2. 理の持戒の相を明かす

向には位の高下、事義の不同を判ぜり。理観の観心に持戒を論ぜば、具さに能く上の十戒を持得するなり。先ず十戒を束ねて、四意と為す。前の四戒[7]は但だ是れ「因縁もて生ずる所の法」にして、通じて観境[8]と為す。次の二戒[9]は、即ち是れ「因縁もて生ずる法は即ち空なり」と

（1）涅槃明五支戒及十種戒――『南本涅槃経』巻第十一、聖行品、「菩薩若能如是堅持、則為具足五支諸戒。所謂具足菩薩根本業清浄戒・前後眷属余清浄戒・非諸悪覚覚清浄戒・護持正念念清浄戒・迴向阿耨多羅三藐三菩提戒」（T12, 674a25-29）、同、「迦葉、是名菩薩摩訶薩護持禁戒。菩薩摩訶薩護持如是諸禁戒已、悉以施与一切衆生。以是因縁、願令衆生護持禁戒、得清浄戒・善戒・不欠戒・不析戒・大乗戒・不退戒・随順戒・畢竟戒・具足成就波羅蜜戒」（同前、675a11-15）を参照。
（2）義勢――意義の流れの意。
（3）纎毫――微細なもののたとえ。
（4）持得――持つことができるの意。
（5）三業――身・口・意の三種の行為。
（6）皎鏡――明るく清らかな鏡の意。
（7）四戒――不欠戒・不破戒・不穿戒・不雑戒を指す。
（8）観境――観察の対境の意。
（9）二戒――随道戒・無著戒を指す。

観ずる空観の持戒なり。次の両戒は、「因縁は即ち是れ仮なり」と観ずる仮観の持戒なり。次の両戒は[2]、「因縁もて生ずる法は即ち是れ中なり」と観ずる中観の持戒なり。[1]

言う所の心は因縁もて生ずる法と為すと観ずとは、若し一念の心は悪縁従り起こると観ぜば、即ち能く根本を破し、乃至、不雑戒を破す。善と相違するが故に、名づけて悪と為す。今、善順の心を以て、悪心を防止し、能く根本、乃至、不雑等の戒をして、善順に成就し、毀損無きことを得しむるが故に、善心と称し、名づけて防止と為す。悪心は既に止むれば、身・口も亦た然り。防は即ち是れ止善、順は即ち是れ行善なり。行善は即ち是れ観、止善は即ち是れ止なり。是れ因縁もて生ずる所の心を観じて、四種の戒を持つと名づくるなり。

次に、善悪の因縁もて生ずる所の心は即ち空なりと観ずとは、『金剛般若』に云うが如し、「若し法相を見ば、我・人・衆生・寿者に著すと名づく。若し非法相を見ば、亦た我・人・衆生・寿者に著す。法相を見ず、非法相を見ず、筏(いかだ)の喩の如くならば、法すら尚お応に捨つべし。何に況んや非法をや」[3]と。故に知んぬ、法と非法との二は、皆な空寂なるを、乃ち持戒と名づく。今、法と云うは、秖(た)だ善悪の両心、仮・実の法なるのみ。若し善悪の仮名有りと見ば、即ち是れ我・人・衆生・寿者に著す。若し善悪の実法を見ば、亦た是れ我・人・衆生・寿者に著す。言う所の「非法相」とは、若し善悪の仮名は是れ無なりと見ば、亦た是れ我・人・衆生・

寿者に著す。若し善悪の実法は是れ無なりと見ば、亦た我・人・衆生・寿者に著す。何を以ての故に。無に依って見を起こすが故に、応に著すべからず。乃至、非有非無に依って見を起こすに、皆な我・人・衆生・寿者に著すと名づく。是の如き等の法と非法とは、皆な即ち是れ空なりと観ず。此の観に由るが故に、能く無漏に順じて、有・無[4]・六十二見を防止す。故に随道戒と名づく。若し此の観を重慮し、思惟は純ら熟して、縁に歴、境に対するに[5]、一切の色・声

37b

(1)両戒――智所讃戒・自在戒を指す。
(2)両戒――随定戒・具足戒を指す。
(3)如金剛般若云若見法相者名著我人衆生寿者若見非法相者亦著我人衆生寿者不見法相不見非法相如筏喩者法尚応捨何況非法――『金剛般若経』、「須菩提、如来悉知悉見是諸衆生得如是無量福徳。何以故。是諸衆生無復我相、人相、衆生相、寿者相。無法相、亦無非法相。何以故。是諸衆生若心取相、則為著我・人・衆生・寿者。若取法相、即著我・人・衆生・寿者。何以故。若取非法相、即著我・人・衆生・寿者。是故不応取法、不応取非法。以是義故、如来常説。汝等比丘、知我説法。如筏喩者、法尚応捨。何況非法」(T8, 749b3-11)を参照。
(4)有無――有見(すべてはあるとする見解)と無見(すべてはないとする見解)のこと。
(5)歴縁対境――行住坐臥などの縁(条件)を経歴することと色(いろ・形あるもの)・声などの境(対象)に対すること。

に於いて、皆悉な即ち空ならば、無著戒と名づく。思惑を防止し、善く真諦に順ず。是れ因縁の心は即ち空なりと観じて、二種の戒[1]を持つと名づくるなり。

次に因縁の心は即ち是れ仮なりと観ずとは、心も心に非ず、法も亦た法に非ずと知って、永く非心と非法に滞らず、道種の方便を以て、無所有[2]の中に、心を立て法を立て、諸の心数法を抜出して、衆生を導利するを、智所讃と為す。広く無量の心法を分別すと雖も、但だ名字のみ有り、虚空の相の如く、愛著を生ぜず、惑相に拘わらざるを、名づけて自在と為す。此の如き仮観は、無知[3]を防止して、善く俗理に順ず。防の辺に止を論じ、順の辺に観を論ず。即ち是れ仮観もて両戒[4]を持つなり。

次に因縁もて生ずる心は即ち中なりと観ずとは、心性を観ずるに、畢竟寂滅にして、心は本と空にも非ず、亦復た仮にも非ず、仮に非ざるが故に世間に非ず、空に非ざるが故に出世間に非ず、賢聖の法に非ず、凡夫の法に非ず、二辺の寂静なるを、名づけて心性と為し、能く是の如く観ずるを、名づけて上定と為す。心は此の定に在らば、即ち首楞厳にして、本と寂にして動ぜず、双べて二諦を照らし、諸の威儀を現ず。是の如きの定に随えば、具足せざること無し。是の如き観心は、二辺の無明の諸悪を防止し、善く中道一実の理に順ず。防の辺に止を論じ、順の辺に観を論ず。此れを中に即せども、両戒[5]を持つと名づくるなり。

故に『梵網(ぼんもう)』に云わく、「戒を大乗と名づけ、第一義光と名づく。青・黄・赤・白に非ず。戒を名づけて孝と為し、孝を名づけて順と為す。孝は即ち止善、順は即ち行善なり。此の如き戒は、本師の誦する所にして、我れも亦た是の如く誦す」[6]と。当に知るべし、中道の妙観は戒

(1)二種戒――随道戒・無著戒を指す。
(2)無所有――空の意。
(3)無知――塵沙惑のこと。
(4)両戒――随道戒・無著戒を指す。
(5)両戒――随定戒・具足戒を指す。
(6)梵網云戒名大乗名第一義光非青黄赤白戒名為孝孝名為順――『梵網経』巻下、「爾時釈迦牟尼仏、初坐菩提樹下成無上覚、初結菩薩波羅提木叉。孝順父母・師僧・三宝、孝順至道之法、孝名為戒、亦名制止。仏即口放無量光明。是時百万億大衆諸菩薩、十八梵天、六欲天子、十六大国王、合掌至心聴仏誦一切仏大乗戒。仏告諸菩薩言、我今半月半月、自誦諸仏法戒。汝等一切発心菩薩亦誦、乃至十発趣・十長養・十金剛・十地諸菩薩亦誦。是故戒光従口出、有縁非無因故。光光非青黄赤白黒、非色非心、非有非無、非因果法、是諸仏之本源・菩薩之根本、是大衆諸仏子之根本。是故大衆諸仏子応受持、応読誦、善学。仏子諦聴。若受仏戒者、国王・王子・百官宰相・比丘・比丘尼・十八梵天・六欲天子・庶民黄門・婬男婬女奴婢・八部鬼神金剛神・畜生乃至変化人、但解法師語、尽受得戒、皆名第一清浄者」(T24, 1004a23-b10)を参照。

の正体、上品の清浄、究竟の持戒なり。『十住』に広く説いて云わく、「若し我・我所無くば、諸の戯論を遠離し、一切所有無し。是れ上の尸羅と名づく」[1]と。故に『浄名』に、「罪性は内にも在らず、亦た外にも在らず、亦た両の中間にも在らず。其の心の然るが如く、罪垢(ざいく)も亦た然り。其れ能く是の如くなるを、是れ善解と名づけ、是れ奉律(ぶりつ)と名づく」と云うは、[2]即ち此の意なり。

37c

復た次に、観心の持戒は、即ち是れ五名あり。[3]所以は何ん。防止は是れ戒の義、観も亦た是の如し。三観を能防と名づけ、三惑[4]を所防と名づく。此の如き防止の義は、法界に遍く、身・口に局(かぎ)らず、云云。

又た、毘尼(びに)を滅と名づく。身・口の諸の非を滅す。故に今の観心も亦た名づけて滅と為す。即空の観は能く見思の非を滅し、即仮の観は能く塵沙の非を滅し、即中の観は能く無明の非を滅す。此の如く滅を論ぜば、遍く法界の諸の非を滅し、止(た)だ七支[5]のみならず。故に『浄名』に、「当に直ちに除滅すべし。其の心を擾(さわ)がすること勿れ」と云うは、即ち此の意なり。

又た、波羅提木叉を保得解脱[6]と名づくとは、観心も亦た爾なり。若し三諦の理を観ぜずば、三惑の保は解脱せず。若し三諦を見ば、三惑の保は脱す。此の如き解脱は、法界に遍き脱なり。止だ三途を解脱し、及び生死を出ずるのみに非ず。

(1)十住広説云若無我我所遠離諸戯論一切無所有是名上尸羅――『十住毘婆沙論』巻第十六、護戒品、「若無我我所遠離諸戯論　一切無所得　是名上尸羅」(T26, 110c17-18) を参照。

(2)浄名云罪性不在内亦不在外亦不在両中間如其心然罪垢亦然其能如是是名善解是名奉律――『維摩経』巻上、弟子品、「時維摩詰来謂我言、唯、優波離、無重増此二比丘罪。当直除滅、勿擾其心。所以者何。彼罪性不在内、不在外、不在中間、如仏所説、心垢故衆生垢、心浄故衆生浄。心亦不在内、不在外、不在中間、如其心然、罪垢亦然。諸法亦然、不出於如。如優波離、以心相得解脱時、寧有垢不。我言、不也。維摩詰言、一切衆生心相無垢、亦復如是。唯、優波離、妄想是垢、無妄想是浄。顚倒是垢、無顚倒是浄。取我是垢、不取我是浄。優波離、一切法生滅不住、如幻如電、諸法不相待、乃至一念不住。諸法皆妄見、如夢、如炎、如水中月、如鏡中像、以妄想生。其知此者、是名奉律。其知此者、是名善解」(T14, 541b15-29) を参照。

(3)五名――戒・毘尼・波羅提木叉・誦・律を指す。

(4)三惑――見思惑・塵沙惑・無明惑のこと。

(5)七支――三十七道品のなかの七覚支を指す。択法・精進・喜・軽安・捨・定・念という七種の覚りへ導く要素。

(6)保得解脱――ここでは、以下の本文に出る「三惑保」という表現に基づいて、「保持されているもの(三惑)が解脱を得ること」と解釈する。しかし、「波羅提木叉」を、如来が修行者に対して解脱を得ることを保[任]すること(保証すること)とする解釈もあり、これについては、清代の文献ではあるが、『梵網経菩薩戒初津』巻第二、「波羅提木叉、此翻保解脱。謂受此戒者、如来保任、決定得解脱無明煩悩惑業、而獲証清浄法身故。在因能持、名波羅提木叉。在果所得、名清浄法身也」(X39, 88a21-24) を参照。

又た、誦とは、文を背[1]して闇持[2]するなり。今の観心も亦た爾り。三観の名は、三諦の理を詮ず。即ち是れ其の文なり。名は名に非ずと知りて、心の諦理を研ぎ、観法は相続して、常自に現前し、妄念を生ぜず。之れを名づけて誦と為す。此の如き誦とは、法界に遍き誦にして、止だ八十誦[3]のみに非ざるなり。

又た、律とは、軽重を詮量し、犯・非犯を分別す。観心も亦た爾なり。見思の麁悪は滓重にして、界内の無知は小しく軽く、塵砂の客塵は横に起こるを復た小しく重しと為し、根本[4]は微細なりと分別す。上の菩提心の中に已に説けるが如し。三観の三理を観ずるは、是れ犯ならず、三惑の三理を障うるを、名づけて犯と為す。三薬もて三病を治するに、詮量に謬り[5]無く、纖毫も差わず。又た知る、事戒を持つに、三品有り。上品は天の報を得、中品は人の報を得、下品は修羅の報を得[6]。上を犯せば天を退し、中を犯せば人を退し、下を犯せば修羅を退して、三悪道に入る。悪道に又た三品あり。軽き者は餓鬼道に入り、次なる者は畜生道に入り、重き者は地獄道に入る。中品に又た多種あり。謂わく、上・中・下・下下なり、即ち四天下なり。上品に又た多種あり。三界の諸天に各おの品秩[7]あるを謂うなり。又た、理戒を持つに、空・仮・中の三品に、各おの上・中・下あり。即空の三品とは、下品は声聞と為り、中品は縁覚と為り、上品は通教の菩薩と為る。退すれば、則ち伝伝[8]して失う。即仮の三品とは、下品は

38a

三蔵の菩薩と為り、中品は通教の出仮の菩薩と為り、上品は別教の菩薩と為る。即中の三品とは、下品は別教の菩薩、中品は円教の菩薩、上品は是れ仏なり。唯だ仏一人のみ浄戒を具するなり。又た、下品は五品[9]と為し、中は六根清浄[10]と為り、上は初住に入る。此れは略して観心に

(1)背――暗誦すること。
(2)闇持――黙って記憶すること。
(3)八十誦――優婆離が一夏(九十日)に八十度、高座に登って誦出したとされる根本の律蔵とされるが、現存せず、後に五部の律の伝承の相違が生まれたとされる。
(4)根本――無明惑のこと。
(5)詮量――犯戒の軽・重を計量すること。
(6)上品得天報中品得人報下品得修羅報――『大智度論』巻第八十六、「十不善道、有上・中・下。上者地獄、中者畜生、下者餓鬼。十善道亦有上・中・下。上者天、中者人、下者鬼神。住十善道、能離欲生色界、離色生無色界」(T25, 663a17-20)を参照。
(7)品秩――等級の意。
(8)伝伝――次々との意。
(9)五品――五品弟子位(観行即)のこと。
(10)六根清浄――六根清浄位(相似即)で、菩薩の十信の位を指す。

就いて、其の階差を判ず。中道の観心は、即ち是れ法界の摩訶衍にして、遍く一切の法を摂す。意を以て得可し。復た文を煩わしくせざるなり。

私に諮って云わく、下・中の三品は、皆な真を発するに約す。上品は何の意もて真・似に約して三品と為すや。

答う。前は三道[1]にて未だ合せざれば、分張[2]して横に辯ずることを得可し。即中は既に融ずれば、宜しく一道に約して竪に判ずべし。又た、亦た横に約することを得れば、別接通・別・円の三品なり、云云。

此の如く得失・軽重を分別するに、遍く法界を詮量す。豈に止だ煮焼・覆障[3]のみならんや。観心の五名は、宛然として見る可し。若し事の中に恭しく謹しみて四戒[4]を精持すれども、其の心は雑念ならば、事も亦た牢からざること、猶お坯[5]・瓶の如し。愛見の悪に遇わば、則ち便ち破壊す。若し能く心を観じて六種に戒を持たば、理観は分明にして、妄念は動ぜず、設い悪縁に遇うとも、堅固にして失わず。理は既に動ぜざれば、事は任運に成ず。故に『浄名』に云わく、「其れ能く是の如くなるを、是れ善解と名づけ、是れ奉律と名づく[6]」と。正意は此に在るなり。

5.6.2.1.1.1.3.　犯戒の相を明かす

5.6.2.1.1.1.3.1.　正しく犯の相を明かす

三に犯戒の相を明かすとは、夫れ浄戒を毀滅するは、癡愛[7]・倒見[8]を出でず。是れ戒の怨家[9]なり。二の羅刹に喩う。『大経』に云わく、「譬えば人有りて、浮嚢を帯持して、大海を渡る。爾の時、海中に一の羅刹有り、来たりて浮嚢を乞う。初めは則ち全く乞い、乃ち微塵に至るも、

（1）三道――上品・中品・下品を指す。
（2）分張――区別して設けること。
（3）煮焼覆障――『輔行』巻第四之一、「十誦中呼地獄為煮焼覆障。八熱十六通為煮焼。八寒黒暗等通為覆障」（T46, 256c26-27）、『十誦律』巻第十一、「波逸提者、煮焼覆障、若不悔過、能障礙道」（T23, 78a18-19）などを参照。
（4）四戒――不欠戒・不破戒・不穿戒・不雑戒を指す。
（5）坯――瓦や陶器などでまだ焼かない生地のもののこと。
（6）浄名云其能如是是名善解是名奉律――本書三九三ページ注2を参照。
（7）癡愛――無明と渇愛のこと。
（8）倒見――倒錯した見解の意。
（9）怨家――敵の意。

悉ごとく皆な与えざるが如し」[1]と。行人も亦た爾り。発心して戒を秉(と)り、生死の大海を渡らんことを誓うに、愛・見の羅刹[2]、戒の浮嚢を乞う。愛の羅刹の言わく、「汝をして安隠(あんのん)に涅槃に入ることを得しめん」とは、此れは欲楽(よくらく)[3]、情を暢(の)ぶるを以て、称して涅槃と為す。飢えて食を得るが如く、貧の宝を得るが如し。獼猴(みこう)は酒を得れば[4]、則ち安楽を得。安楽を涅槃と名づけ、行人を誘誑(ゆうおう)す。若し愛に随って転じて四重を毀破せば、是れ全く浮嚢を棄つ。是れ犯の相と名づく。若し愛心は起こると雖も、全くは棄つ可からず。何となれば、我れは今、生死の大海を過ぎんと欲するに、尸羅は浄からずば、還って三途に堕し、禅定・智慧は皆な発することを得ず。是れ思惟し已って大怖畏を生ず。故に、「汝は寧(むし)ろ我れを殺すとも、浮嚢は得叵(えがた)し」と言う。是れ持の相と名づく。

　愛心は復た起こり、摩触(ましょく)[5]して意を快くす。若し愛に随って触せば、是れ半の浮嚢を棄つる38b なり。是れ犯の相と名づく。行人は復た禁戒を念ず。豈に半を輸(しゅ)[6]す可けんや。其の果報を論ずるに、地獄の苦悩なり。其の即目[7]を論ずるに、下意(げい)・治擯(じひん)[8]にして、甚だ羞恥す可し。豈に応に此の如く大事を損毀(そんき)すべけんや。是の故に護惜(ごしゃく)して、愛情に随わざるは。是れ持の相と名づく。

(1)大経云譬如有人帯持浮囊渡於大海爾時海中有一羅刹来乞浮囊初則全乞乃至微塵悉皆不与――『南本涅槃経』巻第十一、聖行品、「善男子、譬如有人帯持浮囊、欲渡大海。爾時、海中有一羅刹、即従此人乞索浮囊。其人聞已、即作是念、我今若与、必定没死。答言、羅刹、汝寧殺我、浮囊叵得。羅刹復言、汝若不能全与我者、見恵其半。是人猶故不肯与之。羅刹復言、汝若不能恵我半者、幸願与我三分之一。是人不肯。羅刹復言、若不能者、施我手許。是人不肯。羅刹復言、汝今若復不能与我如手許者、我今飢窮、衆苦所逼、願当済我如微塵許。是人復言、汝今所索誠復不多。然我今日方当渡海、不知前道近遠如何。若与汝者、気当漸出、大海之難、何由得過。能脱中路、没水而死。善男子、菩薩摩訶薩護持禁戒亦復如是、如彼渡人護惜浮囊」(T12, 673c18-674a4)を参照。

(2)愛見――愛煩悩と見煩悩のこと。

(3)如貧得宝――『法華経』薬王菩薩本事品、「宿王華、此経能救一切衆生者、此経能令一切衆生離諸苦悩、此経能大饒益一切衆生、充満其願。如清涼池。能満一切諸渇乏者、如寒者得火、如裸者得衣、如商人得主、如子得母、如渡得船、如病得医、如暗得灯、如貧得宝、如民得王、如賈客得海、如炬除暗。此法華経亦復如是、能令衆生離一切苦・一切病痛、能解一切生死之縛」(T9, 54b11-19)を参照。

(4)獼猴得酒――『仏説未曾有因縁経』巻下、「獼猴得酒、尚能起舞。況於世人」(T17, 586b1-2)を参照。

(5)摩触――女性に接触すること。

(6)輸――与えること。

(7)即目――眼前に見るものの意。

(8)下意治擯――『輔行』巻第四之一、「次持相中云下意等者、犯第二篇。僧中行白、名為下意。別住名擯、乃至奪其三十五事及本日等、名為治擯」(T46, 257a25-28)を参照。

愛心は又た起こり、重の方便[1]を乞う。若し毀犯せば、是れ手許[2]を乞う。又た、波夜提を毀つは、是れ指許を乞う。又た、吉羅[3]を毀つは、是れ微塵許を乞う。吉羅は小なりと雖も、放逸の門を開き、微塵は多からざるも、水は当に漸く入り、海に没して死すべし。是れ愛心は律儀戒を破すと為す。貪攀して五欲を攬[4]るは、定共戒を破す。深く生死に著して、有の為めに業を造るは、即空の戒を破す。世の譏嫌を息めず、他の意を護ること無きは、即仮の戒を破す。戒善は虚空と等しきことを信ぜず、此の戒は仏法を具足することを信ぜず、此の戒の畢竟清浄なることを信ぜざるは、中道の戒を破す。此れは例して解す可し、云云。

次に、見の羅刹は浮嚢を乞うとは、若し財色[5]の為めにして戒を毀たば、前に説く所の如し。触るる人は皆な爾り。此れを已起の悪と名づけ、除断せんが為めの故に、一心に勤めて精進す。若し見心は猛利ならば、計する所の法に於いて、而も罪過を起こす。此れは是れ解の僻[6]なり。未生の悪と名づけ、生ぜざらしめんが為めの故に、一心に勤めて精進す。此の見は未だ起こらずと雖も、若し少禅を修得して、好き師友無くば、即ち念著を生じて、過患を起こす。仏の在世に一比丘ありて、四禅を得、謂って四果と為し、臨終に中陰の起こるを見て、即ち仏を謗りて云わく、「羅漢は不生なり。今那んぞ生を得るや」と。阿難は仏に問わく、「此の人は命過ぎて、今何れの処に生ずるや」と。仏の言わく、「已に地獄に堕せり。戒を持ち、有漏の禅を得

（1）重方便――『輔行』巻第四之一、「次乞重方便者、則喩因蘭」（T46, 257a28-29）を参照。「因蘭」は、偸蘭遮sthūlātyayaのこと。波羅夷・僧残の未遂罪や予備罪や五篇（波羅夷・僧残・波逸提・波羅提提舎尼・突吉羅）に含まれない重罪をいう。『止観輔行捜要記』巻第四、「経中五段。全乞四重。半即十三。手許喩蘭。文云乞重方便者、従因為言、指許二提、微塵吉羅」（X55, 787a2-4）を参照。
（2）手許――手ほどの意。「許」は、〜ほど、〜くらいの意。
（3）吉羅――duṣkṛtaの音写語、突吉羅の省略形。悪作と漢訳する。五篇の一つ。懺悔すれば消失する軽い罪をいう。
（4）攬――底本の「覧」を、『講義』（『天台大師全集・摩訶止観』二、五五三頁）によって「攬」に改める。
（5）財色――資財と女色のこと。
（6）僻――偏ったものの意。

と雖も、是れ亦た信ず可からず」[1]と。仏の在世すら尚お爾り。況んや末代の癡人の罪著深重なるをや。故に『大虚空蔵経』に云わく、「若し悪見を起こさば、第三の波羅夷と名づく」[2]と。

云何んが悪見なるや。或いは空の解を得て、少智慧を発し、心を師として自樹し、無生を証すと謂う。見心は既に強ければ、能く諸法を破し、仏を無とし、衆生を無とし、世の因果・出世の因果を撥う。『法華』に、「或いは人の肉を食らい、或いは復た狗を噉う」[4]と云うは、即ち此の義なり。正見、威儀、浄命を破して、平等無分別の見を起こす。何者か罪有り、何者か罪に非ざる。若し分別すること有らば、分別は即ち礙なり。礙は即ち真に非ず。貪欲の中に於いて、怖の礙を生ずること莫れ。怖の礙無きは、即ち是れ菩提なり。此れは是れ実にして、余は皆な妄語なりと謂う。又た、悪師の為めに悪法を説くに値いて、見毒は転た熾んなり、邪鬼は心に入りて、邪解は更に甚だしく、猖狂顛倒して、種として為さざる無し。見・慢は峨嵯と

38c

（1）仏在世一比丘得四禅謂為四果臨終見中陰起即謗仏云羅漢不生今那得生阿難問仏此人命過今生何処仏言已堕地獄雖持戒得有漏禅是亦不可信――『大智度論』巻第十七、「仏弟子中亦有一比丘得四禅、生増上慢、謂得四道。得初禅時、謂是須陀洹。第二禅時、謂是斯陀含。第三禅時、謂是阿那含。第四禅時、謂得阿羅漢。恃是而止、不復求進。命欲尽時、見有四禅中陰相来、便生邪見、謂、無涅槃、仏為欺我。悪邪生故、失四禅中陰、便見阿鼻泥犁中陰相、命終即生阿鼻地獄。諸比丘問仏、某甲比丘阿蘭若、命終生何処。仏言、是人生阿鼻泥犁中。諸比丘皆大驚怪、此人坐禅・持戒、所由爾耶。仏言、此人増上慢、得四禅時、謂得四道故。臨命終時、見四禅中陰相、便生邪見、謂無涅槃。我是阿羅漢、今還復生、仏為虚誑。是時即見阿鼻泥犁中陰相、命終即生阿鼻地獄中」（T25, 189a11-24）を参照。

（2）大虚空蔵経云若起悪見名第三波羅夷――『虚空蔵菩薩経』巻下、「復次善男子、或有初行菩薩見行菩薩行者、至其人所而告彼言、汝不能行菩薩六波羅蜜、亦不能成就阿耨多羅三藐三菩提。汝当発声聞辟支仏心、汝於煩悩即得解脱。乃至如前説。善男子、是名第二菩薩犯於重罪。復次善男子、或有初行菩薩見他衆生、作如是言、人者勿行波羅提木叉毘尼戒律。於是法中勿為精進。汝速発阿耨多羅三藐三菩提心、汝速読誦大乗経典。汝所作三種諸煩悩行謂身口意。因此悪業諸煩悩故即得清浄。乃至如前所説。善男子、是名初行菩薩第三犯於重罪」（T13, 673a9-20）を参照。

（3）自樹――自己の権勢を樹立すること。

（4）或食人肉或復噉狗――『法華経』譬喩品、「復有諸鬼　首如牛頭　或食人肉　或復噉狗　頭髪蓬乱　残害凶険　飢渇所逼　叫喚馳走」（T9, 14a14-16）を参照。

（5）見毒――邪見の毒の意。

（6）猖狂――激しく狂うこと。

（7）峨嵯――けわしく高いこと。

して、一切を陵蔑す[1]。善を行ずる者を見ては、有所得と謂い、之れを欺くこと土の如し。是の見に由るが故に、浮嚢は全く去る。設し全く去らずば、即ち思惟して言わく、「理は此の如しと雖も、我れは未だ見ること能わず。何ぞ頓に棄つる容けんや」と。惜しみて猶お与えざれば、見心は復た起こり、「一切法は空なり。豈に触と不触、男女等の相有らんや」と。即便ち把執し[2]て歔抱す[3]。是れ半去と名づく。或いは重の方便、乃至、吉羅なり。謂わく、「諸法は空寂なり。何ぞ事相を用て紛紜せん[4]」と。既に微塵をも存せざれば、空心は転た盛んにして、小水は漸く漏るるが如くに、無礙にして稍滑らかにして、一切の戒律は、皆悉な呑噉する[5]が故に、浮嚢は永く没す。

当に知るべし、見心は大いに怖畏す可きを。何を以ての故に。若し四重、及び犯す者は皆な空にして、而も五逆も亦た空なりと謂わば、何ぞ逆を造らざらん。空見は既に強ければ、亦た父母を無とし、若しは通じ、若しは害するも、皆な礙と為さず。既に礙無ければ、亦た応に王、及び夫人をも礙げざるべし。其の見心を論ずるに、実に王、及び夫人有りと謂わずして、而も自ら己に於いて、身を惜しみ命を惜しむ。若し国王を侵さば、身は砕け、命は尽きん。此の如き癡空は、身命を空ぜず、己が身命を惜しみ、亦た王に於いては空ぜず。既に己に於いて、王に於いて空ずること能わざれば、那んぞ独り父母を欺き、仏の教えを軽忽して、四重・五逆は皆な空なりと言うことを得んや。当に知るべし、此の人は、自ら空に執する過を見ること能わず。近きすら尚お見ざれば、何に況んや遠きをや。既に悪空を以て仏が禁法を撥えば、是れ律儀戒を破す。空見、心を擾がすは、定共戒を破す。堅く己が見に執するは、是れ即空の戒を破す。他の善心を汚すは、即仮の戒を破す。見心は虚空と等しく、即ち是れ仏法にして、畢竟清浄なることを信ぜざるは、即中の戒を破す。

当に知るべし、邪僻の空心は甚だ怖畏す可きことを。若し此の見に堕さば、長く淪み永く没す。尚お人天の涅槃すら得ること能わざれば、何に況んや大般涅槃をや。故に『論』に云わく、「大聖の空の法を説くは、本と有を治せんが為めなり。若し空に著すること有らば、諸仏の化

(1)陵蔑——蔑視すること。
(2)把執——手を取り合うこと。
(3)歔抱——むせび抱き合うこと。
(4)紛紜——雑然としている様子。
(5)呑噉——むさぼり食うこと、飲み込むこと。

39a

せざる所なり」[1]と。又た、『経』に云わく、「若し諸法に於いて疑心を生ぜば、能く煩悩の須弥山の如くなるをも破す。若し定んで見を起こさば、則ち化す可からず」[2]と。『無行経』に云わく、「貪欲は即ち是れ道なり」[3]と。僻(あやま)りて此の語を取り、以て無礙を証す。何ぞ『無行経』の「無礙の法に貪著すれば、是の人は仏を去ること遠し。若し空を得ること有らば、終に戒を破せず」[4]を引かざるや、云云。是れ見心の羅刹、禁戒を毀つと名づくるなり。大意は此の如し、云云。

5.6.2.1.1.3.2. 持・犯の不定を明かす

復た次に、前に一向に持を論じ、次に一向に犯を論ぜり。今、十戒の持・犯の不定を明かす。若し通じて動出を論ぜば、悉ごとく名づけて乗と為す。故に人天等の五乗有り。通じて防止を論ぜば、悉ごとく名づけて戒と為す。故に、律儀・定共・道共等の戒有り。若し別の義に就かば、事戒の三品、之れを名づけて戒と為す。[5]戒は即ち有漏にして、動ぜず出でず。理戒の三品は、之れを名づけて乗と為す。乗は是れ無漏にして、能く動じ能く出ず。此の乗戒に約して、四句に分別するに、一に乗戒倶急(じょうかいくきゅう)、二に乗急戒緩(かん)、三に戒急乗緩、四に乗戒倶緩なり。

一に乗戒倶急とは、前の持の相の如く、十種は清浄にして、事理に瑕(とが)無く、観念の相続するは、今生に即ち応に得道すべし。若し未だ得道せずば、此の業は最も強く、強き者は先に牽きて、必ず善処に升る。若し律儀戒は急ならば、則ち欲界の人天の牽く所と為る。若し無雑戒は急ならば、禅の梵世[6]に随う。三品の理乗は、何れの乗か最も急なる。若し三品の即中の乗は急

(1)論云大聖説空法本為治於有若有著空者諸仏所不化——『中論』巻第二、観行品、「大聖説空法　為離諸見故　若復見有空　諸仏所不化　大聖為破六十二諸見、及無明愛等諸煩悩故説空。若人於空復生見者、是人不可化」(T30, 18c16-20)を参照。

(2)経云若於諸法生疑心者能破煩悩如須弥山若定起見則不可化——『南本涅槃経』巻第三十二、迦葉菩薩品、「善男子、如是諍訟是仏境界、非諸声聞縁覚所知。若人於是生疑心者、猶能摧壊無量煩悩如須弥山。若於是中生決定者、是名執著」(T12, 816a8-11)を参照。

(3)無行経云貪欲即是道——『諸法無行経』巻上、「勿分別貪欲　貪欲性是道　煩悩先自無　未来亦無有　能如是信解　便得無生忍」(T15, 752a7-9)を参照。

(4)無行貪著無礙法是人去仏遠若有得空者終不破於戒——『諸法無行経』巻下、「若貪著仏法　是則遠仏法　貪無礙法故　則還受苦悩」(同前、760a10-11)を参照。

(5)事戒三品名之為戒——本書三九五ページ注6を参照。

(6)禅梵世——色界の初禅の梵天の世界を意味する。

ならば、人天の身を以て弥勒仏に値い、『華厳』の教を聞き、利根にして得道す。若し上品の出仮の乗は急ならば、人天の身を以て弥勒仏に値い、『華厳』の座に於いて鈍根と作りて得道す。若し上・中の二品の入空の乗は急ならば、人天の身を以て弥勒仏に値い、方等・『般若』等の教を聞きて、三乗等の道を得。若し下品の入空の乗は急ならば、人天の身を以て弥勒仏に値い、三蔵の経を聞きて得道す。人天の身を得るは、是れ事戒を持つ力なり。仏を見て得道するは、乗観を修する力なり。事・理倶に持つは、諸行の中の最なり。故に緩なる可からざるなり。

二に戒緩乗急とは、是の人は徳薄く垢(けが)れ重くして、煩悩に使わる。是の諸の事戒は、皆な羅刹に毀食(きじき)せられ、専ら理戒を守りて、観行を相続すること、上の覚意の六蔽[1]の中の用心[2]の如し。『央掘(おうくつ)』に其の相を示為(じい)す[3]。事の戒は緩にして、命終わるを以ての故に、三悪道に堕して、罪報を受く。諸の乗の中に於いて、何れの乗か最も強き。強き者は先に牽く。若し析空の乗は強くば、三途の身を以て弥勒仏に値い、三蔵の経を聞きて、乃ち得道す可し。若し即空の乗は急ならば、三途の身を以て弥勒仏に値い、『般若』・方等を聞きて得道す。若し即仮の乗は急ならば、三途の身を以て弥勒仏に値い、『華厳』を聞き、及び余教を聞きて、鈍根と作(な)りて得道す。

39b

若し即中の乗は急ならば、三途の身を以て弥勒仏に値い、『華厳経』を聞きて、利根と作りて得道す。是の故に、仏は漸・頓の諸経を説くに、龍・鬼・畜・獣も悉ごとく来たり会して坐す。即ち是れ其の事なり。事戒を破するが故に、三悪の身を受け、理観を持つが故に、仏を見て道を得。『大経』に云わく、「戒に於いて緩なる者は、名づけて緩と為さず。乗に於いて緩なる者を、乃ち名づけて緩と為す」[4]と。正しく是れ此の一句なり。

(1)覚意——覚意三昧のこと。非行非坐三昧と規定される。

(2)六蔽——六波羅蜜を妨げる六種の悪心のことで、慳心・破戒心・瞋恚心・懈怠心・乱心・癡心をいう。『大品般若経』序品、「菩薩摩訶薩欲不起慳心・破戒心・瞋恚心・懈怠心・乱心・癡心者、当学般若波羅蜜」(T8, 220b10-11)に対する『大智度論』巻第三十三の注、「是六種心悪、故能障蔽六波羅蜜門。……菩薩行般若波羅蜜力、故能障是六蔽、浄六波羅蜜。以是故説、若欲不起六蔽、当学般若波羅蜜」(T25, 303c26-304b6)を参照。

(3)央掘示為其相——『央掘魔羅経』巻第一(T2, 512b-c)を参照。

(4)大経云於戒緩者不名為緩於乗緩者乃名為緩——『南本涅槃経』巻第六、四依品、「善男子、於乗緩者乃名為緩、於戒緩者不名為緩。菩薩摩訶薩於此大乗、心不懈慢、是名奉戒、為護正法。以大乗水而自澡浴。是故菩薩雖現破戒、不名為緩。迦葉菩薩白仏言、衆(底本の「仏」を、北本、文意によって改める)僧之中、有四種人。如菴羅菓生熟難知。破戒・持戒、云何可識」(T12, 641b17-22)を参照。

三に戒急乗緩とは、事戒は厳急にして、繊毫も犯さざるも、三種の観心は了に開解せず。戒の急なるを以ての故に、人天に生を受け、或いは禅の梵世に随って、定楽に耽湎[1]し、世に仏有りて法を説き人を度すと雖も、其れ等に於いて全く利益無し。設い値遇することを得るも、開解すること能わず。振丹[2]の一国は覚らず知らず、舎衛の三億は聞かず見ず[3]、楽に著する諸天、及び難処に生ずるものは来たりて聴受せざるは、是れ此の意なり。譬えば繫人は、或いは財物を以て、諸の大力を求め、日月を申延[4]して、恩赦に逢わんことを冀うが如し。人天の中に在るも、亦復た是の如し。善知識に化導せられて乗を修し、即ち能く脱を得んと冀う。人天に於いて乗を修せざる者の若きは、果報は若し尽きば、還って三途に堕し、百千の仏は出ずるも、終に道を得ず、云云。

四に事・理倶緩とは、前の十種の如きは皆な犯して、永く泥犁[5]に墜ち、人天の果報を失い、神明[6]は昏塞[7]して、得道の期無く、廻転沈淪して、度脱す可からず。行者は、当に自ら心を観ずべし。事・理の両戒は、何れの戒か緩急なる。事の三品に於いて、何れの品か最も強き。理の三品に於いて、何れの品か小しく弱き。自ら深浅を知り、亦た将来の果報の善悪を識る。既に自ら知り已れば、亦た他人を知る。此の観心を将て、亦た諸経の列衆の意を識り、亦た如来の縁に逗する大小を識る。故に『華厳』の中、「鬼神も皆な不思議解脱の法門に住すと言う」[8]と

(1)耽湎——溺れ耽ること。

(2)振丹——Cīna-sthāna の音写語。震旦、真丹とも音写する。中国を指す。

(3)舎衛三億不聞不見——『大智度論』巻第九、「仏為此重罪不種見仏善根人説言、仏世難値、如優曇波羅樹華、時時一有。如是罪人輪転三悪道、或在人天中、仏出世時、其人不見。如説、舎衛城中九億家、三億家眼見仏、三億家耳聞有仏、而眼不見、三億家不聞不見。仏在舎衛国二十五年、而此衆生不聞不見。何況遠者」(T25, 125c2-8) を参照。「三億」は、三十万の意。

(4)申延——刑の執行を延長すること。

(5)泥犁——niraya の音写語。泥黎とも音写する。地獄のこと。

(6)神明——精神の意。

(7)昬塞——暗く塞がること。

(8)華厳中鬼神皆言住不思議解脱法門——『六十巻華厳経』巻第一、世間浄眼品の冒頭に、菩薩、力士、神々が登場することを簡潔に表現したものか (T9, 395c-397b を参照)。「皆悉能行不可思議解脱境界」(同前、395c13-14) という表現も見られる。

は、此れは是れ権[1]の来たりて実[2]を引き、昔、不思議の乗を修すること急なる者をして、道を得しむるなり。『涅槃』の列衆も亦復た是の如し。若し細しく此の意を尋ねば、広く四教の乗戒緩急に歴て、以て其の因を辨じ、後に五味に歴て、以て其の果を明かし、皆な分明ならしめよ。凡そ是の如き等の因果の差降、升沈は一に非ず。云何んが難じて理戒は道を得るに、何ぞ事戒を用うと言わんや。幸いに人天に於いて道を受くるに、何の意もて苦しみて三途に入るや。

39c

5.6.2.1.1.4. 懺浄を明かす

5.6.2.1.1.4.1. 事・理の可懺・不可懺を辨ず

四に懺浄を明かすとは、事・理の二犯は、倶に止観を障えて、定・慧は発せず。云何んが懺悔して、罪をして消滅し、止観を障えざらしむるや。若し事の中の軽き過を犯さば、律文に皆な懺法有り。懺法は若し成ぜば、悉ごとく清浄と名づく。戒は浄く、障りは転ずれば、止観は明かし易し。若し重を犯さば、仏法の死人なり。小乗には懺法無し。若し大乗に依らば、其の懺悔を許す。上の四種三昧の中に説くが如し。下に当に更に明かすべし。次に理観は小しく僻にして、諦に当たらざるは、此の人の執心は若し薄くば、苟に封滞せず。但だ正観の心を用て、其の見著を破す。慚愧し羞有りて、頭を低くして自ら責む。心を策ち輈を正しくするに、罪障は消す可く、能く止観を発するなり。見は若し重くば、還って観心の中に於いて懺を修せ。下に当に説くべきなり。事の中の重罪を犯すが若きは、四種三昧に依らば、則ち懺法有り。『普賢観』に云わく、「端坐して実相を念ぜよ。是れ第一の懺と名づく」[3]と。『妙勝定(みょうしょうじょう)』に云わく、「四重・五逆は、若し禅定を除かば、余は能く救うこと無し」[4]と。『方等』に云わく、「三帰・

（1）権——権者の意。本地を隠して衆生救済のために仮に現われた姿の者を指す。

（2）実——実者の意。外相と内実が一致している者である凡夫を指す。

（3）普賢観云端坐実相名第一懺——『観普賢菩薩行法経』、「一切業障海　皆従妄想生　若欲懺悔者　端坐念実相」（T9, 393b10-11）を参照。

（4）妙勝定云四重五逆若除禅定余無能救——『最妙勝定経』、「復有五種重罪。一者殺父、害母、殺真人羅漢、破塔壊寺、焚焼僧房。二者犯四重・八重・五重・六重姓戒。三者謗方等経。四者説他人過、不生恭敬、常起驕慢。如向所説五種性罪、但修禅定、自然滅除。除禅定力、余無滅者」（蔵外仏教文献一、342a23-343a3）を参照。

五戒、乃至、二百五十戒は、是の如く懺悔するに、若し還って生ぜずば、是の処(ことわり)有ること無し」[1]と。『請観音』に云わく、「梵行を破する人は、十悪業を作るも、糞穢(ふんえ)を蕩除(とうじょ)[2]して、還って清浄なることを得」[3]と。故に知んぬ、大乗には、斯の罪を悔いることを許す。罪は重縁従り生ずれば、還って重心に従って懺悔して、相い治することを得可し。殷重(おんじゅう)[4]の心無ければ、徒(いたず)らに懺するも益無し。障は若し滅せずば、止観は明らかならず。

5.6.2.1.1.4.2. 久近の難易を辨ず

若し人は現に重罪を起こし、苦到(ねんごろ)に懺悔せば、則ち除滅し易し。何を以ての故に。路に迷うも、近きが如くなるが故なり。過去の重障は、必ず廻転し難し。迷うこと深遠なるが故なり。

5.6.2.1.1.4.3. 事・理の十心を以て懺の本と為すことを辨ず

若し二世[5]の重障を懺悔して四種三昧を行ぜんと欲せば、当に順流の十心を識り、明らかに過失を知るべく、当に逆流の十心を運びて、以て対治を為すべし。此の二十心は、通じて諸の懺の本と為る。

順流の十心とは、一に無始従(よ)り闇識は昏迷にして、煩悩に酔わされ、妄(みだ)りに人我を計す。

40a

人我を計するが故に、身見を起こす。身見の故に、妄想顛倒す。顛倒の故に、貪・瞋・癡を起こす。癡の故に広く諸の業を造る。業あれば、則ち生死に流転す。

二には内に煩悩を具し、外に悪友に値い、邪法を扇動して、我心を勧惑[6]すること、倍加(ます)ます隆盛(りゅうじょう)なり。

三には内外の悪縁は既に具すれば、能く内には善心を滅し、外には善事を滅す。又た、他の善に於いて、都(すべ)て随喜無し。

四には三業を縦恣(ほしいまま)にして、悪として為さざること無し。

(1)方等云三帰五戒乃至二百五十戒如是懺悔若不還生無有是処――『大方等陀羅尼経』巻第四、「如是次第経八十七日勤懺悔已。是諸戒根若不還生、終無是処」(T21, 656b25-26)を参照。

(2)蕩除――洗い流し除くこと、清掃すること。

(3)請観音云破梵行人作十悪業蕩除糞穢還得清掃――『請観世音菩薩消伏毒害陀羅尼呪経』、「破梵行人作十悪業。聞此呪時蕩除糞穢還得清浄」(T20, 35b10-11)を参照。

(4)殷重――深く重い様子。

(5)二世――過去世と現在世を指す。

(6)勧惑――迷わせるように働きかけること。

五には事は広がらずと雖も、悪心は遍布す。[1]

六には悪心は相続して、昼夜に断えず。

七には過失を覆諱（ふくい）[2]して、人の知らんことを欲せず。

八には魯扈底突（ろこていとつ）[3]して、悪道を畏（おそ）れず。

九には慚無く愧無し。

十には因果を撥無して、一闡提（いっせんだい）[4]と作る。

是れ十種の生死の流れに順じて、昏倒して悪を造ると為す。厠（かわや）の虫は厠を楽しみて、覚らず知らず、積集重累（しゃくじゅじゅうるい）[5]して、称許（しょうけ）[6]す可からず、四重、五逆より極まって闡提に至るまで、生死は浩然（こうねん）として際畔（さいはん）[7]無し。

今、懺悔せんと欲せば、応当（まさ）に此の罪の流れに逆らって、十種の心を用て、悪法を翻除（ほんじょ）[8]すべし。

先に正しく因果の決定して孱然（せんねん）[9]なることを信ず。業の種は久しと雖も、久しく敗亡（はいもう）せず、終に自ら作して、他人は果を受くること無し。精（くわ）しく善悪を識り、疑惑を生ぜず。是れ深く信じて一闡提の心を翻破す[10]と為す。

二には自ら愧（は）じて、鄙極（ひごく）[11]の罪人なりと剋責（こくしゃく）[12]す。羞（はじ）無く恥（はじ）無くして、畜生の法を習い、白浄第

(1)遍布――あまねく行き渡ること。
(2)覆諱――覆い隠すこと。
(3)魯扈底突――「魯扈」は、生まれつき愚鈍であること。「底突」は、「低突」、「觝突」とも書き、抵触してぶつかること。
(4)一闡提――icchantika の音訳。信不具足、断善根と訳す。仏性を持たず成仏できないとされたものを指す。
(5)積集重累――積み重なること。
(6)称計――数え上げること。
(7)際畔――果て、限りの意。
(8)翻除――くつがえし除くこと。
(9)孱然――「孱」は、弱い、小さいという意味であるが、ここでは『輔行』巻第四之二の「孱者、現也」(T46, 259a28)を参照して、明らかであるの意と理解する。
(10)翻破――くつがえし破ること。
(11)鄙極――きわめて卑しい様子。
(12)剋責――厳しく責めること。

一の荘厳を棄捨す。咄なるかな、鉤[1]無くして斯の重罪を造る。天は我が屛せし罪を見る。是の故に天に慚ず。人は我が顕わなる罪を知る。是の故に人に愧ず。此れを以て無慚無愧の心を翻破す。

三には悪道を怖畏す。人命は無常にして、一息追わざれば、千載長く往く。幽途[2]は綿邈[3]にして、資糧[4]有ること無し。苦海は悠深[5]にして、船筏は安にか寄らん。賢聖は呵棄[6]せられて、恃怙[7]する所無し。年事[8]は稍去りて、風刀[9]は奢[10]ならず。豈に晏然[11]として坐し、酸痛[12]を待つ可けんや。譬えば野干の耳・尾・牙を失いて、詐り眠りて脱せんことを望み、忽ち頭を断ずることを聞きて、心は大いに驚怖するが如し[13]。生老病に遭いて、尚お急なりと為さざるも、死事は奢ならず、那んぞ怖れざることを得ん。怖心の起こる時は、湯・火を履むが如し、五塵・六欲[14]も貪染する

(1) 鉤――悪を制限するものの意。
(2) 幽途――幽冥の道（生存領域）の意で、三悪道を指す。
(3) 綿邈――はるか遠い様子。

（4）資糧――糧食の意。
（5）悠深――遠く深い様子。
（6）呵棄――しかり捨てること。
（7）恃怙――頼みとすること。
（8）年事――歳月の意。
（9）風刀――寒風の意。
（10）奢――緩慢な様子。
（11）晏然――安らかな様子。
（12）酸痛――悲痛なこと。
（13）譬如野干失耳尾牙詐眠望脱忽聞断頭心大驚怖――『大智度論』巻第十四、「復次持戒之人、疲厭世苦老・病・死患、心生精進。必求自脱、亦以度人。譬如野干在林樹間、依随師子及諸虎豹、求其残肉以自存活。有時空乏、夜半踰城、深入人舎、求肉不得、屏処睡息、不覚夜竟。惶怖無計、走則慮不自免、住則懼畏死痛。便自定心、詐死在地。衆人来見、有一人言、我須野干耳。即便截取。野干自念、截耳雖痛、但令身在。次有一人言、我須野干尾。便復截去。野干復念、截尾雖痛、猶是小事。次有一人言、我須野干牙。野干心念、取者転多、儻取我頭、則無活路。即従地起、奮其智力、絶踊間関、徑得自済。行者之心、求脱苦難、亦復如是。若老至時、猶故自寛、不能慇懃決断精進。病亦如是、以有差期、未能決計。死欲至時、自知無冀、便能自勉、果敢慇懃、大修精進、従死地中畢至涅槃」（T25、162c24-163a12）を参照。
（14）六欲――色欲、形貌欲、威儀姿態欲、言語音声欲、細滑欲、人相欲をいう。

に暇あらず。阿輪柯王(あしゅかおう)は、旃陀羅[1]の朝な朝な鈴を振りて、「一日已に尽きぬ、六日して当に死すべし」というを聞きて、五欲有りと雖も、一念の愛無きが如し。[2]行者は怖畏して、苦到に懺悔するに、身命を惜しまざること、彼の野干の如くせよ。決絶して思念する所無きこと、[3]彼の怖るる王の如くせよ。此れを以て悪道を畏れざる心を翻破するなり。

40b

四には当に発露[4]して、瑕疵(かし)を覆うこと莫れ。賊・毒の悪草は急に須らく之れを除くべし。根は露(あら)わるれば条(えだ)は枯れ、源は乾けば流れは竭(つ)く。若し罪を覆蔵(ふくぞう)せば、是れ不良の人なり。迦葉の頭陀[5]は、大衆の中にて発露せしめ、方等[6]には一人に向いて発露せしめ、其の余の行法[7]は但だ実心を以て仏像に向いて改革せしむ。陰隠(いんおん)[8]に癰(できもの)有るに、覆諱して治せざれば、則ち死するが如し。此れを以て罪を覆蔵する心を翻破するなり。

(1) 旃陀羅――caṇḍāla の音写語。扇陀羅とも音写する。インドの四姓（バラモン、クシャトリヤ、ヴァイシャ、シュードラ）から除外された身分の低い者。

(2) 阿輪柯王聞旃陀羅朝朝振鈴一日已尽六日当死雖有五欲無一念愛――『大智度論』巻第二十、「問曰、若楽有二分慈心・喜心、悲心観苦、何以不作二分。答曰、楽是一切衆生所愛重、故作二分。是苦不愛不念、故不作二分。又受楽時心軟、受苦時心堅。如阿育王弟違陀輸、七日作閻浮提王、得上妙自恣五欲。過七日已、阿育王問言、閻浮提主、受楽歓暢不。答言、我不見、不聞、不覚。何以故。旃陀羅日日振鈴高声唱、七日中已爾許日過、過七日已、汝当死。我聞是声、雖作閻浮提王、上妙五欲、憂苦深故、不聞、不見。以是故知、苦力多、楽力弱。若人遍身受楽、得一処針刺、衆楽皆失、但覚刺苦。楽力弱故、二分乃強。苦力多故、一処足明」(T25, 211a12-24) を参照。

(3)決絶——態度がきっぱりとしている様子。

(4)発露——『南本涅槃経』巻第十七、梵行品、「智者有二。一者不造諸悪、二者作已懺悔。愚者亦二。一者作罪、二者覆蔵。雖先作悪、後能発露、悔已慚愧、更不敢作。猶如濁水置之明珠、以珠威力、水即為清。如烟雲除、月則清明。作悪能悔亦復如是。王若懺悔、懐慚愧者、罪即除滅、清浄如本」(T12, 720c1-7) を参照。

(5)頭陀——dhūta の音訳。抖擻(とそう)と訳す。ふるい落とすの意。衣食住に関する十二種の生活規則で、これによって煩悩の垢を払い除く。糞掃衣・但三衣・常乞食・不作余食・一坐食・一揣食・空閑処・塚間坐・樹下坐・露地坐・随坐・常坐不臥をいう。摩訶迦葉は頭陀行第一とたたえられる。

(6)迦葉頭陀令大衆中発露方等令向一人発露——『大智度論』巻第二、「大迦葉言、汝有六種突吉羅罪、尽応僧中悔過。阿難言、諾。随長老大迦葉及僧所教。是時、阿難長跪合手、偏袒右肩、脱革屣、六種突吉羅罪懺悔」(T25, 68b12-15) を参照。

(7)方等令向一人発露——『大方等陀羅尼経』巻第四、「善男子、若有比丘毀四重禁、至心憶念此陀羅尼経、誦一千四百遍。誦一千四百遍已、乃一懺悔。請一比丘為作証人、自陳其罪、向形像前。如是次第経八十七日、勤懺悔已、是諸戒根若不還生、終無是処。彼人能於八十七日、勤懺悔已、若不堅固阿耨多羅三藐三菩提心、亦無是処」(T21, 656b21-28) を参照。

(8)陰隠——隠れた部分の意。

五に相続の心を断つとは、若し決して断奠(だんてん)[1]して、故(ふる)きを畢(お)え新しきを造らずば、[2]乃ち是れ懺悔なり。懺し已りて更に作らば、王法は初めて犯すに、原(ゆる)すことを得るも、更に作さば、則ち重きが如し。初めに道場に入るに、罪は則ち滅し易きも、更に作さば除き難し。已に能く之を吐けば、云何んが更に噉(くら)わん。此れを以て常に悪事を念ずる心を翻破す。

六に菩提心を発すとは、昔は自ら安くして人を危くし、遍く一切の境を悩ます。今は広く兼済[3]を起こし、虚空界に遍くして他を利益す。此れを用て一切処に遍くして悪を起こす心を翻破するなり。

七に功(く)を修して過を補うとは、昔は三業に罪を作るに、昼夜を計らざれども、今は身・口・意を善くし、策励(さくれい)[4]して休まず。山岳を移すに非ざれば、安(いず)くんぞ江海を塡(うず)めんや。此れを以て三業を縦恣(ほしいまま)にする心を翻破するなり。

八に正法を守護すとは、昔は自ら善を滅し、亦た他の善を滅し、自ら随喜せず、亦た他を喜ばせざれども、今は諸の善を守護し、方便もて増広し、断絶せしめざること、譬えば城を全うするの勲(いさお)の如し。『勝鬘』に云わく、「正法を守護し、正法を摂受(しょうじゅ)するを、最も第一と為す」[5]と。此れは随喜無き心を翻破す。

九に十方の仏を念ずとは、昔は親しく悪友に狎(な)れて、其の言を信受すれども、今は十方の仏を念じ、無礙の慈を不請(ふしょう)の友と作すことを念じ、無礙の智もて大導師と作ることを念ず。悪友に順ずる心を翻破す。[6]

(1)決果――勇敢な様子。
(2)畢故不造新――『仁王般若経』巻下、受持品、「無三界業習生故、畢故不造新。以願力故、変化生一切浄土」(T8, 831c15-17)を参照。
(3)兼済――もと、広く万物に恵みを与える意で、『荘子』列御寇に出る。仏教では、自利と利他を兼ねること、自己と他者を兼ねて救済することで、菩薩道を指示する用語として用いられる。
(4)策励――大いに励ますこと。
(5)勝鬘云守護正法摂受正法最為第一――『勝鬘経』、三願章、「爾時勝鬘復於仏前発三大願、而作是言、以此実願安隠無量無辺衆生、以此善根於一切生得正法智、是名第一大願。我得正法智已、以無厭心為衆生説、是名第二大願。我於摂受正法、捨身・命・財、護持正法、是名第三大願」(T12, 218a5-10)を参照。
(6)不請友――『無量寿経』巻上、「心常諦住度世之道、於一切万物随意自在。為衆生類作不請之友、荷負群生為之重任」(同前、266b17-19)、『勝鬘経』、三願章、「如是摂受正法善男子善女人建立大地、堪能荷負四種重任、普為衆生作不請之友、大悲安慰哀愍衆生、為世法母」(同前、218b15-18)を参照。

十に罪性の空なるを観ずとは、貪欲・瞋・癡の心は、皆な是れ寂静（じゃくじょう）の門なりと了達す。何を以ての故に。貪・瞋は若し起こらば、何処に在りてか住する。此の貪・瞋は妄念は顚倒に住し、顚倒[1]は身見に住し、身見は我見に住し、我見は則ち住する処無し。十方に諦（あき）らかに求むるも、我れは不可得なりと知る。我が心は自ら空にして、罪福に主無し[2]。深く罪福の相に達し、遍く十方[3]を照らし、此の空慧をして心と相応せしむ。譬えば日の出ずる時は、朝露は一時に失うが如し。一切の諸心も皆な是れ寂静の門なり。寂静を示すが故に。此れは無明の昏闇（こんあん）を翻破す。

40c

是れ十種の懺悔と為す。涅槃の道に順じ、生死の流れに逆らいて、能く四重・五逆の過を滅す。若し此の十心を解せずば、全く是非を識らず。云何んが懺悔せん。設い道場に入るも、徒（いたず）らに苦行を為して、終に大益無し。『涅槃』に、「若し勤めて苦行を修せば、是れ大涅槃の近き因縁なりと言わば、是の処（ことわり）有ること無し」[4]と云うは、即ち此の意なり。是れ事の中の重罪を懺悔すと名づくるなり。

次に見の罪を懺すとは、見惑を以ての故に、生死の流れに順ずるは、前に説く所の如し。向（さき）に十心を運んで、事に附し懺を為すは、鈍使[5]の罪を懺す。今、理を扶けて見を懺し、利使[6]の罪を懺す。然るに、見心は猛盛（もうじょう）にして、重き煩悩を起こせば、応に傍（かたわ）ら事を用て助くべし。下薬[7]

を服するに、須らく巴豆(はず)[8]を加え、蜓瀉(とうしゃ)[9]して底を尽くさしむべきが如し。是の故に還って十法に約して、以て見を懺することを明かす。

(1)身見――我見と我所見を指す。
(2)我心自空罪福無主――『観普賢菩薩行法経』、「我心自空、罪福無主」(T9, 392c26-27) を参照。
(3)深達罪福相遍照於十方――『法華経』提婆達多品、「深達罪福相　遍照於十方　微妙浄法身　具相三十二　以八十種好　用荘厳法身」(同前、35b28-c1) を参照。
(4)涅槃云若言勤修苦行是大涅槃近因縁――『南本涅槃経』巻第二十三、光明遍照高貴徳王菩薩品、「菩薩摩訶薩修大涅槃微妙経典、作是思惟、何法能為大般涅槃而作近因。菩薩即知有四種法為大涅槃而作近因。若言勤修一切苦行是大涅槃近因縁者、是義不然。所以者何。若離四法得涅槃者、無有是処」(T12, 754b11-16) を参照。
(5)鈍使――貪・瞋・癡・慢・疑の五使を指す。「使」は、煩悩の意。
(6)利使――有身見・辺執見・邪見・見取見・戒禁取見の五使を指す。
(7)下薬――便秘薬のこと。
(8)巴豆――巴蜀に産する植物の名である。形は豆のようであるので、この名がある。便秘薬である。ハズ油、クロトン油。
(9)蜓瀉――激しく下痢させること。

一に不信を翻破すとは、即ち身見の心を点じて、無明は苦の集なるを識らしむ。[1] 欝頭藍弗の非想定を得るが如き、世人は之れを崇むること仏の如きも、苦の集を識らざれば、報は尽きて還って堕す。[2] 須跋陀羅の非想定を得るは、麁想無しと雖も、細煩悩有り。[3] 長爪は利智なれども、不受を受く。[4] 高著[5]の外道すら尚お未だ見を出でざれば、是れ涅槃に非ず。況んや麁浅の者をや。尚お藍弗に逮ばざれども、是れ真の道なりと言うは、豈に大いに僻みに非ずや。是の人は空を観ずる智慧に愛著して、是の事知らざるを、名づけて無明と為す。而して違従を起こして、見に依って行を造る。見の行は色に依る。即ち是れ名色なり。[6] 名色は即ち是れ苦等なり。苦に迷いて愛・有を起こす。有は未来の生死を生じ、流転し相続す。豈に是れ寂滅ならんや。若し生死は尽くと謂わば、乃ち是れ漫語なり。[7] 無明の見心を呼んで道と為し、非道を道と為し、非因を因と計するを、名づけて戒取と為す。豈に因盗に非ずや。未来の三途の苦報を呼んで涅槃と為す。此れは是れ見取なり。非果を果と計するは、是れ果盗と為す。身・辺・邪見は、其の事は知る可し。此の如きの見心は、乃ち是れ苦・集にして、滅・道に非ざるなり。尚お三蔵の

（1）苦集――苦の原因の意。
（2）如欝頭藍弗得非想定世人崇之如仏不識苦集報尽還堕――「欝頭藍弗」は、Uddaka Rāmaputra の音写語。釈尊が出

家して師事したヨーガの師。非想非非想処の境地を理想とした。『大智度論』巻第十七、「復次菩薩観一切法、若乱若定、皆是不二相。余人除乱求定。何以故。以乱法中起瞋想、於定法中生著想。如欝陀羅伽仙人得五通、日日飛到国王宮中食。王大夫人如其国法、捉足而礼。夫人手触、即失神通。従王求車、乗駕而出、還其本処。入林樹間、更求五通、一心専至。垂当得時、有鳥在樹上急鳴、以乱其意。捨樹至水辺求定、復聞魚闘動水之声。此人求禅不得、即生瞋恚。我当尽殺魚・鳥。此人久後思惟得定、生非有想非無想処。於彼寿尽、下生作飛狸、殺諸魚・鳥、作無量罪、堕三悪道。是為禅定中著心因縁」(T25, 188c27-189a10) を参照。

(3)須跋陀羅得非想定雖無麁想有細煩悩——「須跋陀羅」は、Subhadra の音写語。釈尊の最後の弟子となった。『大智度論』巻第三、「須跋陀梵志、年百二十歳、得五神通、阿那跋達多池辺住……須跋陀梵志聞是法、得阿羅漢道。思惟言、我不応仏後般涅槃。如是思惟竟、在仏前結加趺坐、自以神力、身中出火焼身、而取滅度。以是故、仏言、無功徳・少功徳、是助道法不満、皆不得度。仏説一切功徳具足故、能度弟子。譬如小薬師、以一種薬・二種薬、不具足故、不能差重病。大薬師輩、具足衆薬、能差諸病」(同前、80c4-81a15) を参照。

(4)長爪利智而受不受——『大智度論』巻第一、「彼以何論議道而得我姉子。作是思惟已、而語仏言、瞿曇、我一切法不受。仏問長爪、汝一切法不受。是見受不。仏所質義、汝已飲邪見毒、今出是毒気、言、一切法不受。是見汝受不。爾時、長爪梵志如好馬見鞭影即覚、便著正道」(同前、62a1-7) を参照。

(5)高著——お高くとまった様子。

(6)名色——nāma-rūpa の訳語。名は精神的なもの、色は物質的なもの。五陰にあてはめれば、色陰が「色」に、受・想・行・識陰が「名」に配当される。

(7)漫語——虚しい話の意。

道・滅に非ず。豈に是れ摩訶衍の道・滅ならんや。

若し能く是の如くならば、即ち世間の因果を知り、復た出世の因果を識る。故に『大品』に云わく、「般若は能く世間の相を示す」[1]と。謂う所は、是れ道なること、道に非ざることを示す。是れ深く見心の苦・集を識ると為すなり。又た、「深」とは、但だ無明は苦の集なるを知るのみに非ず、亦た三蔵の因果を識り、亦た因縁もて生じる法は即ち空なりとの四諦の因果を識る。又復た、「深」とは、亦た因縁即仮の無量の四諦の因果を知る。又復た、「深」とは、亦た因縁即中の無作の四諦の因果を知る。一の見心に於いて、具さに一切の因果を識る。故に『大経』に云わく、「一念の心に於いて、悉ごとく能く無量の生死を称量す」[2]。是れ不可思議と名づく」[3]と。故に深信は不信を破すと名づくるなり。

41a

二に重き慚愧を生ずとは、我が心の中の三諦の理を見ざるを、無慚愧と名づく。且らく理観に約して、人天を論ずとは、乾慧（けんね）[4]・性地[5]の人に慚（は）じ、四果[6]の浄天[7]に愧（は）ず。三十心の人・十地の義天・五品・六根清浄の人・四十二位の天は、例せば作意して報を得るを、名づけて人と為し、自然の果報を、名づけて天と為すが如し。三種の天人も亦復た是の如し。方便道を名づけて人と為し、真理の顕わるるを名づけて天と為す。見心は罪を造り、三諦の理を覆い、三種の人天に逮（およ）ばず。是の故に慚愧し、無慚愧の心を翻破するなり。

(1)大品云般若能示世間相――『大品般若経』巻第十四、仏母品、「是深般若波羅蜜能示世間相」(T8, 323b1-2)を参照。

(2)称量――計量すること。

(3)大経云於一念心悉能称量無量生死是名不可思議――『南本涅槃経』巻第十七、梵行品、「如王所言、世無良医治悪業者、今有大師名迦羅鳩馱迦旃延、一切知見、明了三世、於一念頃、能見無量無辺世界。聞声亦爾。能令衆生遠離過悪。猶如恒河、若内若外、所有諸罪皆悉清浄。是大良師亦復如是、能除衆生内外衆罪。為諸弟子説如是法。若人殺害一切衆生、心無慚愧、終不堕悪、猶如虚空不受塵水。有慚愧者、即入地獄、猶如大水潤湿於地」(T12, 719b12-20)を参照。

(4)乾慧――三乗共の十地の第一地。

(5)性地――三乗共の十地の第二地。

(6)四果――声聞の四果、須陀洹果・斯陀含果・阿那含果・阿羅漢果を指す。

(7)浄天――『法華経文句記箋難』巻第一、「涅槃経中説五種天。一仮名天、即人主也。二生天、即二十八天也。三浄天、即四果也。四清浄天、即十地菩薩。五第一義天、即仏也。今仏超前四天、名天中天。又仏未出家地、名為天中天」(X29, 511a19-22)を参照。

三に怖畏すとは、見心の罪を造る。此の過は深重なることを知る。『大論』に云わく、「諸仏の空の義を説くは、諸見を離れしめんが為めの故なり。若し復た空ありと見ば、諸仏の化せざる所なり」[1]と。我れは今、見に由って大罪を起こす。此の間の劫は尽くるに、他方の獄[2]に生じ、此の間の劫は成ずるに、此処(ここ)に還り来たる。是の如く展転すること無量無辺ならん。若し果報の受くる所の身を説かば、当に熱血を吐きて死すべし[3]。故に知んぬ、見の罪は大いに重し。既に無漏に非ざれば、生死を出でず。煩悩は業を潤(うるお)し、堕落すること、何ぞ疑わん。一命追わずば、永く出ずる日無し。是の義の為めの故に、大怖畏を生じ、悪道を畏れざる心を翻破するなり。

四に発露すとは、従来、諸見は而も愛著を生じ、此の三諦を覆い、決定して信を生ずること能わず。今、見の過失を知り、三疑を発却(ほっきゃく)[4]し、隠諱(いんい)[5]する所無くして、其の諦性(たいしょう)[6]を顕わす。是れ発露して罪を覆蔵する心を翻破すと為すなり。

五に相続の心を断ずとは、三諦の観に間(へだて)有らしむること勿(なか)れ。八正道を以て三惑の心を治し、断じて而も習わず。此れは悪を相続する心を翻破するなり。

六に菩提心を発すとは、即ち是れ三諦の理を縁ずるに、皆な虚空の如し。空は則ち無辺に一切を愍傷(みんしょう)[7]して、普く度脱せしむ。昔、此れに迷いて惑を起こす。有[8]は無辺なるが故に、罪も

41b

亦た無辺なり。今、菩提心は法界に遍し。無作の善を起こすも、亦た法界に遍し。昔の、空に遍き無作の悪を翻破するなり。「師子の琴を奏するに、余の絃は断絶す[9]」とは、即ち此の義なり。

（1）大論云諸仏説空義為離諸見故若復見有空諸仏所不化――『大智度論』ではなく、『中論』に出る。『中論』巻第二、観行品、「大聖説空法　為離諸見故　若復見有空　諸仏所不化」（T30, 18c16-17）を参照。
（2）獄――地獄の意。
（3）当吐熱血死――『大智度論』巻第六十二、「若信仏語、則大憂怖、憂怖故風発、吐熱血死」（T25, 503a5-6）を参照。
（4）発却――除き去ること。
（5）隠諱――隠すこと。
（6）諦性――三諦の本性の意。
（7）愍傷――憐れむこと。
（8）有――有漏の業の意。
（9）奏師子琴余絃断絶――『六十巻華厳経』巻第五十九、入法界品、「譬如有人、用師子筋、以為琴絃。音声既奏、余絃断絶」（T9, 778c7-8）を参照。

七に功を修めて過を補うとは、三諦の道品は、即ち是れ菩薩の宝炬(ほうこ)陀羅尼なり。[1]是れ行道の法にして、涅槃に趣く門なり。此の如き道品の念念に相続するは、即ち是れ功を修め過を補う。昔、見を執して謂いて涅槃と為し、見に於いて動ぜず、[2]道品を修せず。設令(たと)い有を動じて無に入るも、屈歩虫(くっぷちゅう)[3]の如し。見に於いて動ずと雖も、亦た道品を修すること能わず。今、有無は是れ見なりと知りて、執して実と為さずば、是れ見動じて道品を修せずと名づく。若し諸見を破析して道品を行ぜば、是れ見動じて道品を修すと名づく。又た、見は即空・即仮・即中なりと体す。既に即と言えば、見に於いて動ぜざれども、三種の道品を修す。是れ功を修めて見を縦(ほしいまま)にする過を補うと為すなり。

八に正法を守護すとは、昔、見を護りて、他をして破せしめず、方便もて申(の)べ通ず。今、三諦の諸空を護りて、見をして破せしめず。若し留滞(るたい)有らば、善巧(ぜんぎょう)に申べ弘め、身を亡じて法を存するは、猶お父母の其の子を守護するが如し。此れは善事を毀(こぼ)つことを翻破するなり。

九に十方の仏を念ずとは、昔、見の毒を服して、常に厭足(おんそく)[4]無きこと、渇(かっ)して飲むを思うが如し。又た、悪師に遇うは、加うるに鹹水(しおみず)を以てするが如し。苦を以て苦を捨て、我慢矜高(がまんきょうこう)[5]にして、諂心(てんしん)[6]にして不実なり。千万億劫に於いて、仏の名字を聞かず。今、三諦を念じて、不来不去なれば、即ち是れ仏なり。無生の法は即ち是れ仏にして、[7]常に諦理の護る所と為る。此れは悪友に狎(な)るる心を翻破す。

(1)三諦道品即是菩薩宝炬陀羅尼――『大方等大集経』巻第四、「遠離三種塵労垢　成就三種清浄慧　已於三有得解脱　是名宝炬陀羅尼　能悉破壊貪恚癡　亦得遠離煩悩濁　除滅無明諸邪闇　是名宝炬陀羅尼　衆生音声上中下　一切悉能了了知　能随衆生意説法　是名宝炬陀羅尼　具足甚深無量義　亦復具足諸字句　遠離於我及我所　是名宝炬陀羅尼」(T13, 25c17-24)を参照。

(2)於見不動――『維摩経』巻上、弟子品、「於諸見不動、而修行三十七品、是為宴坐」(T14, 539c24)を参照。

(3)屈歩虫――尺取り虫のこと。『南本涅槃経』巻第八、如来性品、「修一切法断者、堕於常見。如歩屈虫、要因前脚得移後足」(T12, 651b2-3)を参照。

(4)厭足――満足すること。

(5)我慢矜高――うぬぼれて、おごり高ぶること。

(6)諂心――へつらいの心の意。

(7)不来不去即是仏無生法即是仏――『大品般若経』巻第二十七、法尚品、「爾時曇無竭菩薩摩訶薩語薩陀波崙菩薩言、善男子、諸仏無所従来、去亦無所至。何以故。諸法如、不動相。諸法如即是仏。善男子、無生法無来無去、無生法即是仏。無滅法無来無去、無滅法即是仏。実際法無来無去、実際法即是仏。空無来無去、空即是仏。善男子、無染無来無去、無染即是仏。寂滅無来無去、寂滅即是仏。虚空性無来無去、虚空性即是仏。善男子、離是諸法更無仏。諸仏如、諸法如、一如無分別」(T8, 421b26-c6)を参照。

十に罪の性の空を観ずとは、此の三種の惑[1]は、本来寂静なれども、我れは了せず、妄りに是非を謂うは、熱病の人の諸の龍・鬼を見るが如し。今、見を観ずるに、幻の如く、化の如く、来るに従う所無く、去るに足跡無く、亦復た東西南北に至らず。一切の罪福も亦復た是の如し。一空は一切空にして、空は即ち罪の性、罪の性は即ち空なり。此れは顛倒の心を翻破するなり。

此の十懺を運ぶ時、深く三諦を観じ、又た事法を加え、慇重の心を以て、身命を惜しまざるを、第二の健児[2]と名づく。

41c

5.6.2.1.1.4.4. 事・理の両懺を結成す

是れ事・理の両懺と名づく。障道の罪は滅し、尸羅（しら）は清浄ならば、三昧は現前し、止観は開（かい）発（ほっ）す。事戒は浄きが故に、根本三昧は現前し、世智・他心智は開発す。無生の戒は浄きが故に、真諦三昧は現前し、一切智は開発す。即仮の戒は浄きが故に、俗諦三昧は現前し、道種智は開発す。即中の戒は浄きが故に、王三昧は現前し、一切種智は開発す。此の三諦の三昧を得るが故に、王三昧と名づけ、一切の三昧は、悉ごとく其の中に入る。又た、能く一切の諸定を出生して、具足せざること無きが故に、名づけて止と為し、又た能く一切の諸智を具足するが故に、名づけて観と為す。故に知んぬ、持戒清浄、懇惻（こんそく）[3]の懺悔は、倶に止観の初縁と為す。意は此に在るなり。

5.6.2.1.1.2. 衣食具足

第二に衣食具足とは、衣を以て形を蔽い、醜陋を遮障し、食は以て命を支え、彼の飢瘡を塡ぐ。[4] 身は安からば、道は隆んにして、道は隆んならば、則ち本は立つ。形、命、及び道は、此

(1) 三種惑――見思惑・塵沙惑・無明惑を指す。

(2) 第二健児――『南本涅槃経』巻第十七、梵行品、「大王且聴、臣聞仏説。智者有二。一者不造諸悪、二者作已懺悔。愚者亦二。一者作罪、二者覆蔵。雖先作悪、後能発露、悔已慚愧、更不敢作。猶如濁水置之明珠、以珠威力、水即為清。如烟雲除、月則清明。作悪能悔亦復如是。王若懺悔、懐慚愧者、罪即除滅、清浄如本」(T12, 720c1-7)を参照。智者の第二が「健児」に該当する。

(3) 懇惻――とても誠実であること。

(4) 衣以蔽形遮障醜陋食以支命塡彼飢瘡――『南本涅槃経』巻第二十、光明遍照高貴徳王菩薩品、「若須衣時、即便受取、不為身故、但為於法。不長憍慢、心常卑下。不為厳飾、但為羞恥、障諸寒暑・悪風・悪雨・悪虫・蚊・虻・蠅・蚤・蝮蠆。雖受飲食、心無貪著。不為身故、常為正法。不為膚体、但為衆生。不為憍慢、為身力故。不為怨害、為治飢瘡」(同前、741b26-c3)を参照。

の衣食に頼る、故に云わく、「如来は食し已って、阿耨三菩提を得」[1]と。此れは小縁なりと雖も、能く大事を辦ず。裸にして餧(ひだる)く安からざれば、道法は焉(いずく)んぞ在らん。故に衣食の具足を須(もち)ゆるなり。

5.6.2.1.1.2.1. 正しく衣を釈す

衣とは、醜陋を遮し、寒熱を遮し、蚊虻(ぶんぼう)を遮し、身体を飾る[2]。衣に三種有り。雪山(せっせん)の大士[3]は形を深澗(しんかん)[4]に絶し、人間に渉らず、草を結んで席と為し、鹿皮の衣を被(き)て、受持・説浄[5]等の事無し。堪忍力(かんにんりき)は成ずれば、温厚なるを須いず、人間に遊ばざれば、支助(しじょ)[6]に煩(わずら)うこと無し。此れは上人なり。

十二頭陀(ずだ)は、但だ三衣(さんえ)[7]を蓄うるのみ。多(た)ならず少(しょう)ならず、聚(むら)を出でて山に入るに、被服は斉整(さいせい)なり。故に三衣を立つ。此れは中士なり。

多寒の国土には、百一[8]もて身を助くることを聴(ゆる)す。要(かなら)ず当に説浄すべし。趣(すみや)かに供事(くじ)[9]するに足らば、多く求むることを得ること無し。多く求むれば辛苦し、守護するに又た苦しみ、自行を妨乱し、復た檀越(だんのつ)[10]を擾(みだ)す。少しく得る所有らば、即便(すなわ)ち足ることを知るは、下士なり。

(1)云如来食已得阿耨三菩提――『佛本行集経』巻第二十五、向菩提樹品（T3, 771b-772b）を参照。
(2)衣者遮醜陋遮寒熱遮蚊虻飾身体――本書四三五ページ注4を参照。
(3)雪山大士――釈迦の前身である雪山童子のこと。
(4)深澗――深山の谷の意。
(5)説浄――浄施ともいう。長物（受けることが許されない布施物）の布施を受ける場合、まず他の人に渡してから、改めて受けること。
(6)支助――生活を助け支える物のこと。
(7)三衣――僧伽梨（大衣）、欝多羅僧（上衣）、安陀衣（中衣）のこと。
(8)百一――僧の生活用品を指す。僧は百（すべての物を意味する）に関して、それぞれ一つだけ所有することが許されていること。
(9)供事――供え仕えること。
(10)檀越――dāna-pati の音写語。施主と訳す。

42a

観行を衣と為すとは、『大経』に云わく、「汝等比丘は、袈裟を服(き)ると雖も、心は猶お未だ大乗の法服に染まず」[1]と。『法華』に云うが如し、「如来の衣を著る。如来の衣とは、柔和忍辱の心是れなり」[2]と。此れは即ち寂滅忍なり。生死・涅槃の二辺は麁獷(そこう)[3]にして、中道の理と二ならず異ならず。故に柔和と名づく。心を中道に安んずるが故に、名づけて忍と為す。二喧(にけん)[4]を離るるが故に寂と名づけ、二死[5]を過ぐるが故に滅と名づく。寂滅忍の心は二辺の悪を覆うを、醜を遮する衣と名づく。五住を除くが故に、熱を障うると名づけ、無明の見を破するを、名づけて寒を遮すと為す。生死の動無く、亦た空乱意無く、二の覚観を捨つるを、蚊虻を遮すと名づく。此の忍は一切の法を具す。鏡には像有るも、瓦礫には現ぜざるが如し。中には諸の相を具するも、但空(たんくう)には則ち無し。故に云わく、「深く罪福の相に達して、遍く十方を照らし、微妙浄法身、相を具すること三十二、用て法身を荘厳す」[6]と。寂忍の一観に、衆徳を具足す。亦た名づけて衣と為し、亦た厳飾(ごんじき)と名づく。九、七、五[7]の割截(かっせつ)の成ずる所に非ざるなり。

三衣とは、即ち三観なり。三諦の上の醜を蔽い、三諦の上の見・愛の寒熱を遮す。三覚[8]の蚊虻を却(しりぞ)け、三身を荘厳す。故に三観を以て衣と為す。即ち是れ伏忍・柔順忍・無生寂滅忍なり。又た、見を起こすを寒と名づけ、愛を起こすを熱と名づく。止観を修して見諦の解を得るは、煖の如く、見は則ち生ぜず。思惟の解を得るは、涼の如く、愛は則ち生ぜず。五根に悪無きは、

（1）大経云汝等比丘雖服袈裟心猶未染大乗法服――『南本涅槃経』巻第二、哀歎品、「汝諸比丘勿以下心而生知足、汝等今者雖得出家、於此大乗不生貪慕。汝諸比丘身雖得服袈裟染衣、心猶未染大乗浄法。汝諸比丘雖行乞食経歴多処、初未曾求大乗法食。汝諸比丘雖除鬚髪、未為正法除諸結使」（T12, 616a26-b2）を参照。

（2）如法華云著如来衣如来衣者柔和忍辱心是――『法華経』法師品、「是善男子、善女人、入如来室、著如来衣、坐如来座、爾乃応為四衆広説斯経。如来室者、一切衆生中大慈悲心是。如来衣者、柔和忍辱心是。如来座者、一切法空是」（T9, 31c23-27）を参照。

（3）麁獷――粗野である様子。

（4）二喧――二辺（二つの極端）のかまびすしさの意。

（5）二死――分段の生死と不思議変易の生死を指す。

（6）云深達罪福相遍照於十方微妙浄法身具相三十二用荘厳法身――『法華経』提婆達多品、「深達罪福相　遍照於十方　微妙浄法身　具相三十二　以八十種好　用荘厳法身」（同前、35b28-c1）を参照。

（7）九七五――袈裟を作るための長方形の布の数に、九、七、五がある。九条は、僧伽梨（大衣）のこと。七条は、鬱多羅僧（上衣）のこと。五条は、安陀衣（中衣）のこと。

（8）三覚――見思惑・塵沙惑・無明惑を指す。

即ち福徳荘厳なり。意地に悪無きは、即ち智慧荘厳なり。余の二観の上の衣も例して解す可し。百一の長衣(じょうえ)は、即ち是れ一切の行行にして、助道の法なり。三観を助成して、共に諸の惑を蔽い、三身を厳(かざ)る。此れは是れ諸法に歴て忍を修するを、衣と為すなり。

5.6.2.1.1.2.2. 正しく食を釈す

食とは、三処に食を論じて、以て身を資(たす)けて道[1]を養う可し。

一に深山に跡を絶ち、人民を去り遠ざかり、但だ甘果・美水・一菜・一果を資(と)るのみ。或いは松柏を餌(くら)いて、以て精気を続(つ)ぐ。雪山の甘い香の藕(はす)等、食し已って心を繋(つな)げ、思惟坐禅して、更に余事無きが如し。是の如き食は、上士なり。

二に阿蘭若(あらんにゃ)[2]の処に、頭陀抖擻(ずだとそう)す。放牧の声を絶す。是れ修道の処なり。分衛(ぶんえ)[3]して自ら資(たす)く。七仏[4]は皆な乞食の法を明かす。『方等』、『般舟』、『法華』は、皆な乞食と云うなり[5]。路径(ろけい)[6]は若し遠くば、分衛は労妨(ろうぼう)[7]す。若し近くば、人物は相い喧(かまびす)し。遠からず近からざるは、食に乞うに便ち易し、是れ中士なり。

三に既に穀を絶ち果を餌(くら)うこと能わず、又た頭陀・乞食すること能わざれば、外護の檀越は、食を送りて供養す。亦た受くることを得可し。又た、僧の中の如法の結浄食[8]は、亦た受くるこ

(1)道——覚りの意。
(2)阿蘭若——aranya の音写語。阿練若とも音写する。森林、原野の意から、より広く修行に適した閑静な場所を意味するようになった。
(3)分衛——pindapāta の音写語。乞食、托鉢のこと。
(4)七仏——釈尊を第七の仏として、過去に七仏が存在したとされる。毘婆尸仏、尸棄仏、毘舎浮仏、倶留孫仏、倶那含牟尼仏、迦葉仏、釈迦牟尼仏のこと。
(5)方等般舟法華皆云乞食也——『大方等陀羅尼経』、「作一乞士入城乞食」(T21, 645a9-10)、『般舟三昧経』巻第三、至誠仏品、「衣服床臥若千億　比丘家家行乞食　以用供養於法師　精進如是得三昧」(T13, 919a25-26)、『法華経』安楽行品、「入里乞食　将一比丘　若無比丘　一心念仏」(T9, 37c7-8)を参照。
(6)路径——道の意。
(7)労妨——骨折り・妨げの意。
(8)僧中如法結浄食——浄地と決定された場所に食物を保管すると、その食べ物は僧団に所属しないので、僧が食べても許される。「結浄」は、その浄地を定めること。

とを得可し。下士なり。

若し観心に就きて食を明かさば、『大経』に云わく、「汝等比丘よ、乞食を行ずと雖も、未だ曾て大乗の法食を得ず」[1]と。法食とは、如来の法喜・禅悦なり。此の法喜は、即ち是れ平等大慧なり。一切の法を観ずるに、障礙（しょうげ）有ること無し。『浄名』に云わく、「食に於いて等しき者は、法に於いても亦た等し。法に於いて等しき者は、食に於いても亦た等し」[2]と。煩悩を薪と為し、智慧を火と為す。是の因縁を以て涅槃の食を成じ、諸の弟子をして悉ごとく皆な甘嗜（かんし）[3]せしむ。42b 此の食は法身を資け、智慧の命を増す。乳糜（ちちがゆ）を食すれば、更に須うる所無きが如し。即ち真の解脱なり。

真の解脱とは、即ち是れ如来なり。此の法喜・禅悦を用て、一切法に歴るに、一味ならざること無く、一色一香も中道に非ざること無し。中道の法は、一切法を具す。即ち是れ飽の義にして、須うる所無きの義なり。彼の深山の上士は、一草・一果もて身を資くるに即ち足るが如し。頭陀の乞食とは、行人は事に即して而も中にして、実相の慧を修すること能わざれば、当に次第の三観もて心を調えて中道に入るべし。次第の観の故に、名づけて乞食と為し、亦た中道を見るは、又た飽の義と名づく。即ち中士なり。檀越の食を送るとは、若し人は事に即して通達すること能わず、又た法に歴て観を作すこと能わずば、自ら食の義無し。応に須らく善知識の能く般若を説く者、善く為めに分別するに随うべし。聞に随いて解を得て、中道を見る。是の人の根は鈍にして、聞に従いて解を生ずるを、名づけて食を得と為す。人は上の両事の如くすること能わずば、他の食を送ることを聴す(ゆる)が如し。又た、僧の中の結浄食は、即ち是れ禅定の支林[4]の功徳を証得し、定に藉(か)りて悟りを得るを、僧の中の食と名づく。是の故に行者は常に当に念を大乗の法食に存し、余味を念ぜざるべきなり。

摩訶止観巻第四上

(1)大経云汝等比丘雖行乞食而未曾得大乗法食——本書四三九ページ注1を参照。
(2)浄名云於食等者於法亦等於法等者於食亦等——『維摩経』巻上、弟子品、「唯、須菩提、若能於食等者、諸法亦等、諸法等者、於食亦等」(T14, 540b21-22)を参照。
(3)甘嗜——味わうこと。
(4)支林——禅定を構成する覚・観・喜・楽・一心(初禅の五支)などの心作用の要素を、樹木が多数並び立つ林にたとえたもの。

摩訶止観 巻第四下

隋の天台智者大師説く
門人の灌頂記す

5.6.2.1.3. 静処に閑居す

第三に静処に閑居すとは、衣食を具すと雖も、住処は云何ん。随自意の若きは、処に触れて安んず可きも、三種の三昧は[1]、必ず好き処を須う。好き処に三有り。一に深山遠谷、二に頭陀抖擻、三に蘭若・伽藍なり[2]。

深山遠谷の若きは、途路は艱険にして[3]、永く人の蹤を絶す。誰か相い悩乱せん。意を恣にして禅観し、念念に道に在り、毀誉は起こらず。是の処は最も勝る。二に頭陀抖擻は、極めて近きも三里、交往すること[4]亦た疎く、煩悩を覚策す[5]。是の処を次と為す。三に蘭若・伽藍は、閑静の寺なり。独り一房に処して、事物に干らず、門を閉じて静坐し、正しく諦らかに思惟す。是の処を下と為す。

42c

若し三処を離れば、余は則ち不可なり。白衣[6]の斎邑[7]、此れは過を招き恥を来す。市の辺の鬧(さわ)がしき寺は、復た宜しき所に非ず。身を安んじ道に入るには、必ず須らく選択すべし。慎みて卒爾(そつに)にすること勿れ。若し好き処を得ば、数(しば)しば移ることを須いず、云云。

観心の処とは、諦理是れなり。中道の法は、幽遠(ゆうおん)[8]深邃(じんすい)[9]なり。七種の方便は、跡を絶ちて到らず。之れを名づけて深と為す。高広にして動ぜず。之れを名づけて山と為す。二辺を遠離す。之れを称して静と為す。生ぜず起こらず。之れを称して閑と為す。『大品』に云わく、「若し千

(1)三種三昧――常行三昧・常坐三昧・半行半坐三昧を指す。
(2)蘭若伽藍――「蘭若」は、阿蘭若の略語。本書四四一ページ注5を参照。「伽藍」は、saṅgha-ārāma の音写語、僧伽藍の略語。僧院のこと。
(3)途路艱険――道が険しいこと。
(4)交往――交流往来すること。
(5)覚策――導きむち打つこと。
(6)白衣――在家信者のこと。
(7)斎邑――食堂や村のこと。
(8)幽遠――深遠な様子。
(9)深邃――奥深い様子。

由旬の外にして声聞心を起こさば、此の人は、身は遠離すと雖も、心は遠離せず。憒閙（けにょう）を以て不憒閙と為すは、遠離に非ざるなり。城の傍らに住すと雖も、二乗の心を起こさざるは、是れ遠離と名づく」[1]と。即ち上品の処なり。頭陀の処とは、即ち是れ出仮の観なり。此の観は空と相い隣る。蘭若と聚落と並ぶが如し。出仮の観は、心を俗諦に安んじて、薬と病を分別し、無知を抖擻し、道種智を浄む。此れは次の処なり。閑（しず）けき寺の一房とは、即ち従仮入空（じゅげにっくう）の観なり。寺は本と衆閙（しゅにょう）[2]の居処（こしょ）なれども、能く一室に安静（あんじょう）す。仮は是れ囂塵（ごうじん）[3]なり。能く仮に即して而も空なり。当に知るべし、真諦も亦た是れ処なり。三諦の理に安んずるは、是れ止観の処なり。実に影を山林に遁（のが）れ、隠密の室を房とするに不（あら）ず、云云。

5.6.2.1.1.4. 諸の縁務を息む

第四に諸の縁務を息む[4]とは。縁務は禅を妨ぐること由来甚だし。蘭若の比丘は、喧（かまびす）しきを去って静けさに就く。云何んが縁務を営造せん。蘭若の行を壊するは、応ずる所に非ざるなり。縁務に四有り。一に生活、二に人事、三に技能、四に学問なり。

一に生活の縁務とは、生方を経紀し[5]、途に触れて紛糾し、一を得て一を失い、道を喪（うしな）い心を乱す。若し勤めて衆事を営（いとな）まば、則ち随自意の摂（しょう）なり。今の論ずる所に非ず。

二に人事とは、慶弔、俯仰(ふぎょう)[6]、低昂(ていこう)[7]、造聘(ぞうへい)[8]、此(ここ)より往き、彼(かしこ)より来たり、来往すること絶え

(1)大品云若千由旬外起声聞心者此人身雖遠離心不遠離以憒鬧為不憒鬧非遠離也雖住城傍不起二乗心是名遠離——『大品般若経』巻第十八、夢誓品、「須菩提、若悪魔所説遠離法、空閑山沢曠遠之処。是菩薩心在憒鬧。所謂不遠離声聞・辟支仏心、不勤修般若波羅蜜。是菩薩摩訶薩不能具足一切種智。是菩薩行悪魔所説遠離法、心不清浄、而軽余菩薩城傍心浄、無声聞・辟支仏・憒鬧心、亦無諸余雑悪心、具足禅定・解脱智慧・神通者。是離般若波羅蜜無方便菩薩摩訶薩、雖在絶曠百由旬外、禽獣鬼神羅刹所住之処、若一歳百千万億歳、若過万億歳、不知是菩薩遠離法。所謂諸菩薩以是遠離法、深心発阿耨多羅三藐三菩提不雑行。是菩薩憒鬧行、而依受著是遠離、是人所行、仏所不許。須菩提、我所説実遠離法是。菩薩不在是中、亦不見是遠離相。何以故。但行是空遠離故」(T8, 353b2-17)を参照。

(2)衆鬧——騒がしさの意。

(3)囂塵——騒がしい世俗の意。

(4)縁務——自己と関係のある世俗の務め、あるいは六塵(色・声・香・味・触・法)に関わる雑務。

(5)経紀生方——生活の世話をすること。

(6)俯仰——上を仰いだり下を向いたりすること。

(7)低昂——屈伸すること。

(8)造聘——訪問・招聘すること。

ず。況んや復た衆人の交絡[1]して、擾攘[2]、追尋[3]せんをや。

夫れ親に違い師を離るるは、本と要道を求むればなり。更に三州を結び、還って五郡を敦くすれども[4]、意何くにか之かんと欲す。裳を倒にして領を索め、火を鑽りて氷を求むるは、応ずる所に非ざるなり。

三に技能とは、医方、卜筮、泥木、彩画、棊、書、呪術等是れなり。皮の文、美しき角、膏は煎られ、鐸は毀たれ、已に自ら身を害す。況んや出世の道を修せんをや。而も樹林は鳥を招き[5]、腐れる気は蝿を来すに当たる。豈に摧折[6]汚辱ならざらんや。

43a

四に学問とは、経論を読誦し、問答勝負する等是れなり。領持記憶すれば、心は労し志は倦む。言論は往復すれば、水は濁り珠は昏し[7]。何の暇あってか更に止観を修することを得ん。此の事すら尚お捨つ。況んや前の三務[8]をや、云云。

(1)交絡——交際すること。
(2)擾攘——慌て乱れること。
(3)追尋——追い求めること。
(4)更結三州還敦五郡——『輔行』巻第四之三、「孝伝云、三州人者、契為父子。長者為父、次為長子、次為幼弟。父令塡河以造宅。久塡不満、為父所責。二子発誓。若必孝誠、使塡河有徵。発是誓已、河為之満。又蕭広済孝子伝云、昔三人各一州、皆孤露惸独。三人暗会於一樹下相問。寧為断金之契。二人曰善。乃相約為父子。梁朝破、三人離。五郡者、釈名云、人所群聚曰郡。天子制地千里、分為百郡。蕭広済孝子伝云、昔五郡人。謂中山郡、常山郡恒州、魏郡魏州、鉅鹿郡刑州、趙郡趙州。此五人者、少去郷里、孤無父母。相随至衛国、結為兄弟。長字元重、次叔重、次仲重、次季重、次稚（底本の「雉」を、甲本によって改める）重。朝夕相事、財累三千。於空城中見一老母。兄弟議曰、拝此老母、以之為母。因拝曰願為母。母乃許焉。事之若親、経二十四年。母忽染患、口不能言。五子仰天而歎曰、如何孝誠無感。母忽染患、而不能言。若我有感、使母得語。応時能言、謂五子曰、我本是太原陽猛之女、嫁同郡張文堅。文堅身死。我有児名烏遺。七歳値乱遂亡所之。我子胸前有七星之文、右足下有黒子。語未竟而卒。五子送喪。会朝歌令晨出忘其記嚢、謂五子所竊。收三重禁二重。詣河内告枉、具書始末。河内太守乃是烏遺。因大哭曰、吾生不識父母、而母為他所養。馳使放三重。後奏五人為五県令」（T46, 265a14-b11）を参照。

（5）樹林招鳥――『遺教経』、「汝等比丘、若求寂静無為安楽、当離憒閙、独処閑居、静処之人帝釈諸天所共敬重。是故当捨己衆他衆、空閑独処思滅苦本。若楽衆者、則受衆悩。譬如大樹衆鳥集之、則有枯折之患。世間縛著没於衆苦。譬如老象溺泥不能自出。是名遠離」（T12, 1111c11-16）を参照。

（6）摧折――砕き折ること。

（7）水濁珠昏――『南本涅槃経』巻第二、哀歎品、「譬如春時、有諸人等在大池浴乗船遊戯、失琉璃宝没深水中。是時諸人悉共入水求覓是宝、競捉瓦石・草木・沙礫、各各自謂得琉璃珠、歓喜持出乃知非真。是時宝珠猶在水中、以珠力故、水皆澄清。於是大衆乃見宝珠故在水下、猶如仰観虚空月形。是時衆中有一智人、以方便力安徐入水、即便得珠」（同前、617c3-10）を参照。

（8）前三務――生活、人事、技能を指す。

観心の生活とは、愛は是れ業を養う法なり。水の種を潤すが如く、愛に因りて憂い有り、憂いに因りて畏れ有り。若し能く愛を断ぜば、生活の縁務を息むと名づくるなり。人事は是れ業なり。業は三界に生じ、五道を往来す。愛は業を潤すを以て、処処に生を受く。若し業無くば、愛に潤す所無く、諸業に力有りと雖も、作らざる者を逐わず、作らざるが故に、生死は則ち断ず。技術とは、未だ聖道を得ざれば、通を修することを得ず。虚妄の法は、般若を障う。般若は虚空の如く、戯論無く文字無し。若し般若を得ば、如意珠を得るが如し。但だ一心に修せよ。何ぞ遽かに怱怱として神通を用うるや。習学とは、未だ無生忍を得ずして、世智辯聡を修して、種種に分別す。皆な是れ瓦礫草木にして、真の宝珠に非ず。若し能く停住せば、水は則ち澄清み、下は瑠璃を観、安徐として宝を取らば[1]、能く世間の生滅の法相を知る。種種の行・類は、何物か知らざらん。一切種智を以て知り、仏眼を以て見る。大道を行ぜんと欲せば、応に彼の小径の中に従って学ぶべからざるなり。

5.6.2.1.1.5. 善知識に近づく

第五に善知識とは、是れ大因縁なり。謂う所は、化導して仏を見ることを得しむればなり。阿難は、「知識は、得道の半の因縁なり」と説き、仏は「応に爾るべからず。全因縁を具足す」と言う。[2] 知識に三種有り。一に外護、二に同行、三に教授なり。若し深山絶域にて、資待[3]する所無くば、外護を仮らず。若し三種の三昧[4]を修せば、応に勝縁[5]を仰ぐべし。夫れ外護とは、白黒[6]を簡ばず、但だ能く須うる所を営理[7]し、過ちを見ること莫く、触悩[8]すること莫く、称歎すること莫く、汎挙[9]して損壊を致すこと莫し。母の児を養うが如く、虎の子を銜むが如く、調和所を得。旧の行道の人は、乃ち能く為すのみ、是れ外護と名づく。

（1）若能停住水則澄清下観瑠璃安徐取宝――本書四四九ページ注7を参照。
（2）阿難説知識得道半因縁仏言不応爾具足全因縁――『付法蔵因縁伝』巻第六、「如昔阿難白仏言、世尊、善知識者、於得道利作半因縁。仏言、不也。善知識者、即是得道全分因縁」（T50, 322a23-25）を参照。
（3）資待――助けとなる必要なものの意。
（4）三種三昧――常行三昧・常坐三昧・半行半坐三昧を指す。
（5）勝縁――勝れた外護者の助けの意。
（6）白黒――「白」は在家者、「黒」は出家者をそれぞれ意味する。
（7）営理――管理すること。
（8）触悩――怒りを惹起すること。
（9）汎挙――ほめすぎること。『輔行』巻第四之三、「言帆挙者、如船得帆所進過常。藉小精進過実称揚、名為帆挙」（T46, 266c26-28）を参照。

二に同行とは、随自意、及び安楽行を行ずるに、未だ必ずしも伴を須いざれども、方等・般(はん)舟(じゅ)の行法は、決して好き伴を須う。更相(たが)いに策発(さくほつ)[1]して、眠らず散ぜず、日に其の新たなること有りて、切磋琢磨し、心を同じくし志を斉しくして、一船に乗るが如く[2]、互相(たが)いに敬重して、43b 世尊を視るが如くす。是れ同行と名づく。

三に教授とは、能く般若を説きて、道と非道を示し、内外の方便の通塞、妨障をば、皆な能く決了し、善巧(ぜんぎょう)に法を説きて、示教利喜[3]し、人の心を転破す[4]。諸の方便に於いて、自ら能く決了すれば、独り行ずることを得可し。妨難は未だ諳(そら)んぜざれば、宜しく捨つべからざるなり。『経』に言わく、「善師に随順して学ばば、恒沙の仏を見ることを得ん」[5]と。是れ教授と名づく。

観心の知識とは、『大品』に云わく、「仏・菩薩・羅漢は、是れ善知識なり。六波羅蜜・三十七品は、是れ善知識なり。法性・実際は是れ善知識なり[6]」と。若し仏・菩薩等の威光覆育[7]せば、即ち外護なり。六度・道品は、是れ入道の門なれば、即ち同行なり。法性・実際は、即ち是れ諦理、諸仏の師とする所にして、境は能く智を発すれば、即ち教授なり。

今、各おの三義を具す。一に仏の威神の覆護するが如きは、即ち是れ外護なり。二に諸仏・聖人も亦た瓔珞を脱ぎて、弊垢の衣を著(き)て、除糞の器を執(と)り[8]、光を和らげて物を利する[9]は、豈に同行に非ずや。三に諸仏・菩薩は一音もて法を演(の)べ、開発し化導して、各おの解することを

（1）策発――励まし啓発すること。

（2）如乗一船――『大智度論』巻第七十七、「是我真伴、倶到仏道、共乗一船」（T25, 604b22-23）を参照。

（3）示教利喜――示し教え利し喜ばせること。さまざまな経典に頻出するが、『法華経』嘱累品、「若有衆生不信受者、当於如来余深法中、示教利喜」（T9, 52c19-20）を参照。

（4）転破――くつがえし破ること。

（5）経言随順善師学得見恒沙仏――『法華経』法師品、「若親近法師　速得菩薩道　随順是師学　得見恒沙仏」（同前、32b14-15）を参照。

（6）大品云仏菩薩羅漢是善知識六波羅蜜三十七品是善知識法性実際是善知識――『大品般若経』巻第十八、夢誓品、「復次須菩提、菩薩摩訶薩深心欲得阿耨多羅三藐三菩提者、当親近恭敬供養善知識。須菩提白仏言、世尊、何等是菩薩摩訶薩善知識。仏告須菩提、諸仏是菩薩摩訶薩善知識、諸菩薩摩訶薩亦是菩薩善知識。須菩提、阿羅漢亦是菩薩善知識、是為菩薩摩訶薩善知識。復次須菩提、六波羅蜜亦是菩薩善知識、四念処乃至十八不共法亦是菩薩善知識。須菩提、如・実際・法性亦是菩薩善知識。須菩提、六波羅蜜是菩薩」（T8, 353c9-19）を参照。

（7）覆育――守り育てること。

（8）亦脱瓔珞著弊垢衣執除糞器――『法華経』信解品、「即脱瓔珞、細軟上服、厳飾之具、更著麁弊垢膩之衣、塵土坌身、右手執持除糞之器、状有所畏」（T9, 17a15-17）を参照。

（9）和光利物――「和光」は、もと『老子』に出る語で、鋭い英知の光を和らげること、つまり、衆生と同じ立場に立つこと。「利物」は、物＝衆生に利益を与えること。

得しむるは、即ち是れ教授なり。此れは即ち三義を具するなり。六道・道品も亦た三義を具す。助道を護助と名づく。助道の正道を発するは、即ち是れ外護なり。正と助と合するが故に、即ち是れ同行なり。此の正と助とに依りて、規矩を失わず、三解脱門[1]に通入するは、即ち是れ教授なり。法性にも亦た三義を具す。境は是れ師とする所にして、冥に熏じ密かに益するは、即ち是れ外護なり。境と智と相応するは、即ち是れ同行なり。未だ理を見ざる時は盲の如く、諦法の顕わるる時は目の如く、智の用に僻無し。『経』に言わく、「我が法を修する者は、証して乃ち自ら知る」[2]と。心に実行無ければ、何ぞ問いを用いんや。即ち教授なり。

此れは則ち三三合して九句、前に就いて十二句と為る。前の三と次の三は、是れ事の知識、余の六句は是れ理の知識なり。若し此れを将て三諦に約さば、入空観の時は、衆聖を外護と為し、即空の道品を同行と為し、真諦を教授と為し、亦た六事と六理を具す、云云。仮・中の両観も亦復た是の如し。三諦は合して三十六番有り。十八の事と十八の理なり。若し四悉檀[3]に歴らば、即ち衆多の知識の義有るなり。若し能く此の知識の法門を了さば、善財の法界に入る意は則ち解す可し。

43c

此れ等は同じく是れ知識なりと雖も、『華厳』に、「善知識魔、三昧魔、菩提心魔あり。魔は能く人をして善を捨て悪に従わしめ、又た能く人を化して二乗の地に堕せしむ」と云うに依る[4]。

若し然らば、羅漢の人は、但だ真諦を行ずるは、善知識に非ず。若し内秘外現[5]の声聞を取って知識と為さば、菩薩も亦た天・龍と作りて、引きて実相に入る。何ぞ独り羅漢のみならん。此の義は則ち通じ、知識に非ざること無し。今、魔と言うは、実の羅漢を取る。人をして化城に

（1）三解脱門――空三昧・無相三昧・無願三昧の三三昧のこと。

（2）経言修我法者証乃自知――経典の引用とされているが、出典未詳。『摩訶止観』以外にも、類似の例がある。『法華玄義』巻第八上、「故云、脩我法者、証乃自知、云云」（T33, 776c22-23）、『維摩経玄疏』巻第五、「故経云、修我法者、証乃自知心無実」（T38, 549a10-11）、『次第禅門』巻第五、「故経言、修我法者、証乃自知」（T46, 508a22-23）などを参照。

（3）善財入法界――『六十巻華厳経』巻第四十四～六十、入法界品において、善財童子が法界に入る物語を指す。

（4）依華厳云有善知識魔三昧魔菩提心魔魔能使人捨善従悪又能化人堕二乗地――『六十巻華厳経』巻第四十二、離世間品、「仏子、菩薩摩訶薩有十種魔。何等為十。所謂五陰魔、貪著五陰故。煩悩魔、煩悩染故。業魔、能障礙故。心魔、自憍慢故。死魔、離受生故。天魔、起憍慢放逸故。失善根魔、心不悔故。三昧魔、味著故。善知識魔、於彼生著心故。不知菩提正法魔、不能出生諸大願故。仏子、是為菩薩摩訶薩十種魔。応作方便、速遠離之」（T9, 663a6-13）を参照。

（5）内秘外現――『法華経』五百弟子受記品の「内秘菩薩行　外現是声聞」（同前、28a17）に基づく。内に菩薩行を隠して、外に声聞の姿を示すこと。富楼那についていったもの。

至らしむる者は、即ち真の善知識に非ずして、但だ是れ半字の知識なり。半の菩提道を行じて、半の煩悩を損す。奪[1]と与[2]は互いに明かさば、或いは知識、或いは魔なり。別教は若し意を得ずば、中道に会せず。亦た是れ知識魔なり。円教の三種は、方に是れ真の善知識なり。三昧と菩提心も、此れに例して解す可し、云云。

5.6.2.1.2. 五欲を呵す

5.6.2.1.2.1. 事の呵五欲

第二に五欲を呵すとは、謂わく、色、声、香、味、触なり。『十住毘婆沙』に云わく、「六情を禁ずるは、狗、鹿、魚、蛇、猨、鳥を繫ぐが如し。狗は聚落を楽い、鹿は山沢を楽い、魚は地沼を楽い、蛇は穴居を楽い、猿は深林を楽い、鳥は空に依ることを楽う。六根の六塵を楽うは、是れ凡夫の浅智弱志もて、能く降伏する所に非ず。唯だ智慧、堅心、正念有りて、乃ち能く降伏す」[3]と。総じて六根を喩うるなり。

今、私に之れに対するに、眼は色を貪り、色に質像有れば[4]、聚落の如く、眼は狗の如きなり。耳は声を貪り、声に質像無ければ、空沢の如く、耳は鹿の如きなり。鼻の香を貪るは、魚の如きなり。舌の味を引くは、蛇の如きなり。身の触に著するは、猨の如きなり。心の法を縁ずるは、鳥の如きなり。今、意を除きて、但だ五塵を明かすは、五塵は欲に非ざれども、其の中に味有りて、能く行人の須欲[5]する心を生ずるが故に、五欲と言うなり。譬えば陶師は、人客[6]延請[7]すれば、功を就すことを得ざるが如し。五欲も亦た爾り。常に能く牽きて、諸の魔境に入らしむ。前の縁を具すと雖も、心を摂することは立て難し。是の故に須らく呵すべし。

(1)奪——他説を批判すること。
(2)与——他説を許容すること。
(3)十住毘婆沙云禁六情如縶狗鹿魚蛇猨鳥狗楽聚落鹿楽山沢魚楽池沼蛇楽穴居猨楽深林鳥楽依空六根楽六塵非是凡夫浅智弱志所能降伏唯有智慧堅心正念乃能降伏——『十住毘婆沙論』巻第八、入寺品、「何時当得於世八法心無憂喜。何時当得関閉六情如縶狗鹿魚蛇猴鳥。狗楽聚落、鹿楽山沢、魚楽池沼、蛇好穴処、猴楽深林、鳥依虚空。眼耳鼻舌身意常楽色声香味触法。非是凡夫浅智弱志所能降伏。唯有智慧堅心正念、乃能摧伏六情寇賊、不令為患自在無畏」(T26, 62c8-14)を参照。
(4)質像——具体的な姿形の意。
(5)須欲——用い願うこと。
(6)人客——お客の意。
(7)延請——招待すること。

色欲とは、所謂る赤白、長短、明眸[1]、善睞[2]、素頸[3]、翠眉[4]、皓歯[5]、丹脣[6]、乃至、依報[7]の紅・黄・朱・紫の諸の珍宝の物なり。人の心を惑動すること、『禅門』の中に説く所の如し[8]。色害は尤も深く、人をして狂酔せしむ。生死の根本は、良に此れに由るなり。難陀の如きは、欲の為めに戒を持ち、羅漢を得と雖も、習気は尚お多し[9]。況んや復た縛を具うる者をや。国王は耽荒[10]して度無く、宗廟[11]・社禝[12]の重きを顧みざれば、欲楽の為めの故に、身は怨国に入らん。此の間の上代[13]、国を亡ぼし家を破するは、多く欲従り起こる。赫赫たる宗周[14]を、褒姒[15]之れを滅ぼすは、即ち其の事なり。『経』に云わく、「衆生は財色に貪狼[16]して、之れに坐りて道を得ず[17]」と。『観経』[18]に云わく、「色使に使われて、恩愛の奴と為り、自在なることを得ず[19]」と。若し能く色の過患を知らば、則ち欺く所と為らず。是の如く呵し已れば、色欲は即ち息み、縁想[20]は生ぜず、

(1)明眸――明らかなひとみの意。
(2)善睞――美しい目で斜めに見ること。
(3)素頸――白い首の意。
(4)翠眉――緑の眉の意。
(5)皓歯――白い歯の意。
(6)丹脣――赤い唇の意。

(7)依報――主体である衆生を正報といい、正報の住する環境世界を依報という。いずれも過去の業の報いとして成立したものなので、報という。

(8)如禅門中所説――『次第禅門』巻第二(T46, 487b-c)を参照。

(9)如難陀為欲持戒雖得羅漢習気尚多――『雑宝蔵経』巻第八、「仏弟難陀為仏所逼出家得道縁」(T4, 485c-486c)を参照。

(10)耽荒――酒色などに溺れ乱れること。

(11)宗廟――祖先の位牌を祭るみたまやの意。

(12)社禝――「社」は土地の神、「禝」は五穀の神のこと。転じて、国家の意となる。

(13)上代――古代の意。

(14)宗周――周王朝を指す。

(15)褒姒――幽王の后のこと。

(16)貪狼――貪欲な狼のように貪ること。

(17)経云衆生貪狼於財色坐之不得道――『無量寿経』巻下、「迷没於瞋怒、貪狼於財色。坐之不得道」(T12, 275a15-16)を参照。

(18)色使――好色という煩悩の意。

(19)観経云色使所使為恩愛奴不得自在――『観普賢菩薩行法経』、「以著色故、貪愛諸塵。以愛塵故、受女人身、世世生処惑著諸色。色壊汝眼、為恩愛奴。色使使汝経歴三界、為此弊使、盲無所見」(T9, 391c3-6)を参照。

(20)縁想――外の物を対象とする想念の意。

心を専らにして定に入る。

声欲とは、即ち是れ嬌媚[1]、妖詞[2]、婬声[3]、染語[4]、絲竹絃管[5]、環釧鈴珮[6]等の声なり。

香欲とは、即ち是れ欝茀[7]、氛氳[8]、蘭馨[9]、麝気[10]、芬芳[11]、酷烈[12]、郁䭦[13]の物、及び男女の身分[14]等の香なり。

味欲とは、即ち是れ酒肉、珍肴、肥腴[15]、津膩[16]、甘甜[17]、酸辣[18]、酥油[19]、鮮血等なり。

触欲とは、即ち是れ冷暖、細滑[20]、軽重、強軟、名衣、上服、男女の身分等なり。

此の五の過患は、色は熱せる金丸の之れを執らば則ち焼かるるが如く、声は毒を塗れる鼓の之れを聞かば必ず死するが如く、香は憋龍[21]の気の之れを嗅がば則ち病むが如く、味は沸きたる蜜湯に舌は則ち爛るるが如く、蜜を塗れる刀の之れを舐ぶらば則ち傷つくが如く、触は臥したる師子の之れに近づかば則ち齧まるるが如し。此の五欲は、之れを得れば厭くことなく、悪心は転た熾んにして、火に薪を益すが如く、世世に害を為すこと怨賊より劇し。劫を累ねて已

(1) 嬌媚――魅惑的な声の意。
(2) 妖詞――妖艶な言葉の意。
(3) 婬声――淫らな声の意。

(4) 染語――欲望に染まった言葉の意。
(5) 絲竹絃管――弦楽器や管楽器の意。
(6) 環釧鈴珮――腕輪や鈴の帯び玉の意。
(7) 欝茀――茂った草の意。
(8) 氛氳――濃厚な香気の意。
(9) 蘭馨――蘭の香の意。
(10) 麝気――麝香鹿の香気の意。
(11) 芬芳――こうばしい香気の意。
(12) 酷烈――盛んな香の意。
(13) 郁毓――柔和で美しい香の意。
(14) 身分――身体の部分の意。
(15) 肥腴――腹の下の肉の意。
(16) 津膩――脂肪の粘液の意。
(17) 甘甜――甘い物の意。
(18) 酸辣――酸っぱく辛い物の意。
(19) 酥油――牛や羊の乳から作った飲料の脂肪を指す。
(20) 細滑――きめ細かく滑らかなこと。
(21) 憋龍――凶悪な龍の意。

来、常に相い劫奪し[1]、色心を摧折す。今方に禅寂するに、復た相い悩乱するも、深く其の過を知れば、貪染は休息す。事相は、具さには『禅門』の中の如し、云云。上代の名僧の詩に云わく、「之れを遠ざくれば士と為り易く、之れを近づくれば情を為め難し[2]。香味は高志を頽し、声色は軀齢[3]を喪う[4]」と。

5.6.2.1.2.2. 理の呵五欲

観心の呵五欲とは、色欲の中に、滋味は無量なるが如し。謂わく、常・無常、我・無我、浄・不浄、苦・楽、空・有、世・第一義は、皆な是れ滋味なり。故に『大論』に云わく、「色の中に味相無ければ、凡夫は応に著すべからず[5]」と。若し色は是れ常なりと謂わば、是の見は色に依る。若し色は無常、亦常亦無常、非常非無常なりといわば、是の見は皆な色に依る。乃至、非如去・非不如去、非辺・非無辺等、是の見は皆な色に依る[6]。悉ごとく是れ諍競にして、執して是れ実なりと謂いて戯論す。智慧の眼を破して、互相いに是非し、色の為めに業を造る。適かに有り[7]、此れ有るは、即ち生死有り。是の如く観ぜば、欲を増長し、是れ欲を呵するに非ざるなり。

44b

今、色を観ずるに、有・無等の六十二見は、皆な無明に依る。無明は無常にして、生滅して

住せず、速やかに朽つるの法は、念念に磨滅し、我無く主無く、寂滅の涅槃なり。無明は既に

（1）劫奪――略奪すること。

（2）難為情――面目ない、恥ずかしいの意。

（3）軀齢――身体と年齢の意。

（4）上代名僧詩云遠之易為士近之難為情香味頽高志声色喪軀齢――出典未詳。

（5）大論云色中無味相凡夫不応著――『大智度論』巻第二十一、「経中亦有是説、若色中無味相、衆生不応著色。以色中有味故、衆生起著。若色無過罪、衆生亦無厭色者。以色実有過悪故、観色則厭。若色中無出相、衆生亦不能於色得脱。以色有出相故、衆生於色得解脱。味是浄相因縁故、以是故、菩薩不於不浄中没、早取涅槃」（T25, 218c11-17）を参照。

（6）若謂色是常是見依色若色無常亦常亦無常非常非無常是見皆依色乃至非如去非不如去非辺非無辺等是見皆依於色――『小品般若経』巻第五、小如品、「所謂我及世間常、是見依色、依受想行識。我及世間無常、常無常、非常非無常、是見依色、依受想行識。世間有辺、世間無辺、有辺無辺、非有辺非無辺、是見依色、依受想行識。死後如去、死後不如去、死後如去不如去、死後非如去非不如去、是見依色、依受想行識」（T8, 558a29-b6）を参照。

（7）適有此有――「わずかに［欲境に趣くことが］あり、これ（欲業が成就すること）があれば」と解釈する。『輔行』巻第四之四には、「適有此有等者、纔趣欲境、名為適有。欲業已成、名為此有」（T46, 274a29-b1）を参照（この注釈ではなく、後の箇所に出る同句［同前、46c16-17］に対する注釈）。

爾れば、無明従り生ずる、若しは有、若しは無等も、悉皆ごとく無常にして、寂滅の涅槃なり。既に[1]主・我無ければ、誰れか実、誰れか虚ならん。終に色に於いて生死の業を起こさずば、業は謝し果は亡ず。是れ色を呵して空に入りて解脱を得と為す。色を呵すること既に爾れば、余の四も亦た然り。是れ三蔵の析法もて五欲を呵すと名づくるなり。『中論』に此れを指して、「善くは戯論を滅せず」と云う。[2]

若し摩訶衍に色欲を呵せば、諸見は皆な無明に依るも、無明は即ち空なれば、諸見も亦た即ち空なりと体知す。故に『金剛般若』に云わく、「須陀洹は名づけて入流と為すも、実には入流ならず。色・声・香・味・触に入らざるが故なり」[3]と。所以は何ん。若し色の析す可きもの有らば、色に入ると名づく可し。色は即ち是れ空なれば、色の入る可きもの無し。故に不入と名づく。既に流の入る可き無ければ、即ち業・果無し。是れ「善く戯論を滅す」[4]と名づく。色を呵すること既に爾れば、余の四も亦た然り。

復た次に、色は即ち空なるを呵すとは、但だ色空に入るのみならば、種種の色相を分別すること能わず。云何んが能く一切の衆生を度せん。衆生は色に於いて種種の計を起こす。即ち是れ種種の集は[5]、種種の苦を招く。苦・集の病多ければ、道・滅の薬も亦復た無量なり。若し他を化せんと欲せば、豈に空を証して観察せざる可けんや。是の故に空は空に非ずと知りて、空従り仮に入り、恒沙の仏法に、悉ごとく通達せしむ。若し此の如くならずば、猶お色空を受入すと名づく。今深く色空を呵し、受入せず、広く色を分別す。復た分別すと雖も、但だ名字のみ有り、名字は即ち空なるが故に、称して仮と為す。色を呵することは既に爾れば、余の四も亦た然り。

又た、色の二辺を呵す。『大品』に云うが如し、「色の中には味相無くば、凡夫は応に著すべからず。色の中に離相無くば、二乗は応に離るべからず[6]」と。色の無明、有・無等の見を破す

(1)謝――去ること、しりぞくこと。
(2)中論指此云不善滅戯論也――『中論』巻第一、観因縁品、「能説是因縁　善滅諸戯論」(T30, 1b16)、同、巻第四、観涅槃品、「諸法不可得　滅一切戯論」(同前、36b2)を参照。
(3)金剛般若云須陀洹者名為入流実不入流不入色声香味触故――『金剛般若経』、「須菩提、於意云何。須陀洹能作是念、我得須陀洹果不。須菩提言、不也。世尊、何以故。須陀洹名為入流、而無所入。不入色声香味触法、是名須陀洹」(T8, 749b26-29)を参照。
(4)善滅戯論――本ページ注2を参照。
(5)集――苦の原因である煩悩の意。
(6)如大品云色中無味相凡夫不応著色中無離相二乗不応離――本書四六三ページ注5を参照。

は、是れ其の味を呵し、其の沈空[1]を破するは、是れ其の離を呵す。若し定んで味有らば、応に離有るべからず。若し定んで離有らば、応に味有るべからず。味は定まらざるが故に味に非ず、離は定まらざるが故に離に非ず、二辺に著せざれば、即ち是れ味に非ず、離に非ず、色の中道実相を顕わす。故に『釈論』に云わく、「二乗は禅の為めの故に、色の事を呵せば、波羅蜜と名づけず。菩薩は色を呵し、即ち色の実相を見る。色の実相を見るは、即ち是れ禅の実相を見るが故に、波羅蜜と名づけ、色の彼岸に到る[2]」と。色の彼岸に到るは、即ち是れ色の中道を見る。色を分別すとは、即ち是れ色の俗を見、色に即して空なりとは、是れ色の真を見る。是の如く色を呵するは、色の源底を尽くし、三諦の三昧[3]を成じ、三種の智慧[4]を発す。深く色を呵するを、止観の方便と為す。其の意は此に在り。色を呵することは既に然れば、余の四も亦た爾り。

44c

5.6.2.1.3. 五蓋を棄つ

5.6.2.1.3.1. 五蓋の病相を明かす

第三に五蓋(ごがい)を棄つとは。所謂る貪欲・瞋恚・睡眠(すいめん)[5]・掉悔(じょうげ)[6]・疑なり。通じて蓋と称すとは、蓋覆纒綿(がいふくてんめん)[7]して、心神は昏闇(こんあん)にして、定・慧は発せざるが故に、名づけて蓋と為す。前に五欲を呵すとは、乃ち是れ五根は現在の五塵に対して五識を発す。今、五蓋を棄つるは、即ち是れ五

識は転じて意地に入り、追って過去を縁じ、逆(あらかじ)め未来の五塵等の法を慮(おもんぱか)り、心内の大障と為

(1)沈空——虚無空見に陥ること。

(2)釈論云二乗為禅故呵色事不名波羅蜜菩薩呵色即見色実相見色実相即是見禅実相故名波羅蜜到色彼岸——『大智度論』巻第十七、「復次菩薩知諸法実相故、入禅中心安隠、不著味。諸余外道雖入禅定、心不安隠、不知諸法実故、著禅味。問曰、阿羅漢・辟支仏俱不著味、何以不得禅波羅蜜。答曰、阿羅漢・辟支仏雖不著味、無大悲心故、不名禅波羅蜜、又復不能尽行諸禅。菩薩尽行諸禅、麁細・大小・深浅・内縁・外縁、一切尽行。以是故、菩薩心中名禅波羅蜜、余人但名禅。復次外道・声聞・菩薩皆得禅定。而外道禅中有三種患。或味著、或邪見、或憍慢。声聞禅中慈悲薄、於諸法中、不以利智貫達諸法実相、独善其身、断諸仏種。菩薩禅中無此事、欲集一切諸仏法故、於諸禅中不忘衆生、乃至昆虫常加慈念」(T25, 188a11-25)を参照。

(3)三諦三昧——真諦三昧・俗諦三昧・中道王三昧のこと。『仁王般若波羅蜜経』巻下、受持品、「世諦三昧・真諦三昧・第一義諦三昧、此三諦三昧」(T8, 833b7-8)、『法華玄義』巻第四下、「又一心五行、即是三諦三昧。聖行即真諦三昧、梵・嬰・病即俗諦三昧。天行即中道王三昧」(T33, 725c9-11)などを参照。

(4)三種智慧——一切智・道種智・一切種智を指す。

(5)睡眠——心をくらます心作用の意。

(6)掉悔——掉挙=心の軽躁と追悔(悪作)=後悔すること。

(7)蓋覆纏綿——覆い隠しまつわりつくこと。

る。喩えば陶師は身の中に疾有らば、執作すること能わざるが如し。蓋も亦た是の如し。妨げを為すこと既に深ければ、之れに加うるに棄を以てす。毒樹を翦るが如く、偸賊[1]を検するが如く、留む可からざるなり。『大品』に云わく、「欲、及び悪法を離る[2]」と。「欲を離る」とは、五欲なり。前に呵する所の如し。「悪法」とは、五蓋なり。宜しく須らく急に棄つべし。

　此の五蓋とは、其の相は云何ん。貪欲の蓋は起こらば、昔時に更る[3]所の五欲を追念し、浄潔の色を念ずるに眼と対を作し、愛す可き声を憶うに髣髴として耳に在り、意を悦ばしむる香を思うに結使[4]の門を開き、美味を想うに甘液は口に流れ、諸の触を受けしことを憶うに毛は竪ちて戦動[5]す。此の如き等の麁弊[6]の五欲を貪り、思想計校して、心に酔惑を生じ、正念を忘失す。或いは密かに方便を作して、更に之れを得んことを望む。若し未だ曾て得ずば、亦復た推尋し、或いは当に求覓すべし。心は塵境に入りて、念を間つること有ること無し。麁覚は禅を蓋わば、禅は何に由りてか獲ん。是れ貪欲の蓋の相と名づく。

　瞋恚の蓋とは、是の人の我れを悩まし、我が親しきを悩まし、我が怨みを称歎するを追想し、三世の九悩[7]あり、怨対[8]し結恨[9]して、心は熱し気は麁にして、忿怒は相続し、百計[10]もて伺候[11]し、相い中害し、彼を危うくして身を安んぜんと欲し、其の毒忿を恣にして、暢情[12]を快と為す。此の如き瞋の火は、諸の功徳を焼く。禅定の支林は、豈に生長することを得んや。此れは即ち瞋恚の蓋の相なり。

(1)偸賊――盗賊の意。
(2)大品云離欲及悪法――『大智度論』巻第十七、「如禅経禅義偈中説。離欲及悪法　有覚并有観　離生得喜楽　是人入初禅」(T25, 185c1-3)を参照。
(3)更――経験すること。
(4)結使――煩悩の意。
(5)戦動――震えること。
(6)麁弊――粗雑で劣った様子。
(7)三世九悩――私を悩ますこと、私の親しい人を悩ますこと、私の敵をほめたたえることの三悩が三世それぞれにあるので九つの悩ますこととなる。
(8)怨対――怨みの報いの意。
(9)結恨――恨みの気持ちを持つこと。
(10)百計――あらゆる方法の意。
(11)伺候――敵を偵察すること。
(12)暢情――思いを表現すること。

45a

睡眠の蓋とは、心神の昏昏たるを睡と為し、六識は闇塞[12]し、四支[2]は倚放[3]するを眠と為す。眠を心数[4]を増す法と名づく。烏は闇にして沈塞[5]し、密かに来たって人を覆うに、防衛す可きこと難し。五情[6]は識ること無ければ、猶お死人の如し。但だ片息[7]を余すを、名づけて小死と為す。若し眠を喜ばば、眠は則ち滋ます多し。『薩遮経』に云わく、「若し人は睡眠多くば、懈怠して得ること有るを妨ぐ。未だ得ざる者は得ず、已に得たる者は退失す。若し勝道を得んと欲せば、睡・疑・放逸を除く。精進して諸念を策たば、悪を離れ功徳は集まる」[8]と。『釈論』に云わく、「眠を大闇と為し、見る所無し。日日に欺誑して、人の明[9]を奪う。亦た陣の白刃の間に臨むが如く、毒蛇と共に室を同じくして居するが如く、人の縛せられ、将い去りて殺さるるが如し。爾の時、云何んが安んじて眠る可けんや」[10]と。眠の禅を妨ぐること、其の過ちは最も重し。是れ睡眠蓋の相と為す。

掉悔とは、若し覚・観は偏えに起こらば、前の蓋に属して摂す。今、覚・観は等しく起こりて遍く諸法を縁じ、乍ち貪欲を縁じ、又た瞋恚、及び邪癡を想い、炎炎[11]として停まらず、卓卓[12]として住すること無く、乍ち起こり乍ち伏して、種種紛紜にして、身は趣無くして遊行し、口は益無くして談笑す。是れ名づけて掉と為す。掉にして悔無くば、則ち蓋を成ぜざるも、其の掉を以ての故に、心地に思惟し、謹慎は節ならず。云何んが乃ち無益の事を作さん。実に恥

(1)闇塞――暗く塞がること。
(2)四支――両手両足を指す。
(3)倚放――もたれ、だらっとすること。
(4)心数――心作用の意。
(5)沈塞――ひっそりと隠れること。
(6)五情――眼・耳・鼻・舌・身の五根の欲情の意。
(7)片息――かすかな呼吸の意。
(8)薩遮経云若人多睡眠懈怠妨有得未得者不得已得者退失若欲得勝道除睡疑放逸精進策諸念離悪功徳集――『大薩遮尼乾子所説経』巻第五、問罪過品、「若人多睡眠　懈怠妨有得　未得者不得　已得者退失　若欲得勝道　除睡疑放逸　精進策諸念　離悪功徳集」(T9, 340a22-25)を参照。
(9)明――視力の意。
(10)釈論云眠為大闇無所見日日欺誑奪人明亦如臨陣白刃間如共毒蛇同室居如人被縛将去殺爾時云何安可眠――『大智度論』巻第十七、「如一菩薩以　偈呵眠睡弟子言、汝起勿抱臭身臥　種種不浄仮名人　如得重病箭入体　諸苦痛集安可眠　一切世間死火焼　汝当求出安可眠　如人被縛将去殺　災害垂至安可眠　結賊不滅害未除　如共毒蛇同室宿　亦如臨陣白刃間　爾時安可而睡眠　眠為大闇無所見　日日侵誑奪人明　以眠覆心無所識　如是大失安可眠」(T25, 184b24-c4)を参照。
(11)炎炎――火が盛んに燃える様子。
(12)卓卓――高く抜きん出る様子。

ず可しと為す。心中に憂悔し、懊結して心に繞らば、則ち悔蓋を成ず。禅定は蓋覆して、開発することを得ず。若し人は懺悔して往を改むるに、自ら其の心を責めて、憂悔を生ず。若し禅定に入らば、過ちを知るのみにして、応に想著すべからず。但だ故きを悔いて、免脱を得るのみに非ず、当に禅定の清浄の法を修すべし。那んぞ悔いを将て心に縈り、大事を妨ぐることを得ん。故に、「悔い已って復た憂うること莫れ。応に常に念著すべからず。応に作すべからざるを而も作し、応に作すべきを而も作さず」と云う[1]は、即ち是れ此の意なり。是れ掉悔の蓋の相と名づくるなり。

疑の蓋とは、此れは見諦にして、理を障うる疑に非ず、乃ち是れ定を障うる疑なり。疑に三種有り。一に自を疑い、二に師を疑い、三に法を疑う。一に自を疑うとは、謂わく、我が身は底下にして、必ず道の器に非ずと。是の故に身を疑う。二に師を疑うとは、此の人は、身・口、我が懐に称わず。何ぞ必ず能く深き禅、好き慧有らん。師として之れに事うるは、将た我れを悞らざらんや。三に法を疑うとは、受くる所の法は、何ぞ必ず理に中らん。三の疑は猶予して、常に懐抱[2]に在らば、禅定は発せず。設い発するも、永く失う。此れは是れ疑の蓋の相なり。

5.6.2.1.3.2.　五蓋を棄つるを明かす

5.6.2.1.3.2.1.　事の棄五蓋を明かす

45b

五蓋の病相は是の如し。棄法は云何ん。行者は、当に自ら今、我が心中に何の病か偏えに多きと省察すべし。若し病を知らば、応に先に之れを治すべし。

若し貪欲の蓋は重くば、当に不浄観を用て之れを棄つべし。何を以ての故に。向に五欲を謂って浄と為し、愛著し纏綿すればなり。今、不浄と観ずるに、膿嚢・涕唾は、一として欣ぶ可き無く、厭悪の心は生ぜば、怨に逐わるるが如し。何ぞ智有る者は、当に是れを楽うべけんや。故に知んぬ、此の観は貪を治するの薬なるを。此の蓋は若し去らば、心は即ち安きことを得ん。

若し瞋恚の蓋は多くば、当に慈心を念じて、恚の火を滅除すべし。此の火は能く二世[3]の功徳

（1）云悔已莫復憂不応常念著不応作而作応作而不作――『大智度論』巻第十七、「不応作而作　応作而不作　悔悩火所焼　後世堕悪道　若人罪能悔　已悔則放捨　如是心安楽　不応常念著　若有二種悔　不作若已作　以是悔著心是則愚人相　不以心悔故　不作而能作　諸悪事已作　不能令不作」（T25, 184c13-20）を参照。

（2）懐抱――心の意。

（3）二世――過去世と現世を指す。

を焼き、人は見ることを喜ばず、毒害は残暴にして、禽獣と異なること無し。生死の怨対、劫を累ぬるにも息まず。即ち世の微恨は、後には大怨と成る。今、慈心を修して、此の悪を棄捨し、一切の人を観ずるに、父母の親しき想いのごとくして、悉ごとく楽を得しむ。若し楽を得ずば、我れは当に勤心して安楽を得しむべし。云何んが彼に於いて怨対を生ぜん。是の観を作す時、瞋心は即ち息み、心を安んじて禅に入る。

若し睡蓋は多くば、当に勤めて精進し、身心を策励すべし。意を加えて防擬[1]し、法相を思惟し、善悪の法を分別選択して、睡蓋をして入ることを得しむること勿れ。又た、当に善悪の心を選択して、法喜を生ぜしむべし。心は既に明浄なれば、睡蓋は自ら除く。睡眠の因縁を以て、二世の楽を失うこと莫れ。徒らに生まれ、徒らに死して、一の獲可き無きは、宝の山に入り、手を空しくして帰るが如し[2]。深く傷歎す可し。当に好く心を制し、善巧に防御すべきなり。杖、毱、貝、申脚、起星、水洗[3]せよ。

若し掉散[4]ならば、応に数息を用うべし。何を以ての故に。此の蓋は甚だ利にして、来る時覚えず、久しきに于いて始めて知る。今、数息を用うるに、若しは数は成らず、或いは時に中ごろ忘るれば、即ち已に去ると知りて、覚り已って更に数えよ。数の相は成就せば、則ち覚・観は伏せらる。若し之れを治せずば、身を終うるまで蓋わる。

若し三疑は懐（こころ）に在らば、当に是の念を作すべし。我が身は即ち是れ大いに富める盲見なり。無上法身の財宝を具足すれども、煩悩に翳われて、道眼は未だ開けず、要（かなら）ず当に修治して、終に放捨せざるべし。又た、無量劫の習因は、何ぞ定まらん。豈に自ら疑いて時を失い利を失う可けん。人身は得難く、怖るる心は起こり難し。疑惑を以て自ら毀傷（きしょう）すること莫れ。

若し師を疑わば、我れは今、智無し。上聖大人（じょうしょうだいにん）[5]は、皆な其の法を求めて、其の人を取らず。

（1）防擬——防備すること。

（2）如入宝山空手而帰——『大智度論』巻第一、「無信如無手。無手人入宝山中、則不能有所取。無信亦如是。入仏法宝山、都無所得」（T25, 63a10-12）を参照。

（3）杖毱貝申脚起星水洗——杖で打ったり、体を支えたりすること、毱を頭上に置くこと、貝を吹くこと、脚を伸ばすこと、起ち上がって星を見ること、水で顔を洗うこと。

（4）掉散——『大智度論』巻第十七、「掉悔蓋者、掉之為法、破出家心。如人摂心、猶不能住、何況掉散。掉散之人、如無鉤酔象、缺（底本の「決」を、宋本、宮本によって改める）鼻駱駝、不可禁制」（同前、184c5-8）を参照。

（5）上聖大人——最高の聖人である偉大な人物を指す。

雪山は鬼に従って偈を請い、[1]天帝は畜を拝して師と為せり。[2]『大論』に云わく、「嚢の臭きを以て、其の金を棄てざれ。慢は、高山に雨水停まらざるが如く、卑は、江海は万川の帰集するが如し。我れは法を以ての故に、復た応に彼を敬うべし」と。[3]『普超経』に、「人人は相い見て、相い相を平すること莫れ。智は如来の如くして、乃ち能く人を平す。身子の云わく、『我れは今従り去って、〈敢えて復た是の人は生死に入らん、是の人は涅槃に入らん〉と言わず』」と云うは、[4]即ち此の意なり。常に恭敬を三世の如来に起こせ。師は即ち未来の諸仏なり。云何んが疑いを生ぜんや。

45c

若し法を疑わば、我れは法眼未だ開けず、未だ是非を別かたず、憑信するのみ。仏法は海の如く、唯だ信のみ能く入る。[5]『法華』に云わく、「諸の声聞等は、己が智分に非ず。信を以ての故に入る」と。[6]我れは盲瞑にして、復た信受せず。更に何の帰する所かあらん。長く淪み永く

(1)雪山従鬼請偈――「雪山」は、雪山童子を指す。『南本涅槃経』巻第十三、聖行品、「爾時釈提桓因自変其身作羅刹像、形甚可畏。下至雪山、去其不遠而便立住。是時羅刹心無所畏、勇健難当、辯才次第、其声清雅、宣過去仏所説半偈。諸行無常　是生滅法」（T12, 692a9-13）を参照。

(2)天帝拝畜為師――帝釈天が野干を師として拝した故事が、『未曾有因縁経』巻上（T17, 576c-577a）に紹介されている。

(3)大論云不以嚢臭而棄其金慢如高山雨水不停卑如江海万川帰集――『大智度論』巻第四十九、「菩薩不応順世間法。順世間法者、善者心著、悪者遠離。菩薩則不然。若有能開釈深義、解散疑結、於我有益、則尽心敬之、不念余悪。如弊嚢盛宝、不得以嚢悪故不取其宝、又如夜行嶮道、弊人執炬、不得以人悪故不取其照。菩薩亦如是。於師得智慧光明、不計其悪」（T25, 414c5-11）、同、「云何不信恭敬供養師。雖智徳高明、若不恭敬供養、則不能得大利。譬如深井美水、若無綆者、無由得水。若破憍慢高心、宗重敬伏、則功徳大利帰之。又如雨堕、不住山頂、必帰下処。若人憍心自高、則法水不入。若恭敬善師、則功徳帰之」（同前、414b22-28）を参照。

(4)普超経云人人相見莫相平相智如如来乃能平人身子云我従今去不敢復言是人入生死是人入涅槃――『文殊師利普超三昧経』巻第三、心本浄品、「是故舎利弗、人人相見莫相平相。所以不当相平相者、人根難見、独有如来能平相人、行如仏者可平相人也。賢者舎利弗、及大衆会、驚喜踊躍而説斯言。従今日始尽其形寿、不観他人、不敢説人某趣地獄、某当滅度。所以者何。群生之行不可思議」（T15, 426a16-21）を参照。「平相」の「平」は、評に通じる。

(5)仏法如海唯信能入――『大智度論』巻第一、「仏法大海、信為能入、智為能度」（T25, 63a1-2）を参照。

(6)法華云諸声聞等非己智分以信得入――『法華経』譬喩品、「汝舎利弗、尚於此経、以信得入。況余声聞。其余声聞、信仏語故、随順此経、非己智分」（T9, 15b17-19）を参照。

溺れて、出要[1]を知らず。和伽利[2]、云云。優波笈多は、弟子を教えて樹に上らしむ[3]、云云。若し心は法を信ぜば、法は則ち心に染む。猶予狐疑し、事は覆器に同じ[4]。

問うて曰う。五蓋は悉ごとく定を障うるや。

答う。解する者は同じからず。或いは云わく、「無知は是れ正障[5]なり。何となれば、禅は是れ門戸、詮次の法なり[6]。知と無知は相い乖くが故なり。疑・眠の蓋是れなり」と。或いは言わく、「散動は是れ正障なり。何となれば、定と散は相い乖くが故なり。掉悔是れなり」と。或いは言わく、「貪・瞋は是れ正障なり。何となれば、禅は是れ柔軟の善法にして、剛と柔は相い乖くが故なり。貪・瞋是れなり」と。是の如き等、各おの拠るところは同じからず、云云。今、釈するに然らず。五蓋は通じて是れ障なり。而も行者に随って強・弱あり。若し人は貪欲の蓋多くば、此の蓋は是れ正障にして、余は是れ傍なり。四蓋も亦た爾り。譬えば四大[7]は通じて皆な是れ病なれども、未だ必ずしも倶に発せず、其の動く者に随って、正しく能く人を殺すが如し。蓋も亦た応に爾るべし。先に強きを治すれば、弱き者は自ら去り、禅定は発することを得、云云。『十住毘婆沙』に云わく、「若し人は放逸ならば、諸蓋は則ち心を覆い、天に生ずることは猶尚お難し。何に況んや果を得るに於いてをや。若し人は勤めて精進せば、則ち能く

（1）出要――苦から出離すること。

（2）和伽利――この人物についてはよくわからない。『輔行』巻第四之四（T46, 272c22-28）には、『雑宝蔵経』巻第九、老比丘得四果縁（T4, 494a23-b29 を参照）を引用している（老比丘が信の力によって四果を得た物語）が、この引用文には「和伽利」は出ない。要検討。

（3）優波笈多教弟子上樹――優波笈多は、インドの付法蔵の第四祖。Upagupta の音写語。憂（優）波（婆）毱多とも音写する。『付法蔵因縁伝』巻第四、「憂波毱多観察此人、以著身故、不得漏尽。語言比丘、能受我教、当授汝法。化作大樹、使令上之。四辺変為深坑千仞、令放右手乃至都放。此人爾時分捨身命、尽放手足、即便到地。不見深坑及与大樹。為説法要、得羅漢道」（T50, 311b28-c4）を参照。

（4）猶予狐疑事同覆器――『大智度論』巻第十三、「仏語羅睺羅、澡槃取水、与吾洗足。洗足已、語羅睺羅、覆此澡槃。如勅即覆。仏言、以水注之。注已、問言、水入中不。答言、不入。仏告羅睺羅、無慚愧人、妄語覆心、道法不入、亦復如是」（T25, 158a15-19）を参照。「猶予」は、ためらって決断しないこと。「狐疑」は、物事をきめかねること。「覆器」は、覆った器の意。

（5）正障――中心的な妨げの意。

（6）禅是門戸詮次之法――『法界次第初門』巻第三、「而禅定是門戸、詮次階級之法」（T46, 689b23-24）を参照。「詮次」は、順序次第のあること。

（7）四大――地・水・火・風を指す。

諸蓋を裂く。諸蓋は既に裂き已れば、諸願は悉ごとく皆な得」[1]と。是れ事法に依って蓋を棄つと名づくるなり。

5.6.2.1.3.2.2. 理の棄五蓋を明かす

問う。初禅は発する時、五蓋は畢竟して尽くるや。

答う。此れは当に分別すべし。何となれば、三毒を離して四分[2]と為す。貪・瞋・癡は偏えに発するは是れ三分にして、名づけて等と為さず。三分は等しく起こるを、名づけて等と為す。三毒は偏えに起こるは、是れ覚・観にして、多に非ず。三分は等しく起こるを、覚・観の多と名づく。即ち是れ第四分なり。『成論』は此れを呼んで刹那の心と為す。[3]刹那の心は既に通じて三毒を縁ずれば、三毒は等しく起こる。故に知んぬ、刹那の心は即ち是れ善悪は成ず。『阿毘曇』に明かさく、「此の刹那の心の起こるは、但だ是れ無明の無記にして、善悪は未だ成ぜず」[4]と。何を以ての故に。通じて三毒を縁ずと雖も、正しく三毒に属せず。既に正しく属せざれば、那んぞ是れ善悪なることを得ん。是れ悪に非ずと雖も、三毒は之れに因りて起こる。此の無記を呼んで因等起[5]と為して、名づけて善悪と為さず。此の二論は異なりと雖も、同じく是れ第四分を明かすなり。此の四分を離して五蓋と為す。貪・瞋の両分は、是れ両蓋なり。癡分

46a

を開いて睡・疑の両蓋と為す。等分を掉悔の蓋と為す。若し広く四分を開かば、一分に則ち二万一千の煩悩有り。四分は合して八万四千有り。苦諦に約さば、則ち是れ八万四千の法蔵なり。集諦に約さば、則ち是れ八万四千の塵労[6]の門なり。道諦に約さば、則ち是れ八万四千の三昧・陀羅尼等なり。滅諦に約さば、則ち是れ八万四千の諸波羅蜜なり。四分の法相の該深（がいじん）[7]なる

（1）十住毘婆沙云若人放逸者諸蓋則覆心生天猶尚難何況於得果若人勤精進則能裂諸蓋諸蓋既裂已諸願悉皆得――『十住毘婆沙論』巻第十三、略行品、「若人放逸者　諸蓋則覆心　生天猶尚難　何況於得果　若勤行精進　則能裂諸蓋　若能裂諸蓋　随願悉皆得」（T26, 93a29-b3）を参照。

（2）四分――貪・瞋・癡の三毒がそれぞれ単独に生起するものに対して、三毒がいっしょに生起しているものを等分といい、あわせて四分となる。

（3）成論呼此為刹那心――出典未詳。成実論師の説か。

（4）阿毘曇明此刹那心起但是無明無記善悪未成――出典未詳。阿毘曇師の説か。なお、『阿毘達磨大毘婆沙論』巻第百五十六、「無記無明者、謂欲界有身見・辺執見相応無明、及色・無色界五部無明」（T27, 795a24-25）を参照。

（5）因等起――心を因として、心王・心所が等しく三毒を起こすこと。

（6）塵労――煩悩の意。

（7）該深――広くて深い様子。

は此の若し。五蓋の理も応に高広なるべし。『阿毘曇』に那んぞ「貪は止(た)だ欲界にして、上地は愛と名づけ、上に亦た瞋無し」と判ずることを得んや。[1]此の義は已に『成論』の難ずる所と為れり。若し上地の軽き貪を愛と名づけば、亦た応に軽き瞋を恚と名づくべきや。故に知んぬ、相を覆い異を抑え、未だ是れ通方[2]ならざるのみ。今、五蓋を釈して四分に望むるは、通じて仏地に至る。上の五蓋を棄つる相は、此れは是れ鈍使の五蓋なり。止だ初禅を障うるのみにして、初禅は若し発せば、此の蓋は棄て尽くす。常途(じょうず)の論ずる所は、秖(た)だ是れ此の意なるのみ、云云。

利使[3]の五蓋の真諦を障うるは、前に明かす所の空見の人の如く、執する所を実と為し、余は是れ妄語なりと計す。之れに乖かば則ち瞋り、之れに順ぜば則ち愛す。即ち貪・瞋の両蓋なり。無明の闇心は、謬って執する所有り、明審(みょうしん)[4]に知るに非ず。即ち睡眠の蓋なり。種種に戯論し、見諍[5]いて益無きは、即ち掉悔の蓋なり。即ち疑無しと雖も、後に方に大いに疑う。何を以ての故に。既に是れ実なりと執すれば、何ぞ復た疑う所あらん。後に若し破せられれば、心に疑惑を生ず。此の五は心を覆いて、終に諦を見ず。此の蓋を呵棄(かき)せば、蓋は去り道は発して、須陀洹(しゅだおん)を証す。初果従り去りて、真を取るを愛と為し、思を捨つるを瞋と為し、思惑の未だ尽きざるを睡と為し、失脱[6]の妄念を掉(じょう)[7]と為し、無学に非ざるを疑と名づく。故に知んぬ、五蓋の真を障うることは、通じて三果に至る。此の五蓋を除くは、即ち是れ無学なり。

46b

復た次に、空に依って蓋を起こせば、俗諦の理を障う。所以は何ん。空に沈み証を取るは、空を以て是と為す。「譬えば、貧人の少なきを得て、便ち足れりと為すが如し」と。[8] 更に好き

(1)阿毘曇那得判貪止欲界上地名愛上亦無瞋――『雑阿毘曇心論』巻第四、使品、「問。何故身見辺見説自地一切遍、非他地耶。答。見現境界故。此見見現境界。非下地生見上地。雖上地生見下地、前已説。上地使不縁下地、愛恚慢自相起故、不縁他種。況縁他地。未離欲者、雖楽上地、是欲非貪」(T28, 901a21-26)を参照。「上地」は、色界・無色界を指す。

(2)通方――共通の道理の意。

(3)利使――貪欲・瞋恚・愚痴・慢・疑を五鈍使といい、身見・辺見・邪見・見取見・戒取見を五利使という。「利」は、鋭いの意。「使」は、煩悩のこと。

(4)明審――明瞭子細な様子。

(5)見諍――さまざまな見解について争うこと。

(6)失脱――常軌を逸脱すること。

(7)妄――底本の「忘」を、『全集本』によって「妄」に改める。

(8)譬如貧人得少便為足――『法華経』五百弟子受記品、「譬如貧窮人　往至親友家　其家甚大富　具設諸餚饍　以無価宝珠　繫著内衣裏　默与而捨去　時臥不覚知　是人既已起　遊行詣他国　求衣食自済　資生甚艱難　得少便為足　更不願好者　不覚内衣裏　有無価宝珠」(T9, 29b2-9)を参照。

者を願わず。此の空を保愛するは、即ち貪の蓋なり。生死を憎み厭い捨てて観ぜざるは、即ち瞋の蓋なり。無為・空寂にして、肯(あ)えて仮を照らさざる、乃至五種の塩を識らざるを、[1]睡の蓋と名づく。空乱意の衆生[2]は其の境界に非ざるを、掉悔の蓋と名づく。仮智の明らかならざるを、疑の蓋と名づく。此の蓋を棄てずば、道種智の俗諦三昧は終に現前せず、此の蓋は若し除かば、法眼は明朗なり。

復た次に、中に依りて蓋を起こすは、中道を障う。所以は何ん。菩薩の仏法を貪求(とんぐ)するは海の流れを呑むが如くにして、厭足(えんそく)有ること無く、生を法愛と名づけ、[3]順道の貪を起こす。此れを貪の蓋と名づく。二乗を喜ばず、大樹は枝を折って、怨(あだ)なる鳥を宿(しゅく)せしめざるは、[4]是れ瞋の蓋と名づく。無明は長遠なり。設使(たと)い上地なるも、猶お分に在ること有り。『大論』に云わ

（1）不識五種塩——『南本涅槃経』巻第二十四、光明遍照高貴徳王菩薩品、「諸仏菩薩不制弟子断牛五味及以食肉、六師不聴食五種塩、五種牛味及以脂血。若断是者、云何当是仏之正典」（T12, 766b13-16）を参照。なお、『四分律』巻第五十九、「有五種塩。青塩・黒塩・毘荼塩・嵐婆塩・支都毘塩、是為五。復有五種塩。土塩・灰塩・赤塩・石塩・海塩、是為五」（T22, 1006a1-3）、『十誦律』巻第二十一、「五種塩。黒塩・白塩・紫塩・赤塩・鹵土塩」（T23, 156c28-29）などを参照。さらに、『輔行』巻第四之四、「若此土五塩、謂顆塩・緑塩・赤塩・白塩・印塩」（T46, 273b7-8）を参照。

（2）空乱意衆生——『勝鬘経』自性清浄章、「世尊、如来蔵者、非我・非衆生・非命・非人。如来蔵者、堕身見衆生・顚倒衆生・空乱意衆生、非其境界」（T12, 222b19-21）を参照。

（3）生名法愛——底本の「生名愛法」を、『全集本』によって「生名法愛」に改める。『大智度論』巻第四十一、「法愛、於無生法忍中、無有利益、故名曰生。譬如多食不消、若不療治、於身為患」（T25, 361c23-25）を参照。

（4）不喜二乗大樹折枝不宿怨鳥——「怨鳥」は、ほととぎすの意味もあるが、ここでは、樹木にとって害を与える鳥の意味である。『大智度論』に出る比喩。菩薩は地獄の恐怖よりも、大乗の心を破壊する二乗を恐れなければならないことをたとえたもの。ある大樹の枝に一羽の鴿が止まったところ、この鴿は有害な樹木から飛んで来たという理由で、枝をわざわざ折って止めなかった。なぜなら、この鴿の糞のなかには、有害な樹木の種子が含まれていて、将来、自分に有害となるからというものである。『大智度論』巻第二十七、「譬如空地有樹、名舎摩梨、觚枝広大、衆鳥集宿。一鴿後至、住一枝上、其枝及觚、即時圧折。沢神問樹神。大鳥鵰鷲、皆能任持、何至小鳥、便不自勝。樹神答言。此鳥従我怨家尼倶盧樹上来、食彼樹果、来栖我上、必当放糞。子堕地者、悪樹復生、為害必大。以是故、於此一鴿、大懐憂畏。寧捨一枝、所全者大」（同前、263b15-22）を参照。

く、「処処に破無明三昧を説くは、初めに破すと雖も、後に更に須らく破すべければなり」[1]と。智慧の明無きは、即ち睡の蓋なり。菩薩は三業に失無しと雖も、仏に比すれば猶お漏失有るを、掉悔の蓋と名づく。初後、理は円かなれども、初心の智慧は後に逮ばざるは、是れ疑の蓋と名づく。此の蓋は棄てずば、終に実相と相応せず、此の蓋は若し除かば、真如の理は顕われ、仏知見を開く。此の五蓋の法は、初心に局らず、地地に皆な有り、惟だ仏のみ究竟す。八万四千の波羅蜜は、具足円満し、彼岸に到る。故に、『地持』に云わく、「第九は離一切見清浄禅なり」[2]と。若し此の意を得ば、蓋の相は則ち長く、但だ欲界のみに非ず。

復た次に、言語もて分別するに、邐迤[3]として階梯あり。前の鈍・利の両蓋は是れ凡夫の時に棄てられ、俗諦の上の蓋は是れ二乗の時に棄てられ、中道を障うる蓋は是れ菩薩の時に棄てらる。此の如く蓋を論ずるに、後は初めに関わらず。地・摂の二論師[4]は、多く此の意を明かす。果頭の法は凡夫に関わらざれば、那んぞ事に即して修する可けん。

円の釈は爾らず。何を以てか知ることを得ん。若し上地の人の為めに説かば、応に法性の仏と作りて、法性の国を現じ、法性の菩薩の為めに之れを説くべし。何の意もて相い輔けて、此の三界に現ずるや。此の凡俗を度せんと欲するが為めの故に、此の妙法を論じ、其れをして修することを得しむ。若し爾らずと言わば、誰の為めにか権を施し、権は何の引く所かあらん。

46c

若し此の意を得ば、初心の凡夫も、能く一念に於いて円かに諸の蓋を棄つ。故に『大品』に云わく、「一切の法は欲事に趣く。是の趣をば過ぎず。欲事すら尚お得可からず。何に況んや当に趣・不趣有るべけんや[5]」と。釈して曰わく、「趣」は、即ち是れ有なり。能趣・所趣有るが故に、即ち俗諦を辨ず。「欲事」の得可からざるは、即ち是れ空を明かす。空の中には能趣・

(1) 大論云処処説破無明三昧者初雖破後更須破――『大智度論』巻第九十七、「破諸法無明三昧者、諸法於凡夫人心中、以無明因縁故、邪曲不正、所謂常・楽・我・浄。得是三昧故、常等顛倒相応無明破、但観一切法無常・空・無我。問曰、若是菩薩破一切法中無明、此人尚不須見仏。何用至曇無竭菩薩所。答曰、破無明不唯一種。有遮令不起。亦名為破。有得諸法実相、故破無明。又無明種数甚多。有菩薩所破分、有仏所破分、有小菩薩所破分・大菩薩所破分。如先説灯譬喩。又須陀洹亦名破無明、乃至阿羅漢方是実破。大乗法中亦如是。新発意菩薩得諸法実相、故亦名破無明、乃至仏無明尽破無余。是故薩陀波崙於仏法中邪見、無明及我見皆尽故、得名破無明三昧、無咎」(T25, 736b29-c14) を参照。

(2) 地持云第九離一切見清浄浄禅――『菩薩地持経』巻第六、禅品、「九者離一切見清浄浄禅」(T30, 922b9-10) を参照。

(3) 邐迤――連なりあっている様子。

(4) 地摂二論師――地論師と摂論師を指す。

(5) 大品云一切法趣欲事是趣不過欲事尚不可得何況当有趣不趣――『大品般若経』巻第十五、知識品、「一切法趣欲事、是趣不過。何以故。欲事畢竟不可得。云何当有趣不趣」(T8, 333b1-2) を参照。

所趣無きが故に、即ち真諦を辨ず。「云何んが当に趣・非趣有らん」は、即ち是れ中道を辨ず。当に知るべし、三諦は秖だ一の欲事に在るのみ。

今、更に広く釈して、義をして解し易からしめん。云何んが「一切の法は欲事に趣き、是の趣をば過ぎず」なるや。欲事は法界と為す。故に一切法の根本なり。初めに欲覚を起こすが如きは、已に諸法を具すれども、心は麁にして知らず、漸漸に滑利にして制御すること能わざれば、便ち其の事を習う。初めに試みに熱を歇むるも、之れを習わば、「則ち慣れ、餐啜[1]して忘れ叵く、即便ち戒を退して家に還り、欲境を求覓し、覓めて足ることを知らず、或いは偸み、或いは劫り、或いは偪まり、或いは貿い、是の如き等に種種に欲を求めて、罪過を生ず。若し此の境を得ば、大いに供養を須い、或いは偸奪して財を求め、或いは殺生して適うことを取り、若其し富貴ならば、心を縦にして罪を造り、若其し貧窮ならば、悪念も亦た広し。欲の罪は既に成じ、適かに有り、此れ有らば、則ち生死有り。当に遍く果を受くべし。随いて何れの道に在りても、欲は転倍盛んならん。受胎の微形は、世世に常に増長し、十二[2]因縁は輪転して際り無し。当に知るべし、一切の法は欲に趣かざること無く、欲の法界の外に、更に別の法無し。当に知るべし、一切の五蓋は、上に説くが如くなれば、初めの一念に於いて悉皆ごとく具足す。欲の因縁生の法為る、其の義は見る可きなり。

47a

云何んが欲の法界は空なる。外の五塵は求むるに得可からず。内の意根は求むるに得可からず。中間の意識を求むるに得可からず。内外合して求むるに得可からず。内外を離れて求むるに得可からず。過去の欲の縁は求むるに得可からず。現在の欲の因は求むるに得可からず。未来の欲の果は求むるに得可からず。横竪（おうじゅ）に之れを求むるに畢竟寂静なり。欲は即ち是れ空なり。欲は空なるが故に、欲従り生ずる所の一切の法も、亦た即ち是れ空なり。空も亦た得可からざるなり。是れ空を観じて利・鈍の蓋を棄つと為すなり。

既に己心の一欲は一切の欲なることを識れば、即ち一切の衆生も亦復た是の如しと識る。且らく余道を置きて、直ちに人道に就いて、種種の色像、種種の音声（おんじょう）、種種の心行、種種の依報（えほう）は、各おの同じからず。応に知るべし、欲の因は、種別無量なり。一人の因果は已に自ら窮まり無し。何に況んや多人をや。一界は是の如し。況んや九法界をや。一法は是の如し。何に況んや百法をや。譬えば寇[3]に対するに、寇は是れ勲の本にして、能く寇を破するが故に、大功名

（1）餐啜——飲食すること。

（2）受胎之微形世世常増長——『法華経』方便品、「受胎之微形　世世常増長」（T9, 8b14）を参照。「受胎之微形」は、母胎に生を受けた微細な身体の意。

（3）寇——外敵の意。

有り、大富貴を得るが如し。無量の貪欲は、是れ如来の種なること[1]、亦復た是の如し。能く菩薩をして無量百千の法門を出生せしむ。薪は多くば、火は猛(たけ)きなり。糞壌(ふんじょう)[2]に華を生ず。貪欲は是れ道なり[3]とは、此れを之れ謂うなり。若し貪欲を断じて、貪欲の空に住せば、何に由りてか一切の法門を出生せん。『経』に云わく、「五欲を断ぜずして、能く諸根を浄む」[4]と。是の如く観ずる時、俗諦の五蓋は、自然に清浄なり。

能く此の如くすと雖も、未だ欲の実性を見ず。実性は空にも非ず、亦復た仮にも非ず。仮に非ざるが故に、豈に無量なること有らんや。空に非ざるが故に、豈に寂然なること有らんや。空、及び仮名の是の二は皆な無く、趣も無く非趣も無し。趣無ければ、利・鈍の両番の五蓋は玄(ふか)く除かれ、非趣無ければ、一番の五蓋[5]は除かれ、中道を識ることを得。又た、一番[6]は除かれ、断破する所無く、棄滅する所無く、而も四番の五蓋[7]は、一念に円かに除かる。二十五有を破して、欲の実性を見るを、王三昧と名づけ、一切法を具す。是れ円観もて円蓋を棄つと名づく。

此の如き法門を、理即の是と名づく。此の如き解を作すを、名字即の是と名づく。初心に此の観あるを、観行即の是と名づく。上の如く色を訶するに即ち眼根を浄め、声を訶するに即ち耳根を浄め、香を訶するに即ち鼻根を浄め、味を訶するに即ち舌根を浄め、触を訶するに即ち身根を浄め、五蓋を棄つるに即ち意根を浄む。六根の浄き時を、相似即の是と名づく。三惑は破せられ、三諦は顕わるるを、分真即の是と名づく。若し能く欲蓋の辺底を尽くさば、究竟即の是と名づく。円かに欲蓋を棄つることは既に爾れば、余の蓋を棄つるも亦た然り。

5.6.2.1.4.　五事を調う

第四に五事を調うとは、謂う所は、食を調え、眠を調え、身を調え、息を調え、心を調う。前に喩うる所の如く、土・水は調わざれば、器と為すに任えず。五事は善からざれば、禅に入ることを得ず。眠・食の両事は、定の外に就いて之れを調う。三事は入・出・住に就いて之れを調う。

(1) 無量貪欲是如来種――『維摩経』巻中、仏道品、「一切煩悩為如来種」(T14, 549b13) を参照。
(2) 糞壌――堆肥の意。
(3) 貪欲是道――『維摩経』巻上、菩薩品、「諸煩悩是道場。知如実故」(同前、542c28-29) を参照。
(4) 経云不断五欲能浄諸根――出典未詳。
(5) 一番五蓋――中道諦の五蓋を指すと思われる。
(6) 一番――俗諦の五蓋を指すと思われる。
(7) 四番五蓋――利鈍の二つの五蓋 (空の五蓋)、俗諦の五蓋、中道諦の五蓋の四種の五蓋を指すと思われる。

5.6.2.1.4.1. 事の調相を釈す

食を調うとは、病を増し、眠を増し、煩悩を増す等の食は、則ち応に食すべからざるなり。47b 身を安んじ、疾を愈やすの物は、是れ応に食すべき所なり。略して之れを言うに、飢えず飽かざるは、是れ食の調相なり。『尼犍経』に曰わく、「噉食すること太だ過ぐれば、体は迴動し難く、窳惰[1]し懈怠し、食する所は消し難く、二世[2]の利を失う。睡眠して自ら苦を受け、迷悶して醒寤し難し[3]」と。

眠を調うとは、眠は是れ眼の食なり。苦節す可からず。心数を増し、功夫を損失す。復た恣にす可からず。上の蓋を訶する中、一向に除棄するは、正しく定に入る障りと為るが故なり。此の中は散心に在る時、四大を従容するが故なり。各おの其の意有り。略して之れを言うに、節ならず、恣ならざるは、是れ眠を調うる相なり。

三事を合して調うとは、三事は相い依り相い離るることを得ず。初めに胎を受くるが如き、一に煗[4]、二に命、三に識なり。煗は是れ遺体[5]の色、命は是れ気息の報風[6]連持し、識は是れ一期の心主なり。胎に託するに、即ち三事有り。三事は増長して、七日に一たび変ず。三十八の七日は竟[7]わって、三事は出生するを、嬰児と名づけ、三事は停住するを、壮年と名づけ、三事は衰微するを、名づけて老と為し、三事は滅壊するを、名づけて死と為す。三事は始終相い離るることを得ず。須らく合して調うべきなり。

初めに定に入る時、身を調えて寛ならず急ならざらしめ、息を調えて渋ならず滑ならざらしめ、心を調えて沈ならず浮ならざらしむ。麁を調えて細に入り、禅の中に住す。不調の処に

(1)窳惰——怠惰である様子。
(2)二世——現在世と未来世を指す。
(3)尼揵経曰噉食太過体難迴動窳惰懈怠所食難消失二世利睡眠自受苦迷悶難醒寤——『大薩遮尼乾子所説経』巻第五、問罪過品、「王言、大師、彼波斯匿王罪過云何。答言、大王、此波斯匿王噉食太過。大王当知、黠慧之人不応噉食太過。何以故。大王当知、噉食太過者、体難迴動、嬾惰懈怠、所食難消、遠離現在・未来二世善法利益。而説偈言、噉食太過人　身重多懈怠　現在未来世　於身失大利　睡眠自受苦　亦悩於他人　迷悶難寤寤　応時籌量食」(T9, 341b14-23) を参照。
(4)煗——体温の意。
(5)遺体——父母が残した、我が身体のこと。
(6)報風——臍のあたりから生じる風で、毛孔を開くという。『達摩多羅禅経』、「諸有入出息　是風名依種　報風及長養　是為三種風……於臍処所起　浄治毛孔道〔此報風開毛孔故名出、非出外〕」(T15, 306b23-29) を参照。
(7)三十八七日——三十八番目の七日の意。『六度集経』巻第七、「児在母腹、初如凝粥、以漸長大、三十八七日、身体皆成、臨生之難、多危少安」(T3, 40b12-13) を参照。

随って、覚って当に検校し[1]、調えて安隠ならしむべし。絃を調えて弄に入りて後、曲を成ぜ[2]ざれば、即ち絃軫[3]の差異することを知り、覚って之れを改むるが如し。若し定を出でんと欲せば、細従り麁に至る。備さには『次第禅門』の如きなり。[4]

若し能く凡夫の三事を調えば、変じて聖人の三法と為る。色は戒を発するの由と為り、息は定に入るの門と為り、心は慧を生ずるの因と為る。此の戒は能く悪趣の凡鄙の身を捨てて、聖人の六度を成辦し、法身を満足す。此の息は能く散動の悪覚を変じて、即ち禅悦・法喜を成ず。禅に因って慧を発し、聖人は之れを以て命と為す。此の心は即ち能く生死の心を改めて、菩提心の真常の聖識と為す。此の三法は始めて聖胎を成ず合し。始め初心従り終わり後心に至るまで、唯だ此の三法のみは、相い離るることを得ず、云云。

5.6.2.1.4.2. 理の調相を釈す

観心に五事を調うとは、前の法喜・禅悦を食と為すが如し。初め真諦を観じて生ずる所の定・慧は、多く空に入ると為して、諸法を消浄す。[5] 此れは是れ飢の相なり。『法華』に云わく、

47c

「飢餓羸痩して、体に瘡癬を生ずるなり」[6]と。第二に俗諦を観じて生ずる所の定・慧は、多く是れ俗を扶けて、諸法を仮立するを、名づけて飽の相と為す。故に「劫に歴て、恒沙の仏法を

修行す」[7]と云う。是の二観[8]は飢・飽調わざれども、中道の禅悦・法喜は、調和中適して、二辺の偏り無し。是れ不飢不飽と名づく、云云。

眠を調うとは、空観は未だ無明を破せず、無明と空と合し、空に沈み保住し、眠の相は則ち多く、仮に出でて分別して、無明を伏し、眠の相は則ち少なけれども、今、中道観は従容[9]なり。

(1)検校——調べ考えること。
(2)入弄——歌曲を演奏すること。
(3)絃軫——琴の音の意。
(4)備如次第禅門也——『次第禅門』巻第二(T46, 483c-491b)を参照。
(5)消浄——解釈し浄化すること。
(6)法華云飢餓羸瘦体生瘡癬——『法華経』信解品、「或有所得 或無所得 飢餓羸瘦 体生瘡癬」(T9, 17c29-18a1)を参照
(7)歴劫修行恒沙仏法——ここでは、引用文の形式を取っているが、『摩訶止観』巻第三にも、地の文として、「若於彼習観時、必須次第歴劫修行学恒沙仏法」(T46, 30a25-26)とある。
(8)二観——空観・仮観を指す。
(9)従容——ゆったりとしている様子。具体的には、多くもなく少なくもないことを意味する。

若し無明を断ぜば、一切の善法は則ち生ずる処無し。「塵労の儔（ともがら）は、是れ如来の種なり」[1]、「癡愛を断ぜずして、諸の明脱を起こす」[2]と。若し無明を恣にせば、無上の仏道は、何に由りてか成ずることを得ん。『経』に云わく、「無明は転ずれば、即ち変じて明と為る」[3]と。「非道を行じて仏道に通達す」[4]、「無明の性、明の性は、二無く別無し」[5]と。豈に無明の性を断じて、更に明の性を修す可けんや。「調伏にも住せず、不調伏にも住せず」[6]は、即ち是れ理観の調眠なり。

合して三事を調うるに、即ち三番と為る。『大経』に云わく、「六波羅蜜満足の身」[7]と。此の如き身を調えて、寛ならず急ならざらしむ。『大品』に云わく、「楽説辯は卒（にわ）かに起こる。是れ魔事と為す。卒かに起こらざるも、亦た是れ魔事なり」[8]と。卒かに起こるとは、卒かに六度を行ず。是れ急なり。卒かに放捨するは、是れ寛なり。急ならず、寛ならざるは、是れ身の調相なり。息を調うとは、禅悦・法喜の慧命を以て息と為す。『大品』に云うが如し、「般若は、利に非ず、鈍に非ず」[9]と。若し鈍ならば、名づけて渋と為す。若し利ならば、即ち滑と名づく。

（1）塵労之儔是如来種――『維摩経』巻中、仏道品、「塵労之疇為如来種」（T14, 549b17）を参照。
（2）不断癡愛起諸明脱――『維摩経』巻上、弟子品、「不滅癡愛、起於明脱」（同前、540b24-25）を参照。「明脱」は、智慧と解脱の意。

（3）経云無明転即変為明――『南本涅槃経』巻第十六、梵行品、「復次昔未得道、今已得之、以所得道為衆生説。従本已来未修梵行、今已修竟、以己所修為衆生説。自破無明、復為衆生破壊無明。自得浄目、復為衆生破除盲冥、令得浄眼。自知二諦、復為衆生演説二諦。既自解脱、復為衆生説解脱法。自渡無辺生死大河、復令衆生皆悉得渡。自得無畏、復教衆生令無怖畏。自既涅槃、復為衆生演大涅槃。是故号仏為無上師」（T12, 712a22-b2）を参照。

（4）行於非道通達仏道――『維摩経』巻中、仏道品、「若菩薩行於非道、是為通達仏道」（T14, 549a1-2）を参照。

（5）無明性明性無二無別――『維摩経』巻下、入不二法門品、「明・無明為二。無明実性即是明、明亦不可取、離一切数、於其中平等無二者、是為入不二法門」（同前、551a16-18）、『南本涅槃経』巻第八、如来性品、「若言無明因縁諸行、凡夫之人聞已、分別生二法想、明与無明。智者了達其性無二、無二之性即是実性」（T12, 651c1-4）を参照。

（6）不住調伏不住不調伏――『維摩経』巻中、文殊師利問疾品、「文殊師利、有疾菩薩応如是調伏其心、不住其中、亦復不住不調伏心。所以者何。若住不調伏心、是愚人法。若住調伏心、是声聞法。是故菩薩不当住於調伏・不調伏心、離此二法、是菩薩行」（T14, 545b23-27）を参照。

（7）大経云六波羅蜜満足之身――『南本涅槃経』巻第二十五、師子吼菩薩品、「如来正覚智慧牙爪、四如意足・六波羅蜜満足之身、十力雄猛、大悲為尾、安住四禅清浄窟宅、為諸衆生而師子吼」（T12, 767a14-17）を参照。

（8）大品云楽説辯卒起是為魔事――『大品般若経』巻第十三、魔事品、「仏告須菩提、楽説辯不即生、当知是菩薩魔事。須菩提言、世尊、何因縁故、楽説辯不即生、是菩薩魔事。仏言、有菩薩摩訶薩行般若波羅蜜時、難具足六波羅蜜。以是因縁故、楽説辯不即生、是菩薩魔事。復次須菩提、楽説辯卒起、当知亦是菩薩魔事」（T8, 318b18-24）を参照。

（9）如大品云般若非利非鈍――出典未詳。

鈍ならず利ならざるを、息の調相と名づく。心を調うとは、菩提心の得ること難きは、是れ沈と為す。菩提心の得ること易きは、名づけて浮と為す。難に非ず易に非ざるは、是れ調相と為す。

次に三観に約して三事を調うとは、微妙の善心を以て菩提心と為すこと、前に四種の菩提心を明かすが如し。[1]三蔵・通教の若きは、結を断ぜんが為めに空に入り、真を以て証と為す。此の心を沈と為す。別教の若きは、他を化し仮に出で、薬・病を分別し、広く法門を識り、菩提心を発す。此の心を浮と為す。円教の若きは、実相の理を観じて、双べ遮し双べ照らす。空に非ざるが故に沈ならず、仮に非ざるが故に浮ならず。是の如き心を発するを、名づけて調相と為す。身を調うとは、通教に惑を断じ六度を明かすを急と為し、別教に仮に出でて分別するを寛と為し、中道にして二辺に依らざるを寛ならず急ならずと為すなり。息を調うとは、通教の（48a）慧命の入空を滑と為し、別教の入仮を渋と為し、中道にして二辺に依らざるを不渋不滑と為す。

復た次に三観に約して各各調うとは、初観に身・息・心を止(し)するを急・滑・沈と為し、次に身・息・心を観ずるを寛・渋・浮と為し、若し能く中適(ちゅうちゃく)[2]せば、即ち方便を成じ、真諦に入ることを得るなり。第二観に身・息・心を止するを急・滑・沈と為し、身・息・心を観ずるを、寛・渋・浮と為し、若し能く止観は中適せば、則ち方便を成じ、道種智を発して、俗諦の理を見る、云云。中道に身・息・心を止するを急・滑・沈と為し、身・息・心を観ずるを寛・渋・浮と為し、若し能く中適して止観従容ならば、即ち方便を成じ、中道に入ることを得、実相の理を見るなり。

行者は善く三事を調えて、聖胎に託せしむ。即ち行ずる心に未だ所属あらざるが如し。応当に勤心して方便・智度[3]の父母を和会し、聖胎に託すべし。豈に地獄・三途・人・天の胎に託す可けんや。

5.6.2.1.5. 行五法

第五に五法を行ずとは、謂う所は、欲・精進・念・巧慧・一心なり。前に陶師の、衆事悉ごとく整えども、作ることを肯んぜず、作るに慇勤ならず、作法を存せず、作ること巧便ならず、

(1) 如前明四種菩提心――『摩訶止観』巻第一上～下（T46, 6a-10b）を参照。
(2) 中適――中正適当である様子。
(3) 智度――般若波羅蜜のこと。

作ること専一ならずば、則ち事成ぜざるに喩う。今も亦た是の如し。上の二十法[1]は備わると雖も、若し楽欲希慕[2]し、身心苦策[3]し、念想方便して[4]、一心に志を決すること無くば、止観は現前するに由無し。若し能く欣習して厭うこと無く、暁夜に懈るに匪ず、念念に相続して、善く其の意を得、一心に異なり無くば、此の人は能く前路に進む。一心は船の柁に譬う。巧慧は点頭[5]の如く、三種は篙や櫓の如く、若し一事を少かば、則ち安隠ならず。又た、飛鳥の眼を以て視、尾を以て制し、翅を以て前むが如し。此の五法無くば、事禅すら尚お難し。何に況んや理定をや。当に知るべし、五法は通じて小・大・事・理[6]の為めに、而も方便と作る。

『成論』に四支を用て方便と為し、一心を定の体と為す。[7]若し然らば、四禅に皆な一心有り、一心に異なり無し。云何んが四禅の別を判ぜんや。今は此れを用いざるなり。若し『瓔珞』に「五支は皆な方便にして、第六の黙然を定の体と為す」と云うも、[8]四禅に倶に黙然有らば、亦た分別し難し。『毘曇』の若きは、五法を用て方便と為し、五支は皆な定の体と為す。所以に四禅に通別の異なり有り、一心を通の体と為し、初支を別の体と為す。故に覚・観の倶なる禅、

48b

乃至捨の倶なる禅と云う。別支と一心と同じく起これば、一心を簡ぶに、深浅の異なり有るこ

(1)二十法――具五縁・呵五欲・棄五蓋・調五事の二十箇条の方便を指す。
(2)楽欲希慕――願望し願い慕うこと。
(3)身心苦策――身心を励ますこと。
(4)念想方便――心に思い巧みな手段を講ずること。
(5)点頭――招き寄せること。
(6)小大事理――「小」は蔵教、「大」は通教・別教・円教、「事」は世禅、「理」は出世禅をそれぞれ意味する。
(7)成論用四支為方便一心為定体――出典未詳。初禅は覚・観・喜・楽・一心の五支からなり、二禅は内浄・喜・楽・一心の四支からなり、三禅は捨・念・慧・楽・一心の五支からなり、四禅は不苦不楽・捨・念・一心の四支からなる。
(8)若瓔珞云五支皆方便第六黙然為定体――『菩薩瓔珞本業経』巻上、賢聖学観品、「仏子、三入如幻三昧。所謂十二門禅。初覚・観・喜・楽・一心五支為因、第六黙然心為定体。喜・楽・倚・一心四支為因、第五黙然心為定体。楽・護・念・智・一心五支為因、第六黙然心為定体。不苦不楽・護・念・一心四支為因、因名方便、第五黙然心為定体。禅名支林、定名撿摂。経劫不散、故名為定。四空定同有五支、体用相似故方便道同。支者、想・護・正・観・一心五支為因、第六黙然心為定体。従定生四無量心、名四無量定。聖人現同凡夫法故。以自在力、復過是法、入無量定、百千仏土教化一切衆生故」(T24, 1015a2-13) を参照。

とを得。『釈論』は此の説に同じ。[1]今、亦た之れを用う。

『論』の文に五法を解すとは、「欲とは、欲界従り初禅に到らんと欲す。精進とは、欲界をば過ぎ難し。若し精進せずば、出ずることを得ること能わず。叛(そむ)きて本国に還るに、界首をば度(わた)り難きが如し[2]」と。故に『論』に云わく、「施・戒・忍は、世間の常法なり[3]。客・主の礼もて、法をば応に供給(くきゅう)すべく、悪を作す者の治せらるるを見て、敢えて罪を為さず、或いは少力の故に而も忍ぶが如し。故に精進を須いず。今、般若を生ぜんと欲せば、要(かなら)ず禅定に因り、必ず須らく大いに精進すべし。身心は急著にして[4]、爾(しか)して乃ち成辦す。仏の説くが如し。血・肉・脂・髄は皆な竭尽(かつじん)せしむとも、但だ皮・骨をして在らしめば、精進を捨てざれ。乃ち禅定・智慧を得ん[5]」と。是の三事を得ば、衆事は皆な辦ず。是の故に須らく大いに精進すべきなり。念とは、常に初禅を念じて、余事を念ぜず。慧とは、初禅は尊重にして貴(とうと)ぶ可く、欲界は欺誑(ぎおう)にして悪(にく)む可きことを分別す。初禅を上の勝・妙・出に攀(よ)ずと為し、欲界を下の苦・麁・障を厭

(1)釈論同此説――『大智度論』巻第十七、「問曰、如阿毘曇説、欲界乃至初禅、一心中覚・観相応、今云何言、麁

心初念名為覚、細心分別名為観。答曰、二法雖在一心、二相不倶。覚時、観不明了。観時、覚不明了。譬如日出、衆星不現。一切心心数法、随時受名、亦復如是。如仏説、若断一法、我証汝得阿那含。一法者、所謂慳貪。実応説五下分結尽得阿那含、云何言但断一法。以是人慳貪偏多、諸余結使皆従而生。是故慳尽、余結亦断。覚・観随時受名、亦復如是。行者知是覚観雖是善法、而嬈乱定心、心欲離故、呵是覚観、作是念、覚観嬈動禅心。譬如清水波盪、則無所見。又如疲極之人、得息欲睡、傍人喚呼、種種悩乱。摂心内定、覚観嬈動、亦復如是。如是等種種因縁呵覚観。覚観滅、内清浄、繫心一処、無覚無観、定生喜楽、入二禅」(T25, 186a16-b3) を参照。

(2) 論文解五法者欲者欲従欲界到初禅精進者欲界難過若不精進不能得出如叛還本国界首難度――『大智度論』巻第十七、「復次専求初禅、放捨欲楽。譬如患怨、常欲滅除、則不為怨之所害也。如仏為著欲婆羅門説。我本観欲。欲為怖畏・憂苦因縁、欲為少楽、其苦甚多……如是等種種諸喩。呵五欲、除五蓋、行五法、得至初禅」(同前、185a20-b13) を参照。「界首」は、国境線の意。

(3) 常法――通常の法の意。

(4) 急著――緩みない様子。

(5) 論云施戒忍世間常法如客主之礼法応供給見作悪者被治不敢為罪或少力故而忍故不須精進今欲生般若要因禅定必須大精進身心急著爾乃成辦如仏説血肉脂髄皆使竭尽但令皮骨在不捨精進乃得禅定智慧――『大智度論』巻第十五、「問曰、如精進是一切善法本、応最在初。今何以故第四。答曰、布施・持戒・忍辱、世間常有。如客主之義、法応供給、乃至畜生亦知布施……是禅定・智慧、不可以福願求、亦非麁観能得、要須身・心精懃、急著不懈、爾乃成辦。如仏所説。血・肉・脂・髄皆使竭尽、但令皮・骨・筋在、不捨精進。如是乃能得禅定・智慧、得是二事、則衆事皆辦。以是故、精進第四、名為禅定・実智慧之根。上三中雖有精進、少故不説」(同前、172a19-b26) を参照。

うと為す。[1] 因果合論すれば、則ち十二観有り。[2] 若し此の言に依らば、外道の六行[3]と同じ。但だ外道は専ら禅を求めんが為めにして、今の仏弟子は、邪相を用て正相に入る。無漏の心に修するに、還って正法と成る。是れ巧慧と為す。一心とは、此の法を修する時、心を一にし志を専らにして、更に余をば縁ぜず、決定の一心なり。是れ入定の一心に非ざるなり。

復た次に、欲とは、生死従り而も涅槃に入らんと欲す。精進とは、有漏を雑(まじ)えざるを精と名づけ、一向に進求するを進と名づく。念とは、但だ涅槃の寂滅のみを念じて、余事を念ぜず。巧慧とは、生死の過患は賢聖に呵せられ、涅槃の安楽は聖に称歎せらると分別す。一心とは、決定して怖畏し、八聖道を修し、直ちに去って廻(めぐ)らず。是れ方便と為して、而して真に入ることを得。

復た次に、欲とは、広く衆生を化して仏法を成就せんと欲す。精進とは、衆生の性は多く、仏法は長遠なりと雖も、誓って退悔(たいげ)無し。念とは、悲心の骨に徹して、母の子を念(おも)うが如し。方便とは、巧みに諸病を知り、明らかに法薬を識り、逗会(ずえ)[4]して宜しきに適(かな)う。一心とは、決定して他を化し、誓って度脱せしめ、心は異ならず二ならず。

復た次に、欲とは、薩陀波崙(さつだばりん)、般若を聞かんと欲して、自ら身命を惜しまざるが如し。[5] 精進

(1)初禅為攀上勝妙出欲界為厭下苦麁障――『法華玄義』巻第四上、「行者於初禅覚・観支中、厭離覚・観、以初禅為苦。麁・障二法、動乱定心故苦。徒二法生喜・楽故麁。二法翳上定故障。二禅異此名勝・妙・出」（T33, 718b1-4）を参照。これを六行観というが、『次第禅門』巻第二によれば、欲界定が苦・麁・障であることを厭い、色界の初禅が勝・妙・出であることを願うことをいう。下の段階の禅定から上の段階の禅定に進むときに修する。「六行観者、一厭下苦麁障為三。即是観欲不浄欺誑可賤。攀上勝妙出為三。即是観初禅為尊重可貴」（T46, 490c25-28）を参照。

(2)十二観――六行観を因と果に分けたものをいう。

(3)六行――本ページ注1に出る六行。勝・妙・出を願い、苦・麁・障を厭うこと。

(4)逗会――投合すること。教えを衆生の機根に与えて、ぴったり合わせること。

(5)如薩陀波崙欲聞般若不自惜身命――『大品般若経』巻第二十七、常啼品、「仏言、薩陀波崙菩薩摩訶薩本求般若波羅蜜時、不惜身命、不求名利、於空閑林中聞空中声言、汝善男子、従是東行、莫念疲極、莫念睡眠、莫念飲食、莫念昼夜、莫念寒熱、莫念内莫念外。善男子、行時莫観左右。汝行時莫壊身相、莫壊色相、莫壊受想行識相。何以故。若壊是諸相、於仏法中則為有礙。若於仏法中有礙、便往来五道生死中、亦不能得般若波羅蜜」（T8, 416a28-b8）を参照。「薩陀波崙」は、Sadāprarudita の音写語で、常啼（じょうたい）と漢訳する。

48c

とは、般若を聞かんが為めの故に、七日七夜、閑林に悲泣し[1]、七歳行立して、坐らず臥せず[2]。念とは、常に我れ何れの時に、当に般若を聞くべきかと念じて、更に余念無し[3]。巧慧とは、留難有りと雖も、留難も難むこと能わず、身を売るに魔も蔽うこと能わず、水を隠すに更に能く血を刺すが如く[4]、魔事を転じて仏事と為すは、即ち巧慧なり。一心とは、志を決して移らず、復た二念ならざるなり[5]。

復た次に重ねて説く。欲とは、二辺従り正しく中道に入らんと欲す。二辺を雑えざるを精と為し、任運に流入するを進と為す。縁を法界に繋け、念を法界に一うするを念と為す。中観の方便を修するを善巧と名づく。二辺を息め、心水は澄清みて、能く世間の生滅の法相を知り、其の心を二にせず、清浄常一にして、能く般若を見るなり。

(1)為聞般若故七日七夜閑林悲泣——『大品般若経』巻第二十七、常啼品、「爾時薩陀波崙菩薩受是空中教已、従是東行。不久、復作是念、我云何不問空中声、我当何処去。去当遠近。当従誰聞般若波羅蜜。是時即住、啼哭憂愁、作是念、我住是中過一日一夜、若二三四五六七日七夜、於此中住、不念疲極、乃至不念飢渇寒熱、不聞聴受般若波羅蜜因縁、終不起也」（T8, 416c16-23）を参照。

（2）七歳行立不坐不臥――『大品般若経』巻第二十七、法尚品、「爾時曇無竭菩薩七歳一心入無量阿僧祇菩薩三昧、及行般若波羅蜜・方便力。薩陀波崙菩薩七歳経行住立、不坐不臥、無有睡眠、無欲・恚・悩、心不著味。但念、曇無竭菩薩摩訶薩何時当従三昧起、出而説法」（同前、422c6-10）を参照。

（3）常念我何時当聞般若更無余念――『大品般若経』巻第二十七、常啼品、「薩陀波崙菩薩摩訶薩更無余念、但作是願。我何時当得見曇無竭菩薩、令我得聞般若波羅蜜。我聞是般若波羅蜜、断諸有心」（同前、417c16-19）を参照。

（4）如売身魔不能蔽――『大品般若経』巻第二十七、常啼品、「女父母語女言、薩陀波崙菩薩是何等人。女言、是人今在門外。是善男子以深心求阿耨多羅三藐三菩提、欲度一切衆生無量生死苦。是善男子為法故、自売其身、供養般若波羅蜜。般若波羅蜜名菩薩所学道、為供養般若波羅蜜、及供養曇無竭菩薩故、在市肆上高声唱言、誰欲須人。誰欲須人。誰欲買人。売身不售、在一面立、憂愁啼哭。是時釈提桓因化作婆羅門来、欲試之。問言、善男子、何以憂愁啼哭、在一面立。答言、婆羅門、我欲売身、為供養般若波羅蜜及曇無竭菩薩摩訶薩故。而我薄福、売身不售。婆羅門語是善男子、我不須人。我欲祀天、当用人心・人血・人髄。汝能売不。是時是善男子不復憂愁、其心和悦、語是婆羅門、如汝之所須、我尽相与」（同前、419c4-19）を参照。

（5）隠水更能刺血――『大品般若経』巻第二十七、法尚品、「薩陀波崙菩薩敷座已、求水灑地而不能得。所以者何。悪魔隠蔽令水不現。魔作是念、薩陀波崙菩薩求水不得、於阿耨多羅三藐三菩提乃至生一念劣心異心、則智慧不照、善根不増、於一切智而有稽留。爾時薩陀波崙菩薩作是念、我当自刺其身以血灑地、令無塵土来坌大師。我何用此身。此身必当破壊。我従無始生死以来、数数喪身、未曾為法。即以利刀自刺出血灑地。薩陀波崙菩薩、及長者女并五百侍女皆無異心、悪魔亦不能得便」（同前、422c19-423a1）を参照。

5.6.2.2. 二十五法の功能を結示す

此の二十五法は、通じて一切の禅・慧の方便と為す。諸観は同じからざるが故に、方便も亦た転ず。譬えば曲弄[1]は既に別なれば、調絃も亦た別なるが如し。若し細しく分別せば、則ち無量の方便あり。文は繁ければ、載せず。意を以て得可し。

今、此の二十五法を用て、定外の方便と為し、亦た遠方便と名づく。是の調心に因りて、豁然として理を見る。理を見るの時、誰か内外を論ぜん。豈に遠近有あらん。『大品』に云わく、「内観もて是の智慧を得るに非ず、外観にも非ず、内外観にも非ず。外観を離れず、内観、及び内外観を離れず、亦た無観を以て是の智慧を得るにも不ず[2]」と。今、且らく此れに約して外の方便を明かすなり。然れば、定執して、是非を生ず可からず。若し此の意を解して沈浮を得ば、内外は倶に方便を成ず。若し意を得ずば、倶に方便に非ざるなり。

摩訶止観巻第四下

（1）曲弄――歌曲の意。

（2）大品云非内観得是智慧非外観非内外観不離外観不離内観及内外観亦不以無観得是智慧――『大品般若経』巻第三、集散品、「是先尼梵志非内観故得（底本の「得故見」を、宋・明・宮本によって「故得」に改める）是智慧、非外観故得（底本の「得故見」を、宋・明・宮本によって「故得」に改める）是智慧、非内外観故得（底本の「得故見」を、宋・明・宮本によって「故得」に改める）是智慧、亦不無智慧観故得（底本の「得故見」を、宋・明・宮本によって「故得」に改める）是智慧」（T8, 236a16-19）を参照。

摩訶止観 巻第五上

隋の天台智者大師説く
門人の灌頂記す

5.7. 正修止観章

5.7.1. 結前生後し人・法の得失を明かす

5.7.1.1. 得を明かす

第七に正修止観とは、前の六重[1]は修多羅に依って、以て妙解を開き、今は妙解に依って、以て正行を立つ。膏と明は相い頼り、目と足は更いに資く。行解は既に勤むれば、三障・四魔は、(49a)紛然として競い起こり、重昏巨散は、定明を翳動す[2]。随う可からず、畏る可からず。之れに随わば、人を将いて悪道に向かい、之れを畏れば、正法を修することを妨ぐ。当に観を以て昏を観じ、昏に即して而も朗らかにし、止を以て散を止め、散に即して而も寂ならしむべし。

猪の金山を揩り[3]、衆流の海に入り[4]、薪の火を熾んにし、風の求羅[5]を益すが如くなるのみ。此の金剛の観は、煩悩の陣を割り、此の牢強の足は生死の野を越え、慧は行を浄くし、行は慧を進め、照潤導達し、交絡(きょうらく)して瑩飾(けいじき)し、一体の二手は、更互(たが)いに揩摩(かいま)す。但だ遮障を開拓して、内に己が道を進むるのみに非ず、又た精(くわ)しく経論に通じて、外に未聞を啓(ひら)く。自匠(じしょう)、匠他、利を兼ねて具足す。人師・国宝は、此れに非ずば、是れ誰ぞ。而して復た仏の慈悲に諸の慳悋(けんりん)無きを学んで、止[6]観を説き、彼に施す者は、即ち是れ門を開き蔵を傾けて、如意珠[7]を捨つ。此の

(1)前六重——十広の前の大意・釈名・顕体・摂法・偏円・方便の六章を指す。

(2)重昏巨散翳動定明——無知の深い暗闇が智慧の明るみを覆い隠し、激しい心の散乱が心の安定を動揺させること。重昏が明を翳い、巨散が定を動かすという句造り。

(3)猪揩金山——『大智度論』巻第三十、「忍為磫磪、能瑩明諸徳。若人加悪、如猪揩金山、益発其明。求仏道度衆生之利器、忍為最妙」(T25, 281a6-8) を参照。

(4)衆流入海——『輔行』巻第五之一には、「衆流等者、如大経云、衆流入海、失本名字。万流咸会、体無増損」(T46, 278b20-21) とある。引用文のなかの『涅槃経』の出典は未詳であるが、『南本涅槃経』巻第九、菩薩品、「一切菩薩・声聞・縁覚未来之世、皆当帰於大般涅槃、譬如衆流帰於大海」(T12, 664b14-16) を参照。

(5)風益求羅——『大智度論』巻第七、「譬如迦羅求羅虫、其身微細、得風転大、乃至能呑食一切」(T25, 113b3-4) を参照。

(6)止——底本の「心」を、甲本、『全集本』によって「止」に改める。

(7)如意珠——cintā-maṇi の訳。如意宝珠とも訳される。意のままに宝を出す宝石。

珠は光を放ちて、復た宝を雨らし、闇を照らし、乏しきを豊かにし、夜を朗らかにし、窮まれるを済い、二輪を馳せて遠く致し、両翅を翥げて、以て高く飛ぶ。[1] 玉のごとく潤い碧のごとく鮮かなること、[2] 勝げて言う可けんや。香城に骨を粉にし、[3] 雪嶺に身を投ず。[4] 亦た何ぞ以て徳に報ずるに足らん。快馬は鞭の影を見て、正路に著く。[5]

5.7.1.2. 失を明かす

其れ癡鈍なる者は、毒気深く入りて、本心を失うが故なり。[6] 既に其れ信ぜざれば、則ち手に入らず、聞法の鉤無きが故に、[7] 聴けども解すること能わず、智慧の眼に乏しければ、真偽を別かたず、身を挙げて痺癩し、歩みを動かすも前まず、覚らず知らず、大罪の聚まれる人なり。何ぞ労して為めに説かん。設し世を厭う者は、下劣の乗を翫ばば、枝葉に攀附し、[8] 狗の作務に

(1) 馳二輪而致遠翥両翅以高飛——『南本涅槃経』巻第十三、聖行品、「猶如車有二輪則能載用、鳥有二翼堪任飛行」(T12, 691c29-692a1) を参照。「致遠」は、『易』繫辞伝上に出る。

(2)玉潤碧鮮――左思『呉都賦』(『文選』巻第五所収)に出る。美しい宝石がみずみずしく鮮やかなさまをいう。

(3)香城粉骨――『大品般若経』巻第二十七、常啼菩薩品に出る。薩陀波崙(Sadāprarudita)菩薩が衆香城にいる曇無竭(Dharmodgata)菩薩に会いに行く途中、供養するのにもお金がないので、我が身を売ろうとしたところ、誰からも買い手がつかず憂いに沈んでいた。そこで、帝釈天が婆羅門の姿に変身して、祭祀の犠牲が欲しいから、あなたを買おうといった。薩陀波崙の発心が真実かどうかを試すためである。そこで、薩陀波崙の取った行動については、「即時薩陀波崙右手執利刀刺左臂出血、割右髀肉、復欲破骨出髄」(T8, 419a9-10)を参照。

(4)雪嶺投身――『南本涅槃経』巻第十三、聖行品に出る、いわゆる雪山童子の物語を指す(T12, 692a-693b を参照)。とくに、「我於爾時説是語已、尋即放身自投樹下」(同前、693a17-18)を参照。

(5)快馬見鞭影即著正路――『雑阿含経』巻第三十三、「世有四種良馬、有良馬駕以平乗、顧其鞭影馳駃、善能観察御者形勢、遅速左右、随御者心。是名比丘世間良馬第一之徳……如彼良馬顧影則調、是名第一善男子於正法律能自調伏」(T2, 234a17-b4)を参照。また、『大智度論』巻第一、「爾時長爪梵志如好馬見鞭影即覚、便著正道」(T25, 62a6-7)を参照。

(6)毒気深入失本心故――『法華経』如来寿量品に同文がある(T9, 43a21-22)。

(7)聞法鉤――『南本涅槃経』巻第二十三、光明遍照高貴徳王菩薩品、「譬如酔象、狂逸暴悪、多欲殺害。有調象師以大鉄鉤鉤斲其頂、即時調順、悪心都尽。一切衆生亦復如是、貪欲・瞋恚・愚癡酔故、欲多造悪。諸菩薩等以聞法鉤斲之令住、更不得起造諸悪心。以是義故、聴法因縁、則得近於大般涅槃」(T12, 756a23-28)を参照。

(8)攀附枝葉――『大品般若経』巻第十三、魔事品、「菩薩学余経、棄捨般若波羅蜜、終不能至薩婆若。善男子・善女人為捨其根、而攀枝葉。当知是為菩薩魔事」(T8, 319a10-13)を参照。

狎れ[1]、獼猴を敬いて帝釈と為し、[2]瓦礫は是れ明珠なりと宗ぶ。[3]此の黒闇の人に、豈に道を論ず可けん。

又た、一種の禅人あり、他の根性に達せずして、純ら乳薬を教う。[4]体心、踏心、和融、覚覓、若しは泯、若しは了、[5]斯れは一轍の意なり。障難は万途にして、紛然として識らず。纔かに異相を見て、即ち是れ道なりと判ず。自ら法器に非ず、復た他を匠むるを闕く。盲跛[6]の師徒は二倶に堕落し、[7]瞽蹶[8]の夜遊ぶは、甚だ憐愍す可し。応に上の諸人に対して此の止観を説くべからず。夫れ止観は、高尚なる者を高尚にし、卑劣なる者を卑劣にす。

（1）狗狎作務――『大品般若経』巻第十三、魔事品、「菩薩摩訶薩学般若波羅蜜時、亦学世間・出世間法。須菩提、譬如狗不従大家求食、反従作務者索」（T8, 319a22-25）を参照。

（2）敬獼猴為帝釈――『仏蔵経』巻上、念僧品、「過去世中有一癡人不識獼猴、入一大林、見獼猴群叢聚一処、是人曾聞有忉利天、便謂為是忉利諸天」（T15, 787a24-26）を参照。

（3）宗瓦礫是明珠――『南本涅槃経』巻第二、哀歎品、「譬如春時、有諸人等在大池浴乗船遊戯、失琉璃宝没深水中。是時諸人悉共入水求覓是宝、競捉瓦石・草木・沙礫、各各自謂得琉璃珠、歓喜持出乃知非真」（T12, 617c3-7）を参照。

（4）純教乳薬――『南本涅槃経』巻第二、哀歎品、「譬如国王闇鈍少智。有一医師性復頑嚚、而王不別、厚賜俸禄。療治衆病純以乳薬、亦復不知病起根原。雖知乳薬、復不善解風・冷・熱病、一切諸病悉教服乳」（同前、617c21-25）を参照。

（5）体心踏心和融覚覓若泯若了――これらは禅者の修行のあり方を示すものであるが、その内容はよくわからない。『輔行』巻第一之一に説かれる九師相承に関連する記述がある。「体心」については不明。「踏心」については、「第六諱慧。多用踏心。内外中間心不可得。泯然清浄、五処止心」（T46, 149b1-2）を参照。「和融」については、「第二諱最。多用融心。性融相融、諸法無礙」（同前、149a27）を参照。「覚覓」については、「第七諱文。多用覚心。重観三昧・滅尽三昧・無間三昧。於一切法、心無分別」（同前、149b2-4）と関係があるか。「若泯若了」については、「第四諱就。多用寂心。第五諱監。多用了心。能観一如」（同前、149a29-b1）と関係があるか。

（6）盲跛――目が不自由な様子と足が不自由な様子。

（7）盲跛師徒二倶堕落――『百論』巻上、破神品、「外曰、如盲跛〔修妬路〕。譬如盲跛相仮能去。如是神有思惟、身有動力、和合而去。内曰、異相故〔修妬路〕。如盲跛二触二思惟、故法応能去。身神無二事、故不応去。是故無去法。若不爾、有如上断過。復次汝謂空熱。此事不然。何以故。空無触故。微熱遍空。身触覚熱非空熱也」（T30, 172b21-27）を参照。

（8）瞽蹶――目の不自由な人と足の不自由な人の意。

5.7.2. 広く解す

5.7.2.1. 開章

止観を開いて十と為す。一に陰・界・入[1]、二に煩悩、三に病患(びょうげん)、四に業相(ごっそう)、五に魔事、六に禅定、七に諸見、八に増上慢、九に二乗、十に菩薩なり。

49b

5.7.2.2. 生起を明かす

此の十境は、通じて能く覆障(ふくしょう)するも[2]、陰の初めに在るは、二義あり。一に現前すればなり。二に経に依ればなり。『大品』に云わく、「声聞の人は、四念処に依って道を行ず。菩薩は初めに色を観じ、乃ち一切種智に至る」[3]と。章章皆な爾り。故に経に違わず。又た、行人は身を受くるに、誰に陰・入の重担(じゅうたん)[4]現前せざるや。是の故に初めに観ず。後に異相を発すれば、別に次と為すのみ。

(1)陰界入――五陰・十八界・十二入のこと。五陰（五蘊）は個人存在を構成する五つの要素で、色（いろ・形あるもの。視覚の対象。身体）・受（感受作用）・想（表象作用）・行（受・想・識以外の精神作用で、意志作用を主とする）・識（認識・判断作用）のあつまりのことである。十八界は六根（眼根・耳根・鼻根・舌根・身根・意根の六種の感覚・知覚の機能）・六境（色・声・香・味・触・法の六根の感覚・知覚の対象）・六識（六根と六境の接触によって生じる眼識・耳識・鼻識・舌識・身識・意識の六種の認識）のことである。十二入（十二処）は六根（六内入）と六境（六外入）のことである。いずれも個人と個人の見る世界とを合わせて表現したものである。

(2)此十境通能覆障――『摩訶止観』における十境十乗の観法のうち、十境は観察の対象界を意味し、これらはいずれも修行者自身のさまざまなあり方にほかならないが、修行者が真実の世界（法界、実相）を観察することを妨げる働きを持っている。修行者はまさにこれらの対象界を観察することによって、それらがそのまま真実の世界であることを体得するのである。これが摩訶止観にほかならない。たとえば、菩薩という第十番目の対象界でさえも、成仏するという立場から見れば、成仏を妨げる働きを持ち得るのである。

(3)大品云声聞人依四念処行道菩薩初観色乃至一切種智――『大智度論』巻第三十六、「十八空・四念処、乃至大慈・大悲・一切種智、不見若相応・若不相応。問曰、是菩薩非声聞・辟支仏、云何有三十七品。未得仏道、云何有十力・四無所畏。答曰、是菩薩雖非声聞・辟支仏、亦観声聞・辟支仏法、欲以声聞・辟支仏道度衆生故」（T25, 328b19-25）を参照。「四念処」は、身・受・心・法の四種の対象に対して、それぞれ不浄・苦・無常・無我であると観察することである。

(4)重担――重い荷物の意。

夫れ五陰は四分[1]と合し、若し照察せずば、紛馳[2]するを覚らず。如し舟に閉じ、水に順ぜば、寧んぞ奔迸するを知らん。若其し廻り泝らば、始めて馳流するを覚る。既に陰の果を観ずれば、則ち煩悩の因を動ず。故に五陰に次いで四分を論ずるなり。

四大は是れ身の病、三毒は是れ心の病なり。其れ等しきを以ての故に、情中に覚らず。今、大・分をば倶に観ぜば、脈・蔵を衝撃す。故に四蛇[3]は偏起して、患いの生ずることを致す。

無量の諸業は、称計す可からず。散善は微弱なれば、動ぜしむること能わず。今、止観を修して、健病虧[4]けずば、生死の輪を動ず。或いは善は萌すが故に動じ、悪は壊するが故に動ず。善く受報を示すが故に動じ、悪来たって報を責むるが故に動ず。故に病に次いで業を説くなり。悪は動ずるを以ての故に悪は滅せんと欲し、善は動ずるを以ての故に善は生ぜんと欲す。魔は境を出ずることを遽れて、諸の留難を作し、或いは其の道を壊す。故に業に次いで魔を説く。若し魔事を過ぎば、則ち功徳は生ず。或いは過去の習因、或いは現在の行力もて、諸禅は競い起こり、或いは味、或いは浄、或いは横、或いは竪[5]なり。故に魔に次いで禅を説く。

禅に観支[6]有り。因って邪慧を生じて、逸に法を観じ、僻に諸倒を起こし、邪僻[7]は猛利なり。故に禅に次いで見を説く。

（1）四分――底本の「四大」を、『輔行』の指摘によって「四分」に改める。四大とは色陰を構成する地・水・火・風の四大元素であり、ここでは意味が通じない。四分は『摩訶止観』巻第八上の「観煩悩境」の項に、「若開此利鈍、為八万四千。今但束為四分。三毒偏発為三分、若等縁三境、名等分」（T46, 102b12-14）とあるのを参照。すべての煩悩を四つに分類したもので、貪・瞋・癡の三毒がそれぞれ単独に生起するものが三分で、三毒がいっしょに生起しているものが等分で、都合四分となる。

（2）紛馳――煩悩が盛んに活動すること。

（3）四蛇――四大をたとえる。『大智度論』巻第十二、「如仏説毒蛇喩経中。有人得罪於王、王令掌護一篋。篋中有四毒蛇……四毒蛇者、四大」（T25, 145b9-22）を参照。

（4）健病――「健」は四大の陰境・四分の煩悩境を指し、「病」は病患境を指す。

（5）或味或浄或横或竪――「味」は愛着を起こすこと。味禅は禅定に入ってその禅定に愛着を起こす低い禅定で、浄禅に対する。『摩訶止観』巻第九上、「四禅是根本闇証味禅。凡聖通共薄修即得」（T46, 118a16-17）を参照。「横」、「竪」はよくわからないが、おそらく禅の生じる仕方を意味すると思われる。後出の「互発」に十あるうちの「具不具」の箇所を参照。

（6）観支――初禅には覚・観・喜・楽・一心の五支がある。覚（新訳では尋）は物事を推し量る心の粗い働きで、観（新訳では伺）は細かい働きを意味する。「支」はaṅgaの訳で、分とも漢訳される。部分の意。

（7）僻――底本の「辯」を、『全集本』によって「僻」に改める。

若し見を識りて非と為し、其の妄著を息めば、貪・瞋の利鈍[1]は、二倶に起こらず。無智の者は、涅槃を証すと謂う。小乗も亦た横に四禅を計して四果と為すこと[2]有り。大乗も亦た魔来たりて記を与うること[3]有り。並びに是れ未だ得ざるを得たりと謂う増上慢の人なり[4]。故に見に次いで慢を説く。

見・慢は既に静かなれば、先世の小習は静かなるに因って生ず。身子の眼を捨つるは[5]、即ち其の事なり。『大品』に云わく、「恒沙の菩薩は大心を発し、若しは一、若しは二は、菩薩の位に入るも、多くは二乗に堕す[6]」と。故に慢に次いで二乗を説く。

若し本願を憶するが故に空に堕せずば、諸の方便道の菩薩の境界[7]は即ち起こるなり。『大品』に云わく、「菩薩有りて久しく六波羅蜜を行ぜざるに、若し深法を聞かば、即ち誹謗を起

(1) 貪瞋利鈍――煩悩について利鈍をいう場合は、「利」は五利使(身見・辺見・邪見・見取見、戒禁取見)、「鈍」は五鈍使(貪・瞋・癡・慢・疑)を意味する。貪瞋は五鈍使に属するので、この句はわかりにくい。

(2)横計四禅為四果――「四禅」はこれを修して色界の四禅天に生まれることのできる禅で、外道も修するのに対して、「四果」は声聞の聖者の位である須陀洹果・斯陀含果・阿那含果・阿羅漢果を意味する。

(3)魔来与記――『大品般若経』巻第十八、夢誓品、「悪魔変化作種種身、語菩薩言、汝於諸仏所得受阿耨多羅三藐三菩提記」(T8, 352b29-c2)を参照。

(4)未得謂得増上慢人――『法華経』方便品、「説此語時、会中有比丘・比丘尼・優婆塞・優婆夷五千人等、即従座起、礼仏而退。所以者何。此輩罪根深重及増上慢、未得謂得、未証謂証、有如此失、是以不住」(T9, 7a7-10)を参照。

(5)身子捨眼――『大智度論』巻第十二、「如舎利弗、於六十劫中行菩薩道、欲渡布施河。時有乞人来乞其眼、舎利弗言、眼無所任、何以索之。若須我身及財物者、当以相与。答言、不須汝身及以財物、唯欲得眼。若汝実行檀者、以眼見与。爾時舎利弗出一眼与之。乞者得眼、於舎利弗前嗅之嫌臭、唾而棄地、又以脚蹋。舎利弗思惟言、如此弊人等、難可度也。眼実無用而強索之、既得而棄、又以脚蹋、何弊之甚。如此人輩、不可度也。不如自調、早脱生死。思惟是已、於菩薩道退、迴向小乗、是名不到彼岸。若能直進不退、成辦仏道、名到彼岸」(T25, 145a18-b1)を参照。

(6)大品云恒沙菩薩発大心若一若二入菩薩位多堕二乗――『大品般若経』巻第九、大明品、「我以仏眼見東方無量阿僧祇衆生発心行阿耨多羅三藐三菩提行菩薩道、是衆生遠離般若波羅蜜方便力故、若一若二住阿惟越致地、多堕声聞・辟支仏地」(T8, 284c5-9)を参照。

(7)諸方便道菩薩境界――智顗の教判に蔵通別円の化法の四教があるが、四教の菩薩を方便道と真実道とに分けることがある。蔵教の菩薩(六度の菩薩と呼ばれることがある)、通教の菩薩、別教の教道の菩薩は方便道で、別教の証道の菩薩と円教の菩薩は真実道である。

49c

こして、泥犁(ないり)[1]の中に堕す[2]」と。此れは是れ六度の菩薩なるのみ。通教の方便の位も亦た謗の義有り。真道に入らば、謗ぜざるなり。別教の初心は深法有ることを知る。是れ則ち謗ぜず。此れ等は悉ごとく是れ諸の権の善根なり。故に二乗の後に次いで説くなり。

5.7.2.3. 位を判ず

此の十種の境は、始め凡夫の正報自り、終わり聖人の方便に至る。

5.7.2.4. 隠・顕を判ず

陰・入の一境は、常に自ら現前す。若しは発するも、発せざるも、恒(つね)に観を為すことを得。余の九境は発せば、観を為す可きも、発せずば、何ぞ観ずる所あらん。

5.7.2.5. 遠・近を判ず

又た、八境は正道を去ること遠し。深く防護を加えて、正轍に帰することを得。二境は正道を去ること近ければ、此の位に至る時は、観無きことを慮(おもんぱか)らず、薄修せば、即ち正なり。

5.7.2.6. 互発を明かす

又た、若し諸境の互いに発することを解せずば、大いに疑網を起こし、岐道に在りて、従う所を知らざるが如し。先に若し之れを聞かば、其の変怪を恣にして、心は安きこと空の若し。

互発に十有り。次第・不次第、雑・不雑、具・不具、作意・不作意、成・不成、益・不益、久・不久、難・不難、更・不更、三障・四魔を謂う。九双七隻なり[3]。

次第とは、三義有り。法・修・発を謂う。法とは、次第浅深の法なり。修とは、先世に已に

（1）泥犂——底本の「泯犂」を、『全集本』によって「泥犂」に改める。「泥犂」は niraya の音写語で、地獄の意。

（2）大品云有菩薩不久行六波羅蜜若聞深法即起誹謗堕泥犂中——『大品般若経』巻第十一、随喜品、「若諸菩薩不久行六波羅蜜、不多供養諸仏、不種善根、不与善知識相随、不善学自相空法。是諸菩薩是諸縁是諸事」（T8, 298a17-20）、同、信毀品、「是善男子、善女人等、先世聞深般若波羅蜜時棄捨去、今世聞深般若波羅蜜亦棄捨去。身心不和、是人種愚癡因縁業種、是愚癡因縁罪故、聞説深般若波羅蜜呰毀。呰毀深般若波羅蜜故、則為呰毀過去未来現在諸仏一切智・一切種智。是人毀呰三世諸仏一切智故、起破法業。破法業因縁集故、無量百千万億歳堕大地獄中」（同前、304c4-12）を参照。

（3）九双七隻——十種のうち第一の雑・不雑から第九の更・不更までが対となっているから「九双」で、第十の三障・四魔が「七隻」である。

曾て研習する次第にして、或いは此の世に次第に修するなり。発とは、次に依りて修して、次に発するなり。

不次にも亦た三義有り。法・修・発を謂う。発は、則ち不定にして、或いは前に菩薩の境を発し、後に陰・入を発す。次第ならずと雖も、十の数は宛(さなが)ら足る。修とは、若し四大は違返せば、則ち先に病患を修し、若し四分は増多ならば、則ち先に煩悩を修す。是の如く一一に強き者に随って先に修す。法とは、眼・耳・鼻・舌、陰・入・界等は、皆な是れ寂静門にして、亦た是れ法界なり。何ぞ此(ここ)を捨て、彼(かしこ)に就くを須(もち)いん。『宝篋(ほうきょう)経』に出ず[1]、云云。当に知るべし、法界の外に、更に復た法有りて次第を為す無きを。

煩悩は即ち法界なり。『無行経』に云うが如し、「貪欲は、即ち是れ道なり」[2]と。『浄名』に云わく、「非道を行じて、仏道に通達す」[3]と。仏道は既に通ずれば、復た次第無きなり。病患は是れ法界なるは、『浄名』に云わく、「今、我が病は真に非ず有に非ず、衆生の病も亦た真に非ず有に非ず」[4]と。此れを以て自ら調え、亦た衆生を度す。方丈の託疾[5]、双林の病行[6]は、即ち其の義なり。

業相を法界と為すとは、業は是れ行陰なり。『法華』に云わく、「深く罪福の相に達し、遍く十方を照らす。微妙浄法身は、相を具すること三十二なり」[7]と。業は縁従り生じ、自在ならざ

（1）出宝篋経――『大方広宝篋経』巻上、「文殊師利白言、世尊、一切諸法是寂静門、一切言説是寂静門。示寂静故」（T14, 470c22-24）を参照。
（2）無行経云貪欲即是道――『諸法無行経』巻上、「貪欲性是道」（T15, 752a7）を参照。
（3）浄名云行於非道通達仏道――『維摩経』巻中、仏道品、「維摩詰言、若菩薩行於非道、是為通達仏道」（T14, 549a1-2）を参照。
（4）浄名云今我病者非真非有衆生病亦非真非有――『維摩経』巻中、文殊師利問疾品、「彼有疾菩薩応復作是念、如我此病、非真非有、衆生病亦非真非有」（同前、545a25-27）を参照。
（5）方丈託疾――「方丈」は維摩詰の住んだ一丈四方の部屋のこと。『維摩経』本文には「方丈」の語はなく、中国の諸注釈書に出る。「託疾」については『維摩経』巻上、方便品、「其以方便、現身有疾……維摩詰因以身疾、広為説法」（同前、539b10-13）を参照。
（6）双林病行――「双林」は沙羅双樹の林で、釈尊が涅槃に入った地。沙羅樹が四方に二株ずつ並んで生えている中間において釈尊が涅槃に入ったので、このようにいう。『南本涅槃経』巻第十、一切大衆所問品、「爾時、如来説是語已、為欲調伏諸衆生故、現身有疾、右脇而臥、如彼病人」（T12, 669c14-16）、同、現病品、「我今背痛」（同前、669c26）などを参照。
（7）法華云深達罪福相遍照於十方微妙浄法身具相三十二――『法華経』、提婆達多品、「深達罪福相　遍照於十方　微妙浄法身　具相三十二　以八十種好　用荘厳法身」（T9, 35b28-c1）を参照。

るが故に空なりと達すれば、此の業は能く業を破す。若し衆生は応に此の業を以て得度すべくば、諸の業を示現し、此の業を以て業を立つ。業と不業の縛・脱は得ること叵し。普門示現し[1]て、双べて縛・脱を照らす。故に「深く達す」と名づく。何ぞ啻だ方等[2]の師と為すに堪えんや。

魔事を法界と為すとは、『首楞厳』に云わく、「魔界の如と仏界の如は、一如にして二如無し[3]」と。実際の中にして、尚お仏をすら見ず。況んや魔有るを見んや。設い魔有る者も、良薬を屣に塗らば、乗御に堪任せん[4]、云云。

禅を法界と為すとは、能く心性を観ずるを、名づけて上定と為す。即ち首楞厳なり[5]。味せず乱れず、王三昧に入らば、一切の三昧は悉ごとく其の中に入る。

見を法界と為すとは、『浄名』に云わく、「邪相を以て正相に入り、諸見に於いて動ぜずして、三十七品を修す[6]」と。又た、動じて修し、動ぜずして修し、亦た動じ亦た動ぜずして修し、動に非ず不動に非ずして三十七品を修す。見を以て門と為し、見を以て侍[7]と為す。

慢を法界と為すとは、還って是れ煩悩なるのみ。慢の無慢、慢の大慢、非慢非不慢[8]を観じて、秘密蔵を成じ、大涅槃に入る[9]。

二乗を法界と為すとは、若し但空を見て、不空を見ずば[10]、云云。智者は、空、及以び不空を

（1）普門示現――『法華経』、観世音菩薩普門品、「爾時持地菩薩即従座起、前白仏言、世尊、若有衆生、聞是観世音菩薩品自在之業、普門示現神通力者、当知是人功徳不少」（T9, 58b3-5）を参照。
（2）方等師――『講義』には、方等三昧を教授する師と解釈している。
（3）首楞厳云魔界如仏界如一如無二如――『仏説首楞厳三昧経』巻下、「魔界如即是仏界如、魔界如・仏界如不二不別、我等不離是如」（T15, 639c14-16）を参照。
（4）良薬塗屣堪任乗御――『南本涅槃経』巻第九、菩薩品、「以此良薬用塗革屣、以此革屣触諸毒虫、毒為之消」（T12, 661a12-13）を参照。
（5）首楞厳――śūraṅgama の音写語。健相、健行、一切事竟などと漢訳される。三昧の中で最も優れたものとして王三昧と呼ばれることがある。
（6）浄名云以邪相入正相於諸見不動而修三十七品――『維摩経』巻上、弟子品、「於諸見不動、而修行三十七品、是為宴坐」（T14, 539c24）、同、「若能不捨八邪、入八解脱、以邪相入正法」（同前、540b6-7）を参照。
（7）侍――法界の侍者の意。
（8）慢無慢慢大慢非慢非不慢――『輔行』巻第五之一（T46, 282c5-7）によれば、慢の無慢が空、慢の大慢が仮、非慢非不慢が中道である。慢の空・仮・中を観察することを説いている。
（9）成秘密蔵入大涅槃――『南本涅槃経』巻第二、哀歎品、「我今当令一切衆生及我諸子四部之衆、悉皆安住秘密蔵中。我亦復当安住是中、入於涅槃」（T12, 616b8-10）を参照。
（10）若但見於空不見不空――『南本涅槃経』巻第二十五、師子吼菩薩品、「声聞・縁覚見一切空、不見不空」（同前、767c26-27）を参照。

見る。[1]「声聞の法を決了するに、是れ諸経の王なり。聞き已って諦らかに思惟すれば、無上道に近づくことを得」[2]と。

菩薩の境を法界と為すとは、底悪の生死、下劣の小乗すら尚お即ち是れ法界なり。況んや菩薩の法は、寧んぞ仏道に非ざらん。又た、菩薩の方便の権は、権に即して而も実にして、亦た即ち非権非実にして、秘密蔵を成じ、大涅槃に入る。是の一一の法は、皆な即ち法界なり。是れ不次第の法の相と為す。

雑・不雑とは、一境を発し已って、更に一境を発し、歴歴[3]として分明なるは、是れ不雑と為す。適に陰・入を発するに、復た煩悩を起こし、煩悩は未だ謝せざるに、復た業、復た魔・禅・見・慢等は、交横並沓[4]するは、是れ雑の発と為す。雑なりと雖も、十種を出でず。

50b

具・不具とは、十の数の足るを具と名づけ、九より去るを不具と名づく。次・不次、雑・不雑に、皆な具・不具を論ず。又た、総具、総不具、[5]別具、別不具あり。十の数の足るは是れ総具、十の数の委悉ならざるは是れ総不具なり。九の数を欠くるは是れ別不具、九の数の中委悉なるは是れ別具なり。又た、横具・横不具、竪具・竪不具あり。例せば四禅を発して非想に至るは是れ竪具、不用処[6]に至るは是れ竪不具にして、通明[7]・背捨等を発するは是れ横具、止だ七背捨を発するは是れ横不具なるが如し。又た、初禅を発して四禅に至るは是れ竪具、三禅よ

(1)智者見空及与不空――『南本涅槃経』巻第二十五、師子吼菩薩品、「智者見空及与不空、常与無常、苦之与樂、我与無我」(T12, 767c20-21) を参照。

(2)決了声聞法是諸経之王聞已諦思惟得近無上道――『法華経』、法師品、「若聞是深経　決了声聞法　是諸経之王　聞已諦思惟　当知此人等　近於仏智慧」(T9, 32a15-17) を参照。

(3)歴歴――はっきりとした様子。

(4)交横並沓――さまざまな対象界の生じ方を説明する句である。『輔行』巻第五之一には、「交互而起、為交横。双双倶起、名之為並。相次而起、名之為沓」(T46, 282c15-17) とあり、「交横」、「並」、「沓」と三つに分けて解釈しているが、交横を一語と見るならば、並沓も一語と見るべきであろう。「交横」は、かわるがわる起こること、「並沓」は、二つ重なって起こること。

(5)総不具――『輔行』巻第五之一には、「雖具起十、於一一中頭数不足、名総不具」(同前、282c22-23) とあり、「頭数」について、慧澄癡空の『講義』には、「境境の中、各おの法の様相名数有るを頭数と云う」とある。すなわち、十の対象界がすべて生じても、そのなかのたとえば禅境において、すべての禅が生じるわけではない場合を総不具というのである。

(6)不用処――四空処(無色界の四処)の中の第三、無所有処のこと。

(7)通明――四禅、四無色、および滅尽定の九次第定をいう。これらは身、息、心の三つを共通に観じる禅なので通明という。また、六神通・三明を生じるから通明と名づけるとも言われる。『次第禅門』巻第八(同前、529a 以下)を参照。

り来は是れ竪不具なり。又た、初禅の九品[1]は是れ竪具、八品より来は是れ竪不具なり。又た、一品の五支[2]足るは是れ横具、四支より已来は是れ横不具なり。其の余の法は此れに例して知る可し、云云。

修・不修とは、作意して陰・界・入を修して、界・入の開解するは、是れ修発なり。作意せずして陰・界・入は自ら発し、色心に通達するは、是れ不修発なり。乃ち菩薩の境に至るも亦た是の如し。応に四句の根本と為ること有りて、句句は三十六句を織り成すべし。例せば下の煩悩境の中に説くが如し[3]。

成・不成とは、若し一境を発せば、究竟して成就し、成就し已って謝し、更に余境を発し、余境も亦た究竟して成ず。若し一種を発するに、乍ち起こり乍ち滅せば[4]、但だ品数[5]は欠少するのみに非ず、分分の中に於いて、亦た曖昧として明らかならず。前の具・不具には、止だ頭数を明かすも、此の中には体分[6]の始終を論ず。

益・不益とは、或いは悪法を発するも、止観に於いては益巨く、明静なること転た深く、或いは善法を発するも、止観に於いては大いに損し、其の静照を損す。或いは静を増し照を損し、或いは静を損し照を増し、倶に増し、倶に損す。

難発・不難発とは、或いは悪法の難易、或いは善法の難易、倶に難、倶に易なり。

久・不久とは、自ら一境有りて久久に去らず、或いは一境有りて即ち起こり、即ち去る、云云。

更・不更とは、自ら一境有りて一更、両更、乃至多多なり、自ら一境有りて一たび発して即ち休み、後に復た発せず。是の如き等は、種種に同じからず。善く其の意を識り、謬って去取することと莫れ。然るに、皆な止観を以て、之れを研きて滞り無からしむ。

三障・四魔とは、『普賢観』に云わく、「閻浮提の人は、三障重きが故なり[8]」と。陰入・病患

（1）初禅九品――『次第禅門』巻第五、「如論云、仏弟子修諸禅時、有下・中・上。名為三品。離此三品、一品為三。故有九品浅深之相。若細而論、則応有無量品」（T46, 512b3-5）を参照。
（2）五支――覚・観・喜・楽・一心を指す。
（3）例如下煩悩境中説――『摩訶止観』巻第八上（同前、102a6-106a19）を参照。
（4）乍起乍滅――底本の「作起乍滅」を、『全集本』によって「乍起乍滅」に改める。
（5）品数――たとえば初禅の九品のように、一つひとつの法の様相における分類の数を意味すると思われる。
（6）体分――一つひとつの法の様相の本体の意。
（7）久久――久しい間の意。
（8）普賢観云閻浮提人三障重故――『仏説観普賢菩薩行法経』、「閻浮提人三障重故」（T9, 389c28-29）を参照。

50c

は、是れ報障なり。煩悩・見・慢は、是れ煩悩障なり。業・魔・禅・二乗・菩薩は、是れ業障なり。止観を障えて明静ならず、菩提の道を塞ぎ、行人をして通じて五品・六根清浄の位[1]に至ることを得ざらしむ。故に名づけて障と為す。四魔とは、陰・入は、正しく是れ陰魔なり。業・禅・二乗・菩薩等は、是れ行陰なれば、名づけて陰魔と為す。煩悩・見・慢等は、是れ煩悩魔なり。病患は是れ死の因なれば、死魔と名づく。魔事は、是れ天子魔なり。魔は奪者（だっしゅ）と名づく。観を破するを奪命と名づけ、止を破するを奪身と名づく。又た、魔を磨訛（まか）と名づく。観を磨し、訛して黒闇ならしめ、止を磨し、訛して散逸ならしむ。故に名づけて魔と為す、云云。

問う。何の意もて互いに発する。

答う。皆な二世[2]の因縁に由る。昔、漸観の種子有らば、今修行の雨を得て、即ち次第発なり。

昔、頓観の種子有らば、即ち不次第発なり。

昔、不定の種子有らば、即ち雑発なり。

昔修する時、数[3]具せば、即ち具発なり。昔修する時、数具せずば、即ち不具発なり。

昔曾て証得し、今発せば、則ち成じ、昔、但だ修して証せずば、今発するも成ぜず。

昔の因は強くば、今修せざれども発す。今の縁は強くば、修を待って発す。昔の因、今の縁の二は倶に善巧に上道に廻向し、今発せば、則ち益す。昔の因縁の中に毒を雑（まじ）えば、是れ則ち損を致す。

発の因る所の処は弱くば、則ち久しからず。発の因の処は強くば、是れ則ち久し。麁細住[4]より乃ち四禅に至るまで、伝伝して強弱を判ず、云云。

善の発し易きは遮の軽きに関わり、善の発し難きは遮の重きに由る。悪の発し難きは根の利なるに由り、悪の発し易きは根の鈍なるに由る。

悪の滅せんと欲して謝するを告げ、善の生ぜんと欲して相い知らしむるは、則ち一にして更[5]

(1)五品六根清浄位――「五品」は智顗の考案した菩薩の階位で、観行即に相当する。灌頂は智顗について、この五品の位に達したと述べている。『摩訶止観』巻第一上、「位居五品」(T46, 1b16)を参照。「六根清浄位」は、相似即に相当する。智顗の師の南岳大師慧思がこの位に達したといわれる。

(2)二世――過去世と現在世のこと。

(3)数――法の様相の数の意。

(4)麁細住――麁住と細住のこと。『摩訶止観』巻第九上によれば、心が縁(対象)に対して馳散しないことを麁住といい、心の安定の度合いが麁住より優れたものを細住という。「其心在縁而不馳散者、此名麁住。従此心後怗怗勝前、名為細住」(同前、118b23-24)を参照。

(5)更――繰り返すこと。

ならず。善の滅せんと欲して救いを求め、悪の興らんと欲して受くるを求むるは、則ち更更更更なり。[1]

此の中、皆な口決(くけつ)[2]を須い、智慧を用て籌量(ちゅうりょう)せよ。心を師として謬って是非を判ずることを得ざれ。爾(なんじ)は、其れ之れを慎み、之れを勧め、之れを重んぜよ。

5.7.2.7. 章安尊者の私料簡

私に料簡せば、法は塵沙(じんじゃ)[3]の若し。境は何ぞ定んで十ならん。

答う。譬えば大地の一にして能く種種の芽を生ずるが如し。[4]数は方にして、広略ならず[5]、義をして明了にし易からしめんが故に、十と言うのみ。

問う。十境の通・別は云何ん。

答う。身を受くるの始め、身有らざること無し。諸経に観を説くこと、多く色従り起こる。故に陰を以て初めと為すのみ。

陰を以て本と為すは、陰の因、陰の患、陰の主、善の陰、又た陰の因、別の陰等[6]、云云。

(1)更更更更――何度も繰り返し生じること。

（2）口決——師から直接口で教授されること、秘訣の意。

（3）私料簡者——「私」は灌頂自身の考えを記すことを表わしている。『摩訶止観』は智顗の講義を灌頂が筆録したことになっているので、智顗の講義の筆録ではない部分、つまり灌頂が独自に考えて書き込んだ部分には「私」の文字を冠して、他の部分と区別している。たとえば、「私謂」、「私諮云」、「今私対之」などとある。「料簡」は、はかりえらぶ、考察検討するの意。天台関係の文献には「料簡」が頻出し、ここの場合のように、問答を展開しながら真実をきわめていくことを意味したり、「四門料簡」、「四句料簡」、「五双料簡」などという場合のように、いくつかの分析視点を設定し、その視点を通して真実をきわめていくことを意味したりする。

（4）譬如大地一能生種種芽——『六十巻華厳経』巻第五、菩薩明難品、「猶如大地一　能生種種芽　地性無別異　諸仏法如是」（T9, 428a16-17）を参照。

（5）数方不広略——十という数はきちんとしたものであり、詳細でも簡略でもないの意。類似の文が『摩訶止観』巻第一上にも、「十是数方、不多不少」（T46, 3b12-13）とある。そこでも『摩訶止観』の構成を十章にすることに関連して述べている。

（6）以陰為本陰因陰患陰主善陰又陰因別陰等——底本の「以陰本」を甲本、『全集本』によって「以陰為本」に改める。ここは、『摩訶止観』が講義の筆録であるために理解しにくくなっている良い例である。項目だけの羅列で、このままでは理解しにくい。ここでは『輔行』の解釈によって、「十種の対象界をすべて共通に陰と呼ぶことについては、陰の対象界は陰を根本としており、煩悩と業相とは陰の原因であり、病患は陰の病であり、魔は陰の支配者であり、禅は善である陰であり、見と慢とはさらにまた陰の原因であり、二乗と菩薩とは、他の八種の対象界とは異なる陰である」と理解する。

通じて煩悩と言うは、見・慢は同じく煩悩、陰・入、病は是れ煩悩の果、業は是れ煩悩の因、禅は是れ無動業、業は即ち煩悩の用なり。魔は即ち欲界を統べ、即ち煩悩の主なり。二乗・菩薩は、即ち別煩悩に摂す、云云。

通じて病患と称するは、陰・界・入は即ち病の本にして、煩悩・見・慢等は即ち是れ煩悩の病なり。『浄名』に云わく、「今、我が病は皆な前世の妄想・諸煩悩従り生ず」と。業も亦た是れ病なり。『大経』に、「王は今、病重し」と云うは、即ち五逆を指して病と為すなり。魔は能く病を作す。三災は外の過患と為り、喘息、喜・楽は是れ内の過患なり。禅に喜・楽有るは、即ち病患なり。二乗・菩薩は即ち是れ空病にして、空病も亦た空なり。

通じて業と称するは、陰・入は是れ業の果、煩悩・見・慢は是れ業の本、病は是れ業の報、魔は是れ魔業、禅は是れ無動業、二乗・菩薩は是れ無漏業なり。

通じて魔と称するは、陰・入は即ち陰魔、煩悩・見・慢は即ち煩悩魔、病は是れ死魔、魔は即ち天子魔、余は皆な是れ行陰の魔の摂なり。

通じて禅定と称するは、禅は自ら是れ其の境、陰入・煩悩・見・慢・業等は悉ごとく是れ十

（1）無動業――無動行、不動業ともいう。色界、無色界に生じる禅定を修すること。『輔行』巻第五之一には、「対欲界動、故云無動」（T46, 285a2）とある。『摩訶止観』巻第二上、「観貪欲瞋癡諸煩悩恒是寂滅行、是無動行」（同前、11c22-23）、同、巻第八下、「不動業招色無色報」（同前、113c21-22）、同、巻第九下、「作諸白業及不動業、成三善界」（同前、126b25）を参照。

（2）浄名云今我病者皆従前世妄想諸煩悩生――『維摩経』巻中、文殊師利問疾品、「今我此病、皆従前世妄想・顛倒・諸煩悩生、無有実法、誰受病者」（T14, 544c27-29）を参照。

（3）大経云王今病重――『南本涅槃経』巻第十七、梵行品、「耆婆、我今病重」（T12, 720b13）を参照。

（4）三災――火災・水災・風災を指す。

（5）喘息――呼吸の意。

（6）禅有喜楽――色界の四禅のうち、初禅は覚・観・喜・楽・一心の五支より成り、第二禅は内浄・喜・楽・一心の四支より成り、第三禅は捨・念・慧・楽・一心の五支より成り、第四禅は不苦不楽・捨・念・一心の四支より成る。要するに、喜と楽は高次の禅になるにしたがって捨てられるべきものなのである。『摩訶止観』巻第九下、「得因縁智深識三世。豈不欣幸。名喜支。定法持心、恬愉美妙、名樂支」（T46, 126a3-5）を参照。

（7）空病空病亦空――『維摩経』巻中、文殊師利問疾品、「我及涅槃、此二皆空。以何為空。但以名字故空。如此二法、無決定性、得是平等。無有余病、唯有空病。空病亦空」（T14, 545a11-13）を参照。

大地の中の心数の定の摂なり。[1]魔は是れ未到定の果、[2]亦た是れ心数の定の摂なり。二乗・菩薩は浄禅の摂なり。又た、三定に[3]之れを摂す。上定に菩薩・二乗を摂し、中・下の二定に八境を摂す、云云。

通じて見と称するは、[4]陰・入は即ち我見・衆生見なり。煩悩は五見を[5]具す。病は寿者・命者の見、業・禅等は作者見、亦た是れ戒取見なり。魔は是れ使作者・使受者・使起等の摂なり。又た、生死は即ち辺見の摂、慢は即ち我見の摂、二乗、方便の菩薩等は[6]皆な曲見の[7]摂なり。

通じて慢と称するは、[8]陰・入は我慢の摂、煩悩は即ち慢慢の摂、病患は不如慢の摂、業は即ち憍慢の摂なり。憍に由るが故に業を造るなり。魔は即ち大慢の摂、禅は即ち憍慢の摂、見も亦た大慢の摂、二乗・菩薩は増上慢の摂なり。

通じて二乗と称するは、四念処・四諦の法に九境を摂するなり。

通じて菩薩の境と称するは、四弘誓を以て九境を摂得す。

(1)十大地中心数定摂――「心数」(新訳では心所)は心作用のこと。十大地は、善心、悪心、無記心のいかなる場合にも心とともに働く心作用で、受・想・思・触・欲・慧・念・作意・勝解・三摩地の十種である。「定」は「三摩地」(samādhi) のことである。なお、次ページの注3を参照。

（2）未到定果――未到地定、未至定ともいう。初禅を得るための準備的な禅定。

（3）三定――『南本涅槃経』巻第二十五、師子吼菩薩品、「善男子、一切衆生具足三定。謂上・中・下。上者、謂仏性也。以是故言、一切衆生悉有仏性。中者、一切衆生具足初禅、有因縁時、則能修習、若無因縁、則不能修。因縁二種。一謂火災、二謂破欲界結。以是故言、一切衆生悉具中定。下定者、十大地中心数定也」（T12, 769b12-18）を参照。

（4）通称見――この段にさまざまな見が取りあげられているが、これらは『輔行』の指摘するように、『大品般若経』巻第一、習応品、「一切我常不可得。衆生・寿者・命者・生者・養育・衆数・人者・作者・使作者・起者・使起者・受者・使受者・知者・見者、是一切皆不可得」（T8, 221c15-18）に基づくものであろう。これに対する『大智度論』巻第一の注、「於五衆中、我・我所心起、故名為我。五衆和合中生故、名為衆生。命根成就故、名為寿者・命者……手足能有所作、名為作者。力能役他故、名使作者……令他受苦楽、是名使受者」（T25, 319b29-c9）を参照。

（5）五見――身見（我見と我所見）・辺見・邪見・見取見・戒禁取見の五種の誤った見解。

（6）方便菩薩――蔵教の菩薩・通教の菩薩・別教の教道の菩薩を指す。

（7）曲見――『輔行』では、『南本涅槃経』巻第十九、光明遍照高貴徳王菩薩品、「云何名為声聞・縁覚邪曲見耶。見於菩薩従従兜率下、化乗白象降神母胎、父名浄飯、母曰摩耶……乃至於此拘尸那城入般涅槃。如是等見是名声聞・縁覚曲見」（T12, 731a13-b6）を取意引用して説明している。

（8）通称慢――『南本涅槃経』巻第十、現病品、「慢・慢慢・不如慢・増上慢・我慢・邪慢・憍慢」（同前、670a14-15）を参照。ここには大慢が欠けているが、大慢を含む八慢の解釈については、『成実論』巻第十、憍慢品（T32, 314b6-315a19）を参照。

問う。境法の名は倶に通ぜば、行人も亦た通ずるや。

答う。『大経』[1]に云わく、「云何んが未だ発心せざるを、而も名づけて菩薩と為すや」[2]と。前の九境の人は、亦た通じて菩薩の人と称するなり。通じて是れ二乗ならば、則ち四種の声聞有り。[3]増上慢の声聞に下の八境の人を摂得し、仏道の声聞に菩薩の人を摂得するなり。

問う。通じて是れ無常なるや。

答う。『宝性論』に云わく、「菩薩は無漏界の中に住するも、無常の倒有り」[4]と。

問う。通じて是れ有漏なるや。

答う。漏の義は則ち通ずるも、有の義は小しく異なり。[5]

問う。通じて是れ偏真なるや。

答う。偏の義は則ち通ずるも、真の義は小しく異なり。[6]

問う。通の義は領す可し。別は復た云何ん。

答う。十境の同じからざるは、即ち別の義なり。復た亦通亦別有り。陰は是れ身を受くるの本にして、又た是れ観慧の初めなり。所以に別して其の首に当つ。此の一境も亦通亦別なり。

51b

後の九境は、異相を発するに従えて名を受け、但だ是れ通、是れ別なることを得、是れ亦通亦別なることを得ざるなり。

（1）境法――前出の「法若塵沙、境何定十」（T46, 50c18）に出る「法」と「境」とをあわせて熟語としたもの。「法」は「諸法」などというときのように、すべての存在を意味し、「境」は対象界の意味であるので、この場合は両者の意味が重なる。そこで、このような熟語化がなされたものと思われる。他に「縁是遍縁一切境法」（同前、133a4）の例がある。

（2）大経云云何未発心而名為菩薩――『南本涅槃経』巻第九、菩薩品、「迦葉菩薩白仏言、世尊、云何未発菩提心者得菩提因。仏告迦葉……当知是人是大菩薩摩訶薩也。以是義故、是大涅槃威神之力、能令未発菩提心者作菩提因」（T12, 658c22-659a2）を参照。

（3）四種声聞――菩提留支訳『妙法蓮華経憂波提舎』巻下、「言声聞人得授記者、声聞有四種。一者決定声聞、二者増上慢声聞、三者退菩提心声聞、四者応化声聞」（T26, 9a15-17）を参照。『輔行』巻第五之一には、「今云仏道、即是応化」（T46, 286b23-24）とある。応化声聞とは、仏・菩薩が衆生を救済するために仮りに声聞の姿を取ったものである。

（4）宝性論云菩薩住無漏界中有無常倒――出典未詳。ただし、『宝性論』巻第三、「復次以声聞・辟支仏・大力菩薩三種意生身中、無浄我楽常波羅蜜・彼岸功徳身、是故聖者勝鬘経言、唯如来法身是常波羅蜜・楽波羅蜜・我波羅蜜・浄波羅蜜」（T31, 830c2-5）が関連するか。

（5）漏義則通有義小異――『輔行』巻第五之二に、「通皆是漏、有義不同。降仏已来、皆名為漏。有義異者、十境別故。陰至見・慢、有界内漏。二乗・菩薩有界外漏。内外不同、故云有異」（T46, 286c10-13）とあるのを参照。

（6）偏義則通真義小異――底本の「真義異」を、甲本、『全集本』によって「真義小異」に改める。「偏真」は、円真に対する語。『輔行』巻第五之二に、「仍未会円、故通是偏。真有差別、故云真異。二乗・菩薩有界外真、余之八境有界内真」（同前、286c19-21）とあるのを参照。

若し爾らば、煩悩も亦た是れ諸法の本なり。元と惑を治せんが為めに、亦た是れ観の初めなり。病身の四大も亦た是れ事の本なり。元と病を治せんが為めに、亦た是れ観の初めなり。何の意もて亦通亦別なることを得ざらん。

答う。若し身は煩悩に因らば、前世に属す。今の世の煩悩の若きは、身に由って有り。病は恒に起こらざれば、本と為るには事は弱く、諸の経論は、病を以て観の首と為さず。故に亦通亦別ならざるのみ。非通非別は、皆な不思議なり。一陰は一切陰にして、一に非ず一切に非ず。[1]

問う。九境の相の起こるに、更に別の名を立てば、陰入の解の起こるに、応に別の名を立つべし。

答う。陰の解[2]の起こる時、条然として別なるに非ず、還って是れ陰・入の摂なり。若し此の解に執せば、即ち見に属し、若し解の愛恚を起こすに約せば、煩悩に属す。病を招き、魔を来たせば、事に随って別に判ず。若し解の発すること朗然として九境の相無くば、此れは則ち止観の気分[3]なり。但だ通別なることを得るも、亦通亦別なることを得ざるのみ。

問う。十境は条然として別なるや。

答う。四念処は是れ陰の別、空聚[4]を観ずるは是れ入の別、無我は是れ界の別、五停心は煩悩

（1）一陰一切陰非一非一切――後出の不思議境の説明の段には、「若解一心一切心・一切心一心・非一非一切、一陰一切陰・一切陰一陰・非一非一切……」（T46, 55a29-b2）とある。「一A一切A・一切A一A・非一非一切」（Aにはさまざまな概念が当てはめられる）は思議を超えたあり方を説明するときの定型句のようである。したがって、ここの本文も「一陰一切陰」の下に「一切陰一陰」を挿入したほうが完全な文章となるであろう。また、この定型句は、「若一法一切法、即是因縁所生法是為仮名。仮観也。若一切法即一法、我説即是空。空観也。若非一非一切者、即是中道観」（同前、55b13-15）とあるように、三観と関係づけて説明される。

（2）陰解――陰入を観察していくと、その効果として、真理の影が心に現われる（まだ真理そのものが全現しているのではない）が、それを「解」と言っているようである。『講義』には、「陰解とは、観想は功を積めば、境理は心中に影現（ようげん）して、恍惚（こうこつ）として情理を亡ずるが若き（ごと）を謂う。是れ影を帯ぶるは、仍（な）お名相を心に挟むに由る。若し品に入りて観成ぜば、智照は独立し、相を絶して理に称（かな）う。故に五品の前相と為す」とあり、『講述』には、「言う所の陰境は、之れを観じて已まずば、則ち三千空仮中の相、心中に影現することを、是れ陰解の発と為す。即ち是れ止観の気分、品に入るの前相なり。応に知るべし、三千三諦は仍（な）お影象を帯びて、心鏡の中に現ず。未だ是れ実証ならざるが故に、解に属して陰解と名づく」とある。

（3）止観気分――『輔行』巻第五之一によれば、五品弟子位に入る前段階である。「言気分者、即入五品之前相也」（T46, 287b14-15）を参照。また、本ページ注2の引用文を参照。

（4）空聚――『維摩経』巻上、菩薩品、「天女即問、何謂法楽。答言、楽常信仏、楽欲聴法、楽供養衆、楽離五欲。楽観五陰如怨賊、楽観四大如毒蛇、楽観内入如空聚」（T14, 543a29-b3）を参照。

の別、八念[1]は病の別、十善は業の別、五繋[2]は魔の別、六妙門は禅の別、道品は見の別、無常・苦・空は慢の別、四諦・十二縁は二乗の別、六度は菩薩の別なり。

問う。五陰は倶に是れ境ならば、色心の外に別に観有るや。

答う。不思議の境智は、陰に即して是れ観なり。亦た分別す可し。不善・無記の陰は是れ境にして、善の五陰は是れ観なり。観は既に純熟すれば、悪も無く無記も無し。唯だ善の陰のみ有り。善の陰は転じて方便の陰[3]と成り、方便の陰は転じて無漏の陰[4]と成り、無漏の陰は転じて法性の陰[5]と成る。無等等の陰[6]を謂う。豈に陰の外に別に観有るに非ずや。小乗すら尚お爾り。況んや不思議をや。

問う。若し陰を転じて観と為さば、報陰も亦た応に転ずべきや。

答う。『大品』に「色浄なるが故に、受・想・行・識は浄にして、般若も亦た浄なり」と云い、[7]『法華』に「顔色（げんしき）は鮮白（せんびゃく）にして、六根は清浄なり」と云うは、[8]即ち其の義なり。陰は転ずと雖も、観境は宛然たり、云云。

問う。十境と五分[9]とは云何ん。

（1）八念——仏・法・僧・戒・捨・天・出入息・死の八種を念じること。『大智度論』巻第二十一（T25, 218c21-

228c24）を参照。

（2）五繫――『輔行』巻第五之二（T46, 287c5-10を参照）には、『南本涅槃経』巻第六、四依品、「汝等従今亦応如是降伏波旬、応作是言、波旬、汝今不応作如是像。若故作者、当以五繫繫縛於汝。魔聞是已、便当還去、如彼偸狗更不復還」（T12, 637c21-24）を引用し、さらに灌頂の注（『大般涅槃経疏』巻第十）、「五繫二釈。一五尸繫、二繫五処」（T38, 95b23-24）を引用している。従義の『天台三大部補注』巻第十三（X28, 394b6-7）によれば、五屍とは死人・死蛇・死狗・死馬・死猪で、五処とは両手、両足、頸のことである。

（3）方便陰――『輔行』巻第五之二によれば、善悪等の陰は外凡の位（五停心・別相念処・総相念処の三賢）であり、方便の陰は内凡の位（煖・頂・忍・世第一法の四善根）である（T46, 288a18-19を参照）。

（4）無漏陰――『輔行』巻第五之二によれば、究極的には阿羅漢を指す（同前、288a19-20を参照）。

（5）法性陰――『輔行』巻第五之二によれば、方便有余土（四土の一）における陰をいう（同前、288a20を参照）。

（6）無等等――等しいものがないほど優れているの意。普通、asamasamaの漢訳語であり、仏や悟りの形容語として用いられる。

（7）大品云色浄故受想行識浄般若亦浄――『大品般若経』巻第十一、信毀品、「色浄、故即般若波羅蜜浄、般若波羅蜜浄、即色浄。受想行識浄、故即般若波羅蜜浄。般若波羅蜜浄、即受想行識浄」（T8, 306a9-12）を参照。

（8）法華云顔色鮮自六根清浄――『法華経』安楽行品、「読是経者　常無憂悩　又無病痛　顔色鮮白　不生貧窮　卑賤醜陋」（T9, 39b14-16）、同、常不軽菩薩品、「六根清浄」（同前、51a6, 51b19）を参照。

（9）五分――『次第禅門』巻第五に、「第五明進退者、証初禅時、有四種人根性不同。一者退分、二者住分、三者進分、四者達分」（T46, 512b20-22）とあるのを参照。ただし、ここの『次第禅門』には、「護分」は出ていない。

51c

答う。五分は禅を判じ、十発は境に約す。今、当に之れを会すべし。若し次・不次は一たび発して後に至らば、則ち進分なり。九に斉る已来は、住分なり。作意し矜持するは、護分なり。一たび発して即ち失うは、退分なり。達分は知る可し。若し境境に於いて皆な五分を作さば、意を以て推す可く、分別することを俟たず。然るに、五分・十境は、皆な是れ法相なれば、互いに其の義有ることを得可し。六即・十地は、行位の浅深なれば、相い類することを得ず。

問う。念[1]・性は離れ、縁[2]・性も亦た離る。若し縁無く念無くば、亦た数量も無し。云何んが十法界を具するや。

答う。思議す可からず、無相にして而も相にして、観智は宛然なり。他は「須弥は芥[3]を容れ、芥は須弥を容れ、[4]火は蓮華を出だし、[5]人は能く海を渡る」[6]と解す。希有の事に就いて、不思議を解す。今解するに、心も無く念も無く、能く行くことも無く能く到ることも無きは、不思議の理なり。理は則ち事に勝る。

問う。十法界の互いに相有るは、因と為すや、果と為すや。

答う。倶に相有り。而して果は隔てて顕わし難く、因は通じて知り易し。慈童女の地獄界を以て仏心を発するが如し[7]。未だ記を得ざる菩薩は記を得る者を軽んずるが如し[8]。若し悔を生ぜば、罪を出ずる期無し。更に諸の例を引かん。凡・聖は皆な五陰を具するも、聖陰は凡陰の如

（1）念性——能念（念ずる主体）と法性のこと。
（2）縁性——所縁（認識する対象）と法性のこと。
（3）芥——芥子（からしの実）。極小をたとえる。
（4）須弥容芥芥容須弥——『南本涅槃経』巻第四、四相品、「若有菩薩摩訶薩住大涅槃、須弥山王如是高広、悉能取令入於芥子」（T12, 628a20-21）、『維摩経』巻中、不思議品、「唯、舎利弗、諸仏菩薩有解脱、名不可思議。若菩薩住是解脱者、以須弥之高広内芥子中、無所増減」（T14, 546b24-26）を参照。
（5）火出蓮華——『南本涅槃経』巻第五、四相品、「又解脱者、名為希有。譬如水中生於蓮花、非為希有、火中生者、是乃希有」（T12, 633b16-17）を参照。
（6）人能渡海——『南本涅槃経』巻第十六、梵行品、「善男子、若有人言、我能浮渡大海之水。如是之言可思議不。世尊、如是之言、或可思議、或不可思議。何以故。若人渡者、則不可思議。阿修羅渡、則可思議」（同前、714a17-20）を参照。
（7）如慈童女以地獄界発仏心——『雑宝蔵経』巻第一、慈童女縁（T4, 450c-451c）を参照。とくに「願使一切応受苦者尽集我身。作是念已、鉄輪即堕地」（同前、451c1-3）を参照。
（8）如未得記菩薩軽得記者——『大品般若経』巻第十八、夢誓品、「我所説阿惟越致行・類・相貌、是人永無。但以空名字軽弄毀蔑余人。以是事故、遠離阿耨多羅三藐三菩提」（T8,353a4-7）を参照。

しと言う可からず。又た、仏は五眼を具すれば、豈に人天の果報を以て仏眼を釈す可けんや。仏は五行[1]を具し、病行は是れ四悪界、嬰児行は是れ人天界、聖行は是れ二乗の法界、梵行は是れ菩薩の法界、天行は是れ仏の法界なり。

問う。一念に十法界を具するは、作念して具すと為すや、任運に具すと為すや。

答う。法性は自爾(じに)にして、作の成ずる所に非ず。一微塵に十方の分を具するが如し、云云。

5.7.2.8. 章に依りて解釈す

5.7.2.8.1. 陰を観じて境に入る

5.7.2.8.1.1. 境に入るを明かす

第一に観陰入界境とは、五陰・十二入・十八界を謂うなり。陰とは、善法を陰蓋(おんがい)[2]す。此れは因に就いて名を得。又た、陰は是れ積聚[3]にして、生死は重沓(じゅうとう)[4]す。此れは果に就いて名を得。入とは、渉入[5]なり。亦た輸門(しゅもん)[6]に名づく。界は界別に名づけ、亦た性別(しょうべつ)に名づく。『毘婆沙(びばしゃ)』に三科の開合を明かす[7]。若し心に迷わば、心を開いて四陰と為し、色を一陰と為す。若し色に迷わ

(1)五行――『南本涅槃経』巻第十一、聖行品、「爾時仏告迦葉菩薩、善男子、菩薩摩訶薩応当於是般涅槃経、専心思惟五種之行。何等為五。一者聖行、二者梵行、三者天行、四者嬰児行、五者病行」(T12, 673b22-25)を参照。

(2)陰蓋――覆いかくすこと。

(3)積聚――「陰」の対応梵語は、skandha(パーリ語では khandha)。「蘊」とも訳す。『阿毘曇毘婆沙論』巻第三十九、「何故名陰。陰是何義。答曰、聚義是陰義。略義是陰義。積義是陰義。総義是陰義……聚義是陰義者、諸所有色、過去・未来・現在、若内若外、乃至広説、尽聚為色陰。乃至識陰亦爾。略義説亦如是。積義是陰義者、如種種雑物、合為一積。如是種種諸色、合為色陰。乃至識陰亦爾」(T28, 288a11-18)を参照。

(4)重沓――重なりあうこと。

(5)渉入――足を踏み入れること。

(6)輸門――出入りする門の意。「入」の対応梵語は、āyatana. 入り口の意。『阿毘曇毘婆沙論』巻第三十九、「輸門義是入義。輸道義是入義……輸門義是入義者、猶如城中及与村落所輸之物、衆生得已、長養於身、如是以所依及所縁故、令心長養。輸道義亦如是」(同前、285a17-23)を参照。

(7)毘婆沙明三科開合――「三科」とは、五陰・十二入・十八界を指す。『阿毘曇毘婆沙論』巻第三十八、「復次於色心愚者、為説界。所以者何。界中広説色心、略説数法。於色愚者、為説入。所以者何。入中広説色。略説心心数法。於心数法愚者、為説陰。所以者何。陰中広説心数法、略説色心」(同前、279a23-27)を参照。

ば、色を開いて十入、及び一入の少分[1]と為し、心を一の意入、及び法入の少分と為す。若し倶に迷わば、開いて十八界と為すなり。数人は説くらく、「五陰は同時なり。識は是れ心王にして、四陰は是れ数なり[2]」と。有門に約して義を明かすが故に、王・数[3]は相い扶け、同時にして而も起こる。論人は説くらく、「識は先に了別し、次に受は領納し、想は相貌を取り、行は違従を起こし、色は行に由つて感ず[4]」と。空門に約して義を明かすが故に、次第に相生す。若し能生・所生に就かば、細従り麁に至るが故に、識は前に在り。若し修行に従わば、麁従り細に至るが故に、色は前に在り。皆な数を以て王を隔つることを得ず。[5]若し四念処を論ぜば、則ち王は中に在り。此れは言説に就いて便と為すのみ。

52a

又た分別するに、九種あり。[6]一期の色心を果報の五陰と名づく。平平[7]の想受は、無記の五陰なり。見を起こし愛を起こすは、両つの汚穢の五陰なり。身口の業を動ずるは、善悪の両つの五陰なり。変化示現は、工巧の五陰なり。五善根[8]の人は、方便の五陰なり。四果を証するは、無漏の五陰なり。是の如き種種は、源は心従り出ず。『正法念』に云わく、「画師の手ずから五彩を画き出だすが如し。黒・青・赤・黄・白・白白なり。画く手は心を譬え、黒色は地獄の陰を譬え、青色は鬼を譬え、赤は畜を譬え、黄は修羅を譬え、白は人を譬え、白白は天を譬う[9]」と。此の六種の陰は、止だ界内に斉る。若し『華厳』に「心は工みなる画師の種種の五陰

(1)一入少分――無表色をいう。色には五根・五境のほかに、法入に属する無表色があるので、このようにいう。無表色とは、法処所摂色(意識のみの対象である法処に含まれる色のこと)であり、無表業であり、これは極微からなる色法ではないが、四大(地・水・火・風)所造の色法であるから、無表色という。この無表色を無作色とも、無教色ともいう。受戒したときに戒体が得られ、これは持続する戒の働きをいい、これを無作戒、無教戒という。

(2)数人説五陰同時識是心王四陰是数――「数人」、「論人」は、しばしば対になってその学説が紹介される。『講義』によれば、数人は毘曇有宗の大師で、論人は『成実論』の大師である。出典未詳。

(3)王数――心王と心数(心作用)の意。

(4)論人説識先了別次受領納想取相貌行起違従色由行感――出典未詳。

(5)皆不得以数隔王――心作用が心王を前後から挟む場合はない。つまり、心王の位置は最初か最後に位置する。

(6)又分別九種――『大乗義章』巻第八、「次就三性分別五陰。言三性者、所謂善・悪・無記性也。依如毘曇、陰別有九。相従為三。所言九者、一生得善陰。二方便善陰。三無漏善陰。四不善五陰。五穢汚五陰。六報生五陰。七威儀五陰。八工巧五陰。九変化五陰(底本の注記の校異によって「九変化五陰」を補う)」(T44, 623c6-11)を参照。

(7)平平――平らかでかたよらない様子。

(8)五善根――『輔行』によれば、別相念処と総相念処とを合して一とし、四善根(煖・頂・忍・世第一法)を加えたものを五善根という。

(9)正法念云如画師手画出五彩黒青赤黄白白画手譬心黒色譬地獄陰青色譬鬼赤譬畜黄譬脩羅白譬人白白譬天――『正法念処経』巻第四、生死品(T17, 19a)と、巻第五、生死品(同前、23c)を参照。二箇所で、色の配当が異なり、ここの引用とも文章が大いに異なる。

を画くが如し」と云う[1]に依らば、界内・界外の一切世間の中、心従り造らざること莫し。世間の色心すら尚お窮尽し叵し。況んや復た出世をや。寧んぞ凡心もて知る可けん。凡眼は翳われて尚お近きすら見ず。那んぞ遠きを見ることを得ん。弥生[2]、曠劫[3]に界内の一隅を覩ず。況んや復た界外の辺表をや[4]。渇鹿の炎を逐い[5]、狂狗の雷を齧むが如き、何ぞ得るの理有らん。縦令い解悟すとも、小乗にして、終に大道に非ず。故に『大集』に云わく、「常見の人は異念断と説き、断見の人は一念断と説く」[6]と。皆な二辺に堕して、中道に会せず。況んや仏の世を去りて後、人根は転た鈍にして、名を執し諍いを起こし、互相いに是非して、悉ごとく邪見に堕す。故に龍樹は、五陰の一異・同時前後を破すること[7]、皆な炎・幻・響・化の如く[8]、悉ごとく得可からざるに、寧んぞ更に王・数の同時・異時に執せんや。

　然るに、界の内外の一切の陰・入は、皆な心に由りて起こる。仏は比丘に告ぐらく、「一法に一切の法を摂す。所謂る心是れなり」[9]と。『論』に云わく、「一切世間の中、但だ名と色とのみ有り。若し実の如く観ぜんと欲せば、但だ当に名色を観ずべし」[10]と。心は是れ惑の本なり。其の義は是の如し。

52b

　若し観察せんと欲せば、須らく其の根を伐るべし。病を灸するに、穴を得るが如し。今、当に丈を去って尺に就き、尺を去って寸に就くべし。色等の四陰を置いて、但だ識陰を観ずるの

(1)華厳云心如工画師画種種五陰――『六十巻華厳経』巻第十、夜摩天宮菩薩説偈品（T9, 465c26）に同文がある。

(2)弥生――久しい生存の意。

(3)曠劫――久[illegible]劫の意。

(4)表――底本の「衣」を、『全集本』によって「表」に改める。

(5)如渇鹿逐炎――『央掘魔羅経』巻第四、「猶如鹿渴於炎水想追逐乏死」（T2, 541c6）、『楞伽阿跋多羅宝経』巻第二、一切仏語心品、「譬如群鹿、為渴所逼、見春時炎、而作水想、迷乱馳趣、不知非水」（T16, 491a7-9）を参照。

(6)大集云常見之人説異念断断見之人説一念断――『大集経』巻第二十二、虚空目分声聞品、「断見之人言一念断、常見之人言八忍断」（T13, 158c2）を参照。

(7)龍樹破五陰一異同時前後――『中論』の所説を指していると推定されるが、今、出典を特定することができない。巻第三、観法品、「若我是五陰　我即為生滅　若我異五陰　則非五陰相」（T30, 23c20-21）と関連するか。『輔行』巻第五之二では、「一異」と「同時前後」を同じ意味に解し、「一謂毘曇王数同時、異謂成論王数前後」（T46, 291a10-11）と述べている。

(8)如炎幻響化――『大品般若経』巻第一、序品、「解了諸法如幻・如焔・如水中月・如虚空・如響・如揵闥婆城・如夢・如影・如鏡中像・如化、得無閡無所畏」（T8, 217a21-23）を参照。「化」は、幻術師の化作したもの。

(9)仏告比丘一法摂一切法所謂心是――『講義』に、「増一阿含四」とあるが、出典未詳。

(10)論云一切世間中但有名与色若欲如実観但当観名色――『大智度論』巻第二十七、「復有一切法、所謂名・色。如仏説利衆経中偈、若欲求真観　但有名与色　若欲審実知　亦当知名色」（T25, 259b23-26）を参照。「名色」は、「名」が受・想・行・識の四陰に相当し、「色」が色陰に相当する。

み。識陰とは、心是れなり。

5.7.2.8.1.2. 十乗観法を明かす

5.7.2.8.1.2.1. 正しく十観を明かす

5.7.2.8.1.2.1.1. 端坐して陰・入を観ず

5.7.2.8.1.2.1.1.1. 初めに法

観心に十の法門を具す。一に不可思議境を観じ、二に慈悲心を起こし、三に巧みに安んずる止観、四に法を破すること遍く、五に通塞を識り、六に道品を修し、七に対治して開くを助け、八に次位を知り、九に能く安忍し、十に法愛を無くすなり。

既に自ら妙境に達すれば、即ち誓いを起こして、他を悲しむ。次に行を作して、願を塡つ。願・行は既に巧みなれば、破するに遍からざること無し。遍く破するの中に、精しく通塞を識り、道品をして進行せしむ。又た、用て道を開くを助く。道の中の位、己他[1]は皆な識る。内外の栄辱を安忍して、中道の法愛に著すること莫し。故に疾く菩薩の位に入ることを得。譬えば毘首羯磨[2]は、得勝堂[3]を造るに、疎ならず密ならず、間隙に綖を容れ、巍巍昂昂[4]として、上天に峙ち、拙匠の能く揆則[5]する所に非ざるが如し。又た、画を善くするものの其の匡郭[6]を図し、

(1)己他――自己と他者の意。自他の意。

(2)毘首羯磨――ヴィシュヴァカルマン（Viśvakarman）の音写語。工巧天、巧妙天などとも漢訳される。神々の中の建設者、工匠である。『大智度論』巻第四には「巧変化師毘首羯磨天」（T25, 88a5-6）とある。

(3)造得勝堂――ここでは、一応「得勝堂を造る」と訓読する。ここの叙述は、『長阿含経』巻第二十一、『世記経』戦闘品、「仏告比丘、昔者、諸天与阿須倫共闘。爾時、諸天得勝、阿須倫退。時天帝釈戦勝還宮、更造一堂、名曰最勝……以戦勝阿須倫、因歓喜心而造此堂、故名最勝堂」（T1, 142c21-28）に基づいている。『世記経』には、毘首羯磨がこの場面に出ていないことと、造られた堂の名前は「得勝堂」ではなく、「最勝堂」であることとが注意される。ただ「得勝」という表現は『世記経』の引用文中にも見られる。『輔行』巻第五之二が、先に示した句造りとして解釈していることは、「今云得勝者、由戦得勝、而造此堂」（T46, 291c4）という注釈に示されている。もう一つの解釈は、「勝堂を造得す」と訓読する解釈である。この場合、「得」は動詞の後に付いて、「〜することができる」という意味を付す補助動詞と解釈される。訳は、「たとえば毘首羯磨が勝堂を造ることができたようなものである」となる。

(4)巍巍昂昂――高く抜きん出ている様子。

(5)揆則――測量するの意。

(6)匡郭――輪郭の意。

像を写すこと真に偪(せま)りて、骨法は精霊(しょうりょう)[1]にして、生気は飛動するが如し。豈に塡彩(てんさい)[2]の人の能く点綴(てんてい)[3]する所ならんや。

此の十重の観法は、横竪(おうじゅ)に収束し、微妙精巧(しょうぎょう)なり。初めは則ち境の真偽を簡び、中ごろは則ち正助相い添え、[4]後は則ち安忍無著なり。意は円かに法は巧みに、該括周備す。初心に規矩し、行者を将送して、彼の薩雲(さつうん)[5]に到らしむ。闇証の禅師、誦文(じゅもん)の法師の能く知る所に非ざるなり。蓋し如来は劫を積みて勤求(ごんぐ)する所に由る。道場に妙悟する所、身子の三たび請う所、[6]法譬の三たび説く所は、[7]正しく玆(ここ)に在るか。

5.7.2.8.1.2.1.1.1.　十乗を広く解す

5.7.2.8.1.2.1.1.1.1.　観不可思議境

一に心は是れ不可思議の境なりと観ずとは、此の境は説くこと難ければ、先に思議の境を明かして、不思議の境をして顕われ易からしむ。

思議の法とは、小乗にも亦た心は一切の法を生ずと説く。六道の因果、三界の輪環(りんかん)を謂う。

（1）骨法精霊――筆法（筆の運び方）が精妙であること。
（2）塡彩――彩色すること。
（3）点綴――ほどよく飾ること。
（4）正助相添――『輔行』巻第五之二では「中則発心安心至識次位為正。唯有第七正助為助。以助添正、名為相添」（T46, 292a14-16）とあるように、第七の対治助開を助とし、第七を除く第二発心から第八識次位までを正とし、助を正に付け加えることを「相添」と解釈している。たしかに、第七には助道を説くのであるから、正と助の概念を十乗観法に配当させれば、『輔行』のような解釈が妥当であろう。
（5）薩雲――sarvajña の音写語。薩婆若とも音写される。一切智と漢訳される。
（6）身子之所三請――ここの記述は、『法華経』方便品において、舎利弗が釈尊に「甚深微妙難解の法」を説いてくださいと三度お願いしたことに基づいている。『法華経』方便品、「爾時世尊告舎利弗、汝已慇懃三請。豈得不説」（T9, 7a5-6）を参照。
（7）法譬之所三説――法説周・譬説周・因縁説周の三周説法を指す。

若し凡を去って聖を欣(よろこ)ばば、則ち下を棄てて上出し、灰身滅智す[1]。乃ち是れ有作の四諦[2]にして、蓋し思議の法なり。大乗にも亦た心は一切の法を生ずと明かす。十法界を謂うなり。若し心は是れ有なりと観ぜば、善有り、悪有り。悪は則ち三品、三途の因果なり。善は則ち三品、修羅・人・天の因果なり。[3]此の六品を観ずるに、無常生滅す。能観の心も亦た念念に住せず。[4]又た、能観・所観は悉ごとく是れ縁生なり。縁生は即ち空にして、並びに是れ二乗の因果の法なり。此の空有の二辺に堕落して、空に沈み有に滞るを観じて、大慈悲を起こし、仮(け)に入りて[5]物[6]を化し、実には身無きに仮りに身を作し、実には空無きに仮りに空を説きて、之れを化導する

52c

(1)灰身滅智――この用語は他にも『摩訶止観』巻第三上に、「灰身滅智、故不名観」(T46, 23c29-24a1)と出る。身と智(心に属する)を滅して無余涅槃に入ることで、小乗の修行の究極目的である。巻第三上の「若入滅定、有身而無智。羅漢在無色、有智而無身。若入無、余但有孤調解脱」(同前、23b7-9)に対する『輔行』巻第三之一の注には、「若入無余等者、灰身故無身。滅智故無智。独一解脱、故云孤調」(同前、222b4-5)とある。

(2)有作四諦――『摩訶止観』巻第一上(同前、5b15)に説かれる四種の四諦(生滅・無生滅・無量・無作の四諦)のなかには、「有作四諦」の名称は出ていないが、蔵教の生滅四諦に該当すると考えられる。本書における用例としては、巻第三上に、「若二乗以九想・十想・八背捨・九次第定、多是事禅、一往止相。有作四諦慧是観相。此之止観雖出生死、而是揣度、滅色入空」(同前、23c25-28)とあり、蔵教における止観の相を説明したものである。な

お、ここでは有作は有為と同じく、因縁によって生成消滅することを意味すると考えられる。

(3)悪則三品三途因果也善則三品修羅人天因果――『大智度論』巻第三十、「復次分別善悪、故有六道。善有上・中・下、故有三善道。天・人・阿修羅。悪有上・中・下、故地獄・畜生・餓鬼道」(T25, 280a21-23)を参照。

(4)念念不住――ここの「念」は、一刹那の意。「念念」は、一瞬一瞬の意。『大智度論』巻第四十三、「無常亦有二種。一者念念滅、一切有為法、不過一念住。二者相続法壊、故名為無常」(同前、372b19-21)を参照。

(5)入仮――「仮」は仮りのものとして成立している現象世界の意。智顗は『菩薩瓔珞本業経』賢聖学観品の「三観者、従仮名入空二諦観、従空入仮名平等観。是二観方便道。因是二空観、得入中道第一義諦観」(T24, 1014b19-21)に基づいて、従仮入空観・従空入仮観・中道第一義観の三観を確立した。この三観については、『三観玄義』、『維摩経玄疏』に詳しい。それらの著作においては、仮の内容として、見仮(これをさらに『成実論』仮名相品に基づいた解釈によって因成仮・相続仮・相待仮に分ける)と愛仮を立てている。仮とは、真や実に対する語で、実体のないことを意味する。諸法は固定的実体を有しない、すなわち空である。しかし、見方を変えれば、実体のないものとして諸法は成立しているのであって、その側面を仮と表現するのである。そこから、さらに、迷いの凡夫の世界をも意味するようになる。本文では、二乗が空に沈んでしまう(虚無主義)のに対し、菩薩のあり方として、迷いの凡夫の世界に入って救済することが説かれているのである。ちなみに、『三観義』には、「一明入仮之意者、此観正為観俗諦、破塵沙無知。若二乗不為化物、不須此観。菩薩弘誓、必須此観。所言従空入仮者、若滞於空、堕二乗地……是故教道菩薩従空入仮、用道種智入菩薩位。若不滞空、如空中種樹、分別薬病、化衆生也」(X55, 672b10-16)を参照。ほぼ同文が『維摩経玄疏』巻第二(T38, 527c8-15)にも出る。

(6)物――衆生の意。

が若きは、即ち菩薩の因果の法なり。此の法の能度・所度を観ずるに、皆な是れ中道実相の法にして、畢竟清浄なり。誰か善、誰か悪、誰か有、誰か無、誰か度、誰か不度ならん。一切の法は悉ごとく是の如し。是れ仏の因果の法なり。此の十法の邐迤浅深は、皆な心従り出ず。是れ大乗なりと雖も、無量の四諦に摂せられ、猶お是れ思議の境にして、今の止観の観ずる所に非ざるなり。

不可思議境とは、『華厳』に、「心は工みなる画師の種種の五陰を造るが如し、一切世間の中、心従り造らざること莫し」と云うが如し。[1]「種種の五陰」とは、前の十法界の五陰の如きなり。法界とは、三義あり。[2]十数は是れ能依、法界は是れ所衣、能所合わせ称するが故に、十法界と言う。又た、此の十法は、各各の因、各各の果ありて、相い混濫せざるが故に、十法界と言う。又た、此の十法は、一一の当体皆な是れ法界なるが故に、十法界と言う、[3]云云。

十法界は通じて陰・入・界と称すれども、其の実は同じからず。三途は是れ有漏の悪の陰・界・入、三善は是れ有漏の善の陰・界・入、二乗は是れ無漏の陰・界・入、菩薩は是れ亦有漏亦無漏の陰・界・入、仏は是れ非有漏非無漏の陰・界・入なり。『釈論』に、「法の無上なる者は、涅槃是れなり」と云うは、[4]即ち非有漏非無漏の法なり。『無量義経』に「仏は諸の大・陰・界・入無し」と云うは、[5]前の九の陰・界・入無きなり。今有りと言うは、涅槃常住の陰・界・

入有るなり。『大経』に云わく、「無常の色を滅するに因って、常の色を獲得す。受・想・行・識も亦復た是の如し[6]」と。常楽重沓するは、即ち積聚の義にして、慈悲もて覆蓋するは、即ち

（1）如華厳云心如工画師造種種五陰一切世間中莫不従心造――『六十巻華厳経』巻第十、夜摩天宮菩薩説偈品、「心如工画師　画種種五陰　一切世界中　無法而不造」（T9, 465c26-27）を参照。
（2）法界者三義――『輔行』巻第五之三（T46, 293a27-b5）によれば、十法界のいわゆる三転読を説いたものである。第一の十（能依）・法界（所依）と読むのは真諦に約したもの。第二の十法・界と読むのは俗諦に約したもの。第三はひと続きに十法界と読むもので、中道に約したものである。なお、『法華玄義』巻第二上にも十法界の三転読が説かれる（T33, 693c7-16 を参照）。
（3）法――底本の「時」を、『全集本』によって「法」に改める。
（4）釈論云法無上者涅槃是――『大智度論』巻第二、「如諸法中涅槃無上、衆生中仏亦無上」（T25, 72b3-4）を参照。
（5）無量義経云仏無諸大陰界入――『無量義経』徳行品、「大哉大悟大聖主……永断夢妄思想念　無復諸大陰界入」（T9, 384c29-385a3）を参照。
（6）大経云因滅無常色獲得常色受想行識亦復如是――『南本涅槃経』巻第三十五、憍陳如品、「色是無常、因滅是色、獲得解脱常住之色。受・想・行・識亦是無常、因滅是識、獲得解脱常住之識」（T12, 838b16-18）を参照。

陰の義なり。[1]十種の陰・界は同じからざるを以ての故に、故に五陰世間と名づく。
五陰を攬りて通じて衆生と称するも、衆生は同じからず。三途の陰を攬れば罪苦の衆生、人天の陰を攬れば受楽の衆生、[2]無漏の陰を攬れば真聖の衆生、[3]慈悲の陰を攬れば大士の衆生、[4]常住の陰を攬れば尊極の衆生なり。『大論』に云わく、「衆生の無上なる者は、仏是れなり」[5]と。豈に凡下と同じからんや。『大経』に云わく、「歌羅邏の時、名字は異なる。乃至、老の時、名字は異なる。芽の時、名字は異なる。乃至、果の時、名字は亦た異なる」[6]と。直ちに一期に約して、十時は差別す。[7]況んや十界の衆生は、寧んぞ異ならざることを得んや。故に衆生世間と名づくるなり。

53a

十種の居する所を、通じて国土世間と称するは、地獄は赤鉄に依って住し、畜生は地・水・空に依って住し、修羅は海畔・海底に依って住し、[8]人は地に依って住し、天は宮殿に依って住し、六度の菩薩は人に同じく地に依って住し、通教の菩薩の惑の未だ尽きざる者は人天に同じ

(1) 常楽重沓即積聚義慈悲覆蓋即陰義――「陰」の意味について、すでに「陰者、陰蓋善法。此就因得名。又陰是積

聚。生死重沓、此就果得名」（T46, 51c22-23）と述べられていたが、ここでは「陰」の意味としての「陰蓋」（あるいは覆蓋）、「積聚」を仏に適用して説明している。なお、「常楽」は常と楽。涅槃の四徳である常楽我浄のうちの常と楽を指す（たとえば、『南本涅槃経』巻第二、T12, 617a-b を参照）。

（2）攬人天陰受楽衆生――ここでは阿修羅については言及されていない。

（3）真聖衆生――内容的には二乗を指している。阿羅漢を真人（『荘子』大宗師、天下などに出る）と漢訳したり、阿羅漢果を聖果ということなどと関連した造語であろう。

（4）大士――偉大な人物の意で、菩薩のことを指す。マハーサットヴァ（Mahāsattva）の漢訳語である。

（5）大論云衆生無上者仏是――本書五六一ページ注4を参照。

（6）大経云歌羅邏時名字異乃至老時名字異芽時名字異乃至果時名字亦異――『南本涅槃経』巻第十三、聖行品、「是故当知一切色法悉皆無常。善男子、所有内色随時而変。歌羅邏時異……乃至老時、各各変異。外味亦爾。牙・茎・枝・葉・花・果味異……歌羅邏時、名字異。乃至老時、名字亦異」（同前、688a10-20）を参照。「歌羅邏」は、カララ（kalala）の音写語。受胎してから七日間の胎児のこと。玄応『一切経音義』巻第二十三、「羯邏藍、旧言歌羅邏。此云和合。又云凝滑。言父母和合、如蜜和酪泯然成一。於受生七日中、凝滑如酪上凝膏。漸結有肥滑也」を参照。

（7）十時差別――『南本涅槃経』巻第三十四、迦葉菩薩品、「若未来色非無常者、不得言色有十時差別。云何為十。一者膜時、二者泡時、三者胞時、四者肉団時、五者皰時、六者嬰孩時、七者童子時、八者少年時、九者盛壮時、十者衰老時」（T12, 836a20-24）を参照。また、本ページ注6を参照。

（8）修羅依海畔海底住――『長阿含経』巻第二十、『世記経』阿須倫品、「仏告比丘、須弥山北大海水底有羅呵阿須倫城」（T1, 129b2-3）を参照。

く依住し、惑を断じ尽くせる者は方便土[1]に依って住し、別・円の菩薩の惑の未だ尽きざる者は人天・方便等に同じく住し、惑を断じ尽くせる者は実報土に依って住し、如来は常寂光土に依って住す[2]。『仁王経』に云わく、「三賢・十聖は果報に住し、唯だ仏一人のみ浄土に居す[3]」と。土土同じからざるが故に、国土世間と名づくるなり。此の三十種の世間は、悉ごとく心従り造る。

又た、十種の五陰は、一一各おの十法を具す。謂わく、如是相、性、体、力、作、因、縁、果、報、本末究竟等なり。先ず総じて釈し、後に類に随って釈す。

総じて釈すとは、夫れ相は以て外に拠り、攬りて別かつ可し。『釈論』に云わく、「知り易きが故に、名づけて相と為す。水と火の相は異ならば、則ち知る可きこと易きが如し[4]」と。人の面色に諸の休否(くふ)を具するに[5]、外相(げそう)を覧(み)て、即ち其の内を知るが如し。昔、孫劉の相は顕われ、曹公の相は隠る[6]。相者は声を挙げて大いに哭(な)く。「四海は三に分かれ、百姓は荼毒(だどく)せん[7]」と。若し相有りと言わば、闇(くら)き者は知らず。若し相無しと言わば、占者は洞(あき)らかに解す。当に善き相者に随って、人の面の外に一切の相を具することを信ずべし。心も亦た是の如く、一切の相を具す。衆生は相隠れ、弥勒は相顕わる。如来は善く知るが故に、遠近皆な記す。善く観

(1)方便土――天台教学のいわゆる四土の一つ。四土については、『維摩経文疏』巻第一の仏国品の釈において集中的に議論されている。詳しくは、「第二別明仏国者、諸仏随縁利物。差別之相、無量無辺。今略作四種分別。一者染浄国、即凡聖共居也。二者有余国、即方便行人所住也。三者果報国、純法身大士所居。即因陀羅網無障礙土也。四者常寂光土。即究竟妙覚所居処也」(X18, 465c22-466a2)以下を参照。

(2)如来依常寂光土住――『普賢観経』、「釈迦牟尼名毘盧遮那、遍一切處。其仏住処名常寂光」(T9, 392c15-17)を参照。「常寂光土」は、本ページ注1を参照。

(3)仁王経云三賢十聖住果報唯仏一人居浄土――『仁王般若経』巻中、菩薩教化品に同文がある(T8, 828a1)。「三賢」は菩薩の階位の十住・十行・十廻向を指し、「十聖」は十地を指す。

(4)釈論云易知故名為相如水火相異則易可知――『大智度論』巻第四、「問曰、云何名相。答曰、易知故名相。如水異火、以相故知」(T25, 91a24-25)を参照。

(5)具諸休否――『輔行』巻第五之三に、「言休否者、爾雅云、休者、喜也。広雅云、慶也。否者、悪也。十界相望、善悪可知」(T46, 294a18-20)とあるのにしたがえば(『爾雅』釈言に「休、慶也」とあり、『広雅』釈詁に「休、喜也」とあり、『経典釈文』に「否、悪也」とあるのを参照)、休否は休(喜びの意)と否(悪いの意)というほぼ反対の意の文字の熟語と解釈される(『集韻』にも「休、善也」とある)。

(6)昔孫劉相顕曹公相隠――孫権が大人物となる相については『三国志』呉書、呉主伝、劉備については『三国志』蜀書、先主伝、曹操については『三国志』魏書、武帝紀をそれぞれ参照。なお、『輔行』にもやや詳しい説明があるので参照。

(7)荼毒――苦しみの意。「荼」は、にがなの意。

53b

ぜざる者は、心に一切の相を具することを信ぜず。当に実の如く観ずる者に随って、心に一切の相を具することを信ずべし。

如是性とは、性は以て内に拠る。総じて三義有り。一に不改を性と名づく。『無行経』に「不動性」と称す。[1]性は即ち不改の義なり。又た、性は性分[2]と名づく。種類の義[3]は、分分同じからず、各各改む可からず。又た、性は是れ実性なり。実性は即ち理性なり。極実にして過無きは、即ち仏性の異名なるのみ。不動性は空を扶け、種性は仮を扶け、実性は中を扶く。今明かす。内性は改む可からず。竹の中の火の性は見る可からずと雖も、無しと言うことを得ず、燧人、乾草あらば、遍く一切を焼く[4]が如し。心も亦た是の如く、一切の五陰の性を具し、見る可からずと雖も、無と言うことを得ず、智眼を以て観ずるに、一切の性を具す。

世間の人は笑う可し。其の偏聞を以て、円経を判ず。『涅槃』に「仏は衆生に仏性有りと知る」と明かす[5]を判じて極常と為し、『法華』に「仏は一切法の如是性を知る」と明かす[6]を判じて無常と為す。豈に少知[7]を以て常と為し、多知を無常と為す可けんや。又た、『法華』に云わ

(1) 無行経称不動性――『諸法無行経』巻下、「文殊師利言、世尊、一切衆生皆得菩提、是名不動相」(T15, 756b19-21) など、「不動相」が頻出するが、「不動性」は見られない。

(2)性分——すでに「界名界別、亦名性分」(T46, 51c24)と出、「分有された本性」の意としたが、ここでは「生まれつきの性質」と解釈する(両者の意味は密接に関連している)。
(3)種類之義——「種類」は、他と区別され、あるまとまりを持ったものの集まりを意味する。ここでは、性の第二の意味として、「性分」(生まれつきの性質は当然人によって異なる)を取りあげ、それを「種類之義」といっている。次下に出る「種性」も生まれつきの性質の意であるが、この第二の意味である種類としての性を指すものであろう。仏教用語としては、種姓と同じくゴートラ(gotra・血統、家柄などの意)の漢訳語として使われる。また、修行者の素質を意味し、経論によって種々に分類される。また、『法華経』薬草喩品、「一雲所雨、称其種性、而得生長、華菓敷実」(T9, 19b4-5)を参照。
(4)燧人乾草遍焼一切——よくわからない。『輔行』巻第五之三に、「燧者、出火物也。此土先古燧人能出火、故後名出火物、名之為燧」(T46, 294c20-22)とあるように、燧人は本来上古の帝王で木を鑽り火を取って民に火の使用を教えた聖人。しかし、ここでは帝王の燧人では意味が通じない。今は『輔行』巻第五之三に、「大経云、因燧、因鑽、因手、因乾草、四法和合、故有火生。今文語略、但云燧人」(同前、294c25-26。『涅槃経』の出典は未詳)とあるのを参照して、ひとまず本文のように訓読した。要検討。
(5)涅槃明仏知衆生有仏性——『南本涅槃経』巻第六、四依品、「智者知一切衆生悉有仏性」(T12, 643b7-8)などを参照。
(6)法華明仏知一切法如是性——『法華経』方便品、「所謂諸法如是相・如是性」(T9, 5c11-12)を参照。
(7)少知——『講義』には、「衆生に仏性有ると云うを少知と為す。一切法と云うを多知と為す」とある。すなわち、『涅槃経』における「衆生有仏性」の「衆生」が、『法華経』における「一切法如是性」の「一切法」よりも狭い範囲の概念であるから、『涅槃経』を少知とし、『法華経』を多知とするのである。

く、「仏は一切の法は皆な是れ一種・一性なりと知る」[1]と。此の語も亦た少なし。何が故に判じて無常と為さん。

又た、有る師[2]は、『法華』の十如を判ずるに、「前の五如は凡に属して、是れ権なり。後の五は聖に属して、実と為す」と。汝が判ずる所[3]に依らば、凡は則ち実無ければ、永く聖と成ることを得ず、聖に権無ければ、正遍知に非ず。此れは乃ち専輒[4]の説なり。仏を誣い、凡を慢るのみ。又た、『涅槃』に「一切衆生は悉ごとく仏性有り」と明かして是れ常と言い[5]、『浄名』に「一切衆生は即ち菩提の相なり」と云うを[6]、是れ無常と判ず。若し仏性と菩提の相と異ならば、一は常、一は無常なるべし。若し異らずば、此の判は大いに誤りならん。占者は王の相、王の性を見るに、倶に極に登ることを得るが如し。仏性と菩提の相は、何が故に同じからざらん。

如是体とは、主質の故に体と名づく。此の十法界の陰・入は、倶に色心を用て体質と為すなり。

如是力とは、堪任の力用なり。王の力士の千万の技能は、病むが故に、無しと謂う。病は差ゆれば、用有るが如し。心も亦た是の如し。具さに諸の力有るも、煩悩の病の故に、運動すること能わず。実の如く之れを観ずれば、一切の力を具す。

如是作とは、運為建立[7]を作[8]と名づく。若し心を離れれば、更に作す所無し。故に知んぬ、心に一切の作を具することを。

（1）法華云仏知一切法皆是一種一性――『講述』では、出典として『法華経』譬喩品の「皆是一相・一種、聖所称歎」（T9, 13c9-10）であると推定している。

（2）有師――『法華玄義』巻第二上では、北地師の説として紹介している。「又北地師以前五為権、後五為実」（T33, 693c4-5）を参照。なお、同じ箇所に光宅寺法雲の解釈も紹介されている。「光宅以前五如是為権、属凡夫。次四如是為実、属聖人。後一如是、総結権実」（同前、693b26-28）と。法雲の場合は、「本末究竟等」の本末を前の五如是を総括するもの、究竟等を後の四如是を総括するものと解釈しているので、少し北地師の説と異なる（『法華義記』巻第二、同前、596c-597aを参照）。

（3）汝――有師の説に対して批判している部分であり、有師に対する直接の呼びかけとして「汝」の語が使われているのであろうが、ここは会話文ではないので、やや奇妙である。

（4）専輒――勝手に振る舞うこと。「輒」は、車輿の左右両側の板で、そこから引伸して専の意味となる（『説文』輒の段注を参照）。『講義』には「専輒の説は、自己の臆度（おくたく）に任すを謂う」とある。

（5）涅槃明一切衆生悉有仏性――本書五六七ページ注5を参照。

（6）浄名云一切衆生即菩提相――『維摩経』巻上、菩薩品に同文がある（T14, 542b16-17）。

（7）運為建立――動作を行なったり、しっかりと設立したりすること。

（8）作――『摩訶止観』の説明によれば、「力」は潜在的な能力で、「作」は具体的な行為、動作を意味する。

53c

如是因とは、果を招くを因と為し、亦た名づけて業と為す。十法界の業は、心自り起こる。但だ使し心のみ有らば、諸業は具足す。故に如是因と名づく。

如是縁とは、縁は縁由に名づく。業を助くるは、皆な是れ縁の義なり。無明・愛等は、能く業を潤す。即ち心を縁と為すなり。

如是果とは、剋獲を果と為す。習因は前に習続[1]し、習果は後に剋獲す。故に如是果と言うなり。

如是報とは、因に酬ゆるを報と曰う。習因・習果は、通じて名づけて因と為す。後世の報を牽く。此の報は、因に酬ゆるなり。

如是本末究竟等とは、相を本と為し、報を末と為す。本末は悉ごとく縁従り生ず。縁より生ずるが故に空にして、本末は皆な空なり。此れは空に就いて等と為すなり。又た、相は但だ字のみ有り、報も亦た但だ字のみ有り。悉ごとく仮りに施設す。此れは仮名[2]に就いて等と為す。又た、本末は互相いに表幟[3]す。初めの相を覧て後の報を表わし、後の報を覩て本の相を知る。施を見て富を知り、富を見て施を知るが如し。初後は相い在り。此れは仮に就いて等を論ずるなり。又た、相、無相、無相にして而も相、非相非無相、報、無報、無報にして而も報、非報非無報、一一皆な如実の際に入る。此れは中に就いて等を論ずるなり。

二に類もて解すとは、十法を束ねて四類と為す。三途は苦を表わすを以て相と為し、悪と定まれる聚（あつまり）を性と為し、摧折（さいしゃく）の色心を体と為し、刀に登り鑊（かま）[4]に入るを力と為し、十不善[5]を起こすを作と為し、有漏の悪業を因と為し、愛・取等を縁と為し、悪の習果を果と為し、三悪趣を報と為し、本末が皆な癡なるを等と為す。

三善は楽を表わすを相と為し、善に定まれる聚を性と為し、升出[6]の色心を体と為し、楽受を力と為し、五戒・十善を起こすを作と為し、白業を因と為し、善の愛・取を縁と為し、善の習果を果と為し、人天の有を報と為し、応に仮名に就いて初後の相在るを等と為すべきなり。

(1) 続——底本の「読」を、『全集本』によって「続」に改める。
(2) 仮名——仮りに名づけたもの。概念（名）は対応する実体のない仮りのものである。対応梵語はプラジュニャプティ（prajñapti）。『中論』巻第四、観四諦品、「衆因縁生法　我説即是無　亦為是仮名　亦是中道義」（T30, 33b11-12）を参照。
(3) 表幟——表わし示すこと。
(4) 鑊——罪人を茹でる大きな釜の意。
(5) 十不善——十悪のこと。殺生・偸盗・邪婬・妄語・両舌・悪口・綺語・貪欲・瞋恚・邪見を指す。
(6) 升出——上方に昇っていくこと。

二乗は涅槃を表わすを相と為し、解脱を性と為し、五分[1]を体と為し、無繫(むけ)[2]を力と為し、道品を作と為し、無漏の慧行[3]を因と為し、行行を縁と為し、四果を果と為し、既に後有の田の中に生ぜざるが故に[4]、報無し、云云。

菩薩・仏の類は、縁因[5]を相と為し、了因を性と為し、正因を体と為し、四弘を力と為し、六度万行を作と作し、智慧荘厳[6]を因と為し、福徳荘厳を縁と為し、三菩提を果と為し、大涅槃を報と為す、云云。

因縁に逆・順有り。生死に順ぜば、有漏の業を因と為し、愛・取等を縁と為す。生死に逆らわば、無漏の正慧を以て因と為し、行行を縁と為す。倶に生を損し惑を破す。界外(かいげ)の生死に順ぜば、亦た無漏の慧を以て因と為し、無明等を縁と為す。若し生死に逆らわば、即ち中道の慧を以て因と為し、万行を縁と為す。倶に変易(へんにゃく)[7]の生死を損するが故なり。因縁は既に爾(しか)れば、余者の逆・順も此れに準じて知る可し。

若し声聞に依らば、但だ九にして十無し。若し大乗の三仏の義に依らば、仏に報身有り。若し惑を断じ尽くす義に依らば、則ち後の報無し。九と十は斟酌(しんしゃく)して解す可し。

（1）五分――戒・定・慧・解脱・解脱知見の五分法身を指す。

（2）無繋――束縛がないこと。

（3）慧行――慧行と、次下に出る「行行」については、慧行は正行で、行行は助行とされる。『摩訶止観』巻第三下に説明がある。「四止観摂一切行者、前智是解。解而無行、終無所至。行有両種。所謂慧行・行行。若三蔵中慧行・行行、乃至円中慧行・行行。慧行是正行、行行是助行」（T46, 30b12-15）以下を参照。また、『大集経』巻第二十三、「爾時、世尊告憍陳如、云何道出。若比丘見道、有二種。一者行行。二者慧行」（T13, 164a25-26）を参照。

（4）後有田中不生――『輔行』巻第五之三に、「田者地也。即取五穀之処也。即是無復来報生処」（T46, 295a23-24）とあるのを参照すれば、「田」は未来の生存（後有）の生じる場所をたとえたものである。

（5）縁因――次下に出る「了因」、「正因」とあわせて、天台教学のいわゆる三因仏性である。正因は理、了因は理を照らす智、縁因は智の補助となる善行をそれぞれ指す。

（6）智慧荘厳――次下に出る「福徳荘厳」と対をなす。『南本涅槃経』巻第二十五、師子吼菩薩品、「有人能為法諮啓、則為具足二種荘厳。一者智慧、二者福徳。若有菩薩具足如是二荘厳者、則知仏性」（T12, 767b15-18）を参照。

（7）変易生死――三界内部の生死である分段の生死に対して、三界外部の生死を不思議変易の生死という。『勝鬘経』一乗章、「有二種死。何等為二。謂分段死・不思議変易死」（T12, 219c20-21）を参照。

衆生世間は既に是れ仮名なれば、体の分別する無し。実法[1]を攬(と)って仮りに施設(せせつ)するのみ。謂う所は、悪道の衆生の相・性・体・力・究竟等なり、云云。善道の衆生の相・性・体・力・究竟等、無漏の衆生の相・性・体・力・究竟等、菩薩・仏の法界の相・性・体・力・究竟等なり。例に準じて皆な解す可し。

54a

国土世間も亦た十種の法を具す。謂う所は、悪の国土の相・性・体・力等なり、云云。善の国土、無漏の国土、仏・菩薩の国土の相・性・体・力なり、云云。

夫れ一心[2]に十法界を具し、一法界に又た十法界を具すれば、百法界なり[3]。一界に三十種の世間[4]を具し、百法界に即ち三千種の世間を具す。此の三千は、一念の心[5]に在り。若し心無くば、

(1) 実法——『摩訶止観』には、「実法」のいくつかの例が見られるが、仮名と対になって用いられる好例としては、巻第七上、「古釈論本云、若観極微色、則有十八空。今本云、若観一端畳、則有十八空。畳是仮名、極微是実法。以此為異。若得意者、仮実皆空耳」(T46, 90b11-15) を参照。極微は物質を構成する最小の実体で実法とされ、畳は極微が集まって構成される物質であるから、仮りに畳と名づけられたものにすぎない。ここの本文では、五陰

が仮りに和合したものが衆生であるから、五陰が実法で、衆生が仮名と位置づけられている。

（2）一心――一つの心の意。『摩訶止観』巻第九上、「問。十二門論云、縁法実無生。若謂為生者、為在一心中、為在衆心中。亦可得言在一念耶」（同前、127a24-26）を参照。なお、『摩訶止観』において「一心」という場合、複数のものとの対照を設定すること（複数のものを一つの心に含むなど）が多い。たとえば、「如此三観実在一心」（同前、62a24-25）、「大論云、三智実在一心」（同前、62a26）、「三諦具足秖在一心」（同前、84c29）、「今説一心具十二因縁、当有何咎」（同前、127a28-29）などを参照。ここでも「十法界」と対照的に「一心」といっている。

（3）百法界――十法界の一つひとつの法界にそれぞれ十法界が備わるので、合わせて百法界となる。いわゆる十界互具説が示されているのである。

（4）三十種世間――三世間（五陰世間・衆生世間・国土世間）と十如是を乗じて、三十種の世間となる。

（5）一念心――「一念」は時間的な概念で、きわめて短い時間を意味する。『摩訶止観』巻第三上、「又経言、一念六百生滅。成論師云、一念六十刹那」（同前、27c23-24）、「或言、一念心六十刹那。或言、三百億刹那。刹那不住念念無常」（同前、32b4-5）を参照。したがって、「一念心」は「一念の心」と訓じ、一瞬の心の意と解釈する。ただし、「一念」が「一心」と同義で使われる場合がある。たとえば、巻第五上、「問。一念具十法界、為作念具、為任運具」（同前、51c18-19）を参照。この場合は、「念」は「作念」という表現に関連づけて解釈すれば、時間的概念ではなく、思念の意と考えられる。心が思念をその働きとするから、一念と一心が同義として使われるのであろう。もっとも、「一念」を「一念心」の省略形と考えることも可能性としては残る。ともあれ、『摩訶止観』には、一心、一念心、一念という三種の表現が出るが、どれも具体的には、我々の現在一瞬に働く心を指していると考えてよいであろう。

而已（やみ）なん。[1]介爾（けに）[2]も心有らば、即ち三千を具す。亦た一心は前に在り、一切の法[3]は後に在りとも言わず、亦た一切の法は前に在り、一心は後に在りとも言わず。例せば八相[4]は物を遷（うつ）すが如し。物は相の前に在らば、物は遷されず。相は物の前に在らば、亦た遷されず。前も亦た不可なり、後も亦た不可なり。秖（た）だ物に相の遷るを論じ、秖だ相の遷るを物に論ずるのみなり。

今の心も亦た是の如し。若し一心従り一切の法を生ぜば、此れは則ち是れ縦なり。若し心は一時に一切の法を含まば、此れは即ち是れ横なり。縦も亦た不可なり、横も亦た不可なり。秖だ心は是れ一切の法、一切の法は是れ心なり。故に縦に非ず、横に非ず、一に非ず、異に非ず、玄妙深絶（げんみょうじんぜつ）[5]にして、識の識る所に非ず、言（ごん）の言う所に非ず。所以に称して不可思議境と為す。意は此に在り、云云。

問う。心の起こるには、必ず縁[6]に託す。心に三千の法を具すと為すや、縁に具すと為すや、共じて具すと為すや、離して具すと為すや。[7]若し心に具せば、心は起こるに、縁を用いず。若し縁に具せば、縁に具して、心に関わらず。若し共じて具せば、未だ共ぜざるに、各おの無し。若し共ずる時、安（いずく）んぞ有らん。若し離して具せば、既に心を離れ縁を離るれば、那んぞ忽ち心に具

（1）若無心而已――「而」は「則」と同じ意味である。「已」は、やめるの意。限定を示す「而已」ではない。

（2）介爾――「介」は「微也」の訓詁があるように、少しの意。「爾」は「然」と同じく形容の詞。

（3）一切法――顕在的、潜在的を問わず、すべての存在するものを指す。「三千種世間」、「三千法」と同義として使われている。

（4）八相――一般に、有為法が無常であることを生・住・異・滅の四相によって示すが、これに本の四相と随の四相とがあり、合わせて八相という。

（5）玄妙深絶――奥深く微妙で、極めて深遠であること。

（6）縁――広くは直接的原因（因）に対する間接的条件の意。ここでは、認識の対象の意。心が生じるとは、心が何らかの対象を捉えることである。その対象を「縁」という。『摩訶止観』巻第一下、「夫心不孤生、必託縁起。意根是因、法塵是縁。所起之心、是所生法」（T46, 8a14-15）を参照。

（7）為共具為離具――ここでは、いわゆる「四句推検」が説かれる。諸法の生起の不可得を、自から生じること、他から生じること、共（自と他の共同）から生じること、離（自と他のどちらからも離れていること、つまり無原因）から生じることの不可能性を示すことによって証明するものである。『中論』巻第一、観因縁品、「諸法不自生亦不従他生　不共不無因　是故知無生」（T30, 2b6-7）に基づく。ここの表現と四句を対応させると、「心」が「自」、「縁」が「他」、心と縁との共同が「共」、心と縁とから離れた無原因が「離」である。『摩訶止観』巻第一下にも「次秪観根塵相対一念心起、能生・所生無不即空。妄謂心起、起無自性、無他性、無共性、無無因性。起時、不従自・他・共・離来、去時不向東西南北去」（T46, 8a26-b1）とある。

せん。四句すら尚お不可得なり。[1]云何んが三千の法を具せんや。

答う。地人の云わく、「一切の解惑・真妄は、法性に依持す。[2]法性は真・妄を持ち、真・妄は法性に依るなり」と。[3]『摂大乗』に云わく、「法性は惑の染する所と為らず、真の浄むる所と為らず。故に法性は依持に非ず。依持と言うは、阿黎耶是れなり。[4]無没の無明は、[5]一切の種子[6]を盛持す」[7]と。若し地師に従わば、則ち心に一切法を具す。[8]若し摂師に従わば、則ち縁に一切法を具す。此の両師は、各おの一辺に拠る。若し法性は一切法を生ぜば、法性は心に非ず、縁に非ず。心に非ざるが故に而も心は一切の法を生ぜば、縁に非ざるが故に亦た応に縁は一切法を生ずべし。何ぞ独り法性は是れ真・妄の依持なりと言うことを得んや。若し法性は依持に非ず、黎耶は是れ依持なりと言わば、法性を離れて外に、別に黎耶の依持有らば、則ち法性に関わらず。若し法性は黎耶を離れずば、黎耶の依持は、即ち是れ法性の依持なり。何ぞ独り黎

54b

(1)四句尚不可得――「四句」は、心、縁、共、離の四句。本書五七七ページ注7を参照。四句は三千の法を備えるあらゆる可能性を余すところなく列挙したものであるから、「尚不可得」とある。「不可得」は文字どおりには把握することができないの意である。ここでは、三千の法を備えることが把握することができないの意。つまり、三千の法を備えることが把握できる対象として成立していないこと、端的にいえば、三千の法を備えることが不可能で

あることを意味する。

(2)依持――次下の「法性持真妄、真妄依法性也」の「持」と「依」とを合わせて熟語としたものと考えられる。したがって、「依持」は方向の異なる動詞を熟語化したものである。

(3)地人云一切解惑真妄依持法性法性持真妄真妄依法性也――地人とは地論宗の人のこと。地師とも言い換えられている。引用については、『講義』に「地論十二」とあるが、出典未詳。

(4)阿黎耶――ālaya-vijñāna の前部の音写語。アーラヤ識のこと。玄奘以後は「阿頼耶」と音写する。

(5)無没無明――没したことのない無明の意であるが、「無没」はアーラヤ識の異訳である「無没識」に基づく表現である。無没識は ālaya-vijñāna を alaya-vijñāna として訳したものである。ここでは、「無没無明」がアーラヤ識を指している。

(6)種子――アーラヤ識に貯蔵される、現象世界を形成する可能力で、これを草木を生じる種子にたとえたものである。

(7)摂大乗云法性不為惑所染不為真所浄故法性非依持言依持者阿黎耶是也無没無明盛持一切種子――出典未詳。

(8)心具一切法――法性を一切法の依持とする地論宗の立場を「心具一切法」と整理している。また、次下で、阿黎耶識＝無没無明を一切法の依持とする摂論宗の立場を「縁具一切法」と整理している。つまり、法性を心に、無明を縁にそれぞれ配当していることになるが、その根拠について、『私記』には「問う。法性は心に非ず。無明は縁に非ず。何ぞ此の如きを言うや。答う。決に云わく、法性の理は既に心縁に非ざれば、地人の計する所の義は心に当たる。私に云わく、法性は是れ自なるが故に、心に属す。無明は是れ他なるが故に、境に属す。又た、心は是れ理心なるが故に、法性と名づく。縁は是れ境に迷うが故に、無明に属す」とある。

耶は是れ依持なりと言うことを得ん。又た、経に違(たが)う。『経』に言わく、「内に非ず、外に非ず、亦た中間に非ず、亦た常自(つね)に有なるに不(あら)ず」[1]と。又た、龍樹に違う。龍樹の云わく、「諸法は自より生ぜず、亦た他従り生ぜず、共ならず、無因ならず」[2]と。

更に譬えに就いて検す。為当(はた)心に依るが故に夢有るや、眠に依るが故に夢有るや、眠法[3]は心に合するが故に夢有るや、心を離れ眠を離るるが故に夢有るや。若し心に依って夢有らば、眠らざるも、応に夢有るべし。若し眠に依って夢有らば、死人は眠るが如ければ、応に夢有るべし。若し眠・心は両つ合わせて夢有らば、眠る人は那んぞ夢みざる時有らん。又た、眠・心は各おの夢有らば、合して夢有る可し。各おの既に夢無ければ、合わせて応に有るべからず。若し心を離れ眠を離れて夢有らば、虚空は二を離るれば、応に常に夢有るべし。四句に夢を求むるも、尚お不可得なり[4]。云何んが眠・夢に於いて一切の事を見ん。心は法性に喩え、夢は黎耶を喩う[5]。云何んが偏えに法性・黎耶の一切法を生ずるに縁(よ)らん。当に知るべし、四句に心を求むるも、不可得なり。三千の法を求むるも、亦た不可得なり。既に横の四句に従う[6]も、三千の法を生ずること不可得なれば、応に一念の心滅従り三千の法を生ずべきや。心は滅して、尚お一法をも生ずること能わざれば、云何んが能く三千の法を生ぜんや。若し心の亦滅亦不滅従[7]り三千の法を生ぜば、亦滅と亦不滅は、其の性の相違すること、猶お水と火の二は倶に立たざ

(1)経言非内非外亦非中間亦不常自有――『大品般若経』巻第七、無生品、「色性常空、不依内、不依外、不依両中間」(T8, 272a16) を参照。
(2)龍樹云諸法不自生亦不従他生不共不無因――本書五七七ページ注7を参照。
(3)眠法――睡眠は一つの法(存在)と考えられているので、眠法という表現がある。たとえば、説一切有部の五位七十五法の体系では、心所法の中の不定地法の一つである。
(4)不可得――底本の「不得」を、甲本、『全集本』によって「不可得」に改める。
(5)夢喩黎耶――諸本の異同はないが、文脈からいえば、「夢」は「眠」の誤りであろう。つまり、法性が心、阿黎耶が眠、一切法を生ずることが夢にそれぞれたとえられているのである。この点について、『輔行』巻第五之三にも、「恐写者誤。喩中既以眠心相対、今合応云心喩法性眠喩黎耶。夢事則喩生一切法」(T46, 297b1-3) と明言している。
(6)横従四句――これまで法性、または阿黎耶から一切法を生じることを、夢の比喩の四句推検によって否定してきたが、そのことを「横従四句生三千法不可得」と表現している。『輔行』巻第五之三にも、「已明横破竟。次約竪破」(同前、297b10-11) とあるように、ここまでが横破に相当し、次下の一念心の滅、亦滅亦不滅、非滅非不滅から三千法を生ずることを否定する部分が竪(縦)破に相当するのである。そして、本文では横、縦の否定の後に、さらに「亦縦亦横」、「非縦非横」の否定が続く。
(7)亦滅亦不滅――すでに心から三千の法を生ずることが否定されているので、ここの議論では、一念心の生(=不滅)から三千の法を生ずることの否定は繰り返されないが、それを含めて考えると、ここでも一念心の生(=不滅)、滅、亦滅亦不滅、非滅非不滅の四句分別がなされているのである。「亦滅亦不滅」は、滅でもあり不滅でもあるの意。

るが如ければ、云何んが能く三千の法を生ぜんや。若し心の非滅非不滅より三千の法を生ずと謂わば、非滅非不滅は能に非ず、所に非ざれば、[1]云何んが能・所もて三千の法を生ぜんや。亦縦亦横もて三千の法を求むるも不可得にして、非縦非横もて三千の法を求むるも亦た不可得なり。言語の道は断え、心行の処は滅す。[2]故に不可思議境と名づく。

『大経』に「生生も説く可からず、生不生も説く可からず、不生生も説く可からず、不生不生も説く可からず」と云うは、[3]即ち此の義なり。当に知るべし、第一義の中には一法も不可得なり。況んや三千の法をや。世諦の中には、一心すら尚お無量の法を具す。況んや三千をや。仏は徳女(とくにょ)に告ぐるが如し、「無明は内に有るや」、「不なり(いな)」、「外に有るや」、「不なり」、「内外に有るや」、「不なり」、「非内非外に有るや」、「不なり」、仏の言わく、「是の如く有り」[4]と。龍樹の云わく、「自ならず、他ならず、共ならず、無因にして生ぜず」[5]と。『大経』に云わく、[6]「生生も説く可からず、乃至、不生不生も説く可からず。因縁有るが故に、亦た説くことを得可し」と。四悉檀[7]の因縁を謂うなり。四句は冥寂(みょうじゃく)なりと雖も、慈悲もて憐愍(れんみん)して、名相無き中

54c

(1)非能非所――ここの論理はよくわからないが、『輔行』巻第五之三には、「滅為能生、不滅為所。既云双非、即無

能所。云何更生三千法耶」（T46, 297b21-22）とある。

（2）言語道断心行処滅――『菩薩瓔珞本業経』巻下、因果品、「言語道断（宋・元・明の三本によって「断」を補う）、心行処滅」（T24, 1019c23）、『六十巻華厳経』巻第五、四諦品、「言語道断、行処滅」（T9, 424c4）、『大智度論』巻第二、「心行処滅、言語道断」（T25, 71c7-8）などを参照。「心行処滅」は心の行処が滅するの意。「心行処」の対応梵語はチッタ・ゴーチャラ（citta-gocara）と考えられ、心の作用の及ぶ範囲をいう。つまり、「心行処滅」とは、心の働きが及ばないことを意味する。

（3）大経云生生不可説生不生不可説不生生不可説不生不生不可説――『南本涅槃経』巻第十九、光明遍照高貴徳王菩薩品、「仏言、善哉、善哉。善男子、不生生不可説、生生亦不可説、生不生亦不可説、不生不生亦不可説、生亦不可説、不生亦不可説。有因縁故亦可得説」（T12, 733c9-12）の六種の不可説のうち、前四者を取ったもの。ちなみに、智顗はこの四不可説を、それぞれ蔵・通・別・円の化法の四教に当てはめている。

（4）如仏告徳女無明内有不不也外有不不也内外有不不也非内非外有不不也仏言如是有――『大智度論』巻第六、「如徳女経説。徳女白仏言、世尊、如無明内有不。仏言、不。外有不。仏言、不。内外有不。仏言、不……仏言、無明亦如是。雖不内有、不外有、不内外有。不先世至今世、今世至後世、亦無実性、無有生者・滅者、而無明因縁諸行生、乃至衆苦陰集」（T25, 101c22-102a26）を参照。

（5）龍樹云不自不他不共不無因生――本書五七七ページ注7を参照。

（6）云――甲本、『全集本』によって「云」を補う。引用の出典は、本ページ注3を参照。

（7）四悉檀――『大智度論』巻第一、「有四種悉檀。一者世界悉檀、二者各各為人悉檀、三者対治悉檀、四者第一義悉檀」（同前、59b18-20）を参照。

に於いて、名相を仮りて説く。[1]

或いは世界を作して、心に一切の法を具すと説くに、聞く者は歓喜す。「三界に別の法無し。唯だ是れ一心の造なり」[2]と言うが如きは、即ち其の文なり。[3]或いは縁は一切の法を生ずと説くに、聞く者は歓喜す。「五欲は人をして悪道に堕せしむ」[4]、「善知識は是れ大因縁なり。謂う所は、化導して仏を見ることを得しむ」と言うが如きは、即ち其の文なり。[5]或いは因縁は共じて一切の法を生ずと言うに、聞く者は歓喜す。「水銀は真金に和して、能く諸の色像を塗る」と言うが如きは、即ち其の文なり。[6]或いは「離して一切の法を生ず」と言うに、聞く者は歓喜す。「十二因縁は仏の作にも非ず、天・人・修羅の作にも非ず、其の性は自ら爾り」と言うが如きは、[7]即ち其の文なり。此の四句は、即ち世界悉檀に、心は三千の一切法を生ずることを説くなり。

云何なるか為人悉檀なる。「仏法は海の如し。唯だ信のみ能く入る」[8]、「信は則ち道の源、功徳の母なり。一切の善法は之れに由って生ず」[9]、「汝は但だ三菩提の心を発せば、是れ則ち出家

(1) 於無名相中仮名相説――『仏蔵経』巻上、諸法実相品、「世尊乃於無名相法、以名相説。無語言法、以語言説」(T15, 782c27-28) を参照。

（2）世界——世界悉檀のこと。

（3）如言三界無別法唯是一心造——『六十巻華厳経』巻第二十五、十地品、「三界虚妄、但是一（宋本・元本・明本・聖語蔵本によって「一」を補う）心作」（T9, 558c10）、『大智度論』巻第二十九、「三界所有、皆心所作」（T25, 276b10）を参照。

（4）如言五欲令人堕悪道——『講義』は、『遺教経』を出典としているが、一致する文章はない。『仏遺教経』、「若縦五根、非唯五欲将無崖畔、不可制也。亦如悪馬不以轡制、将当牽人墜於坑陥」（T12, 1111a10-12）を参照。「五欲」は、眼・耳・鼻・舌・身の五官の欲望のこと。

（5）善知識者是大因縁所謂化導令得見仏——『法華経』妙荘厳王本事品、「当知善知識者、是大因縁。所謂化導令得見仏、発阿耨多羅三藐三菩提心」（T9, 60c9-10）を参照。

（6）如言水銀和真金能塗諸色像——『講義』は、『法界性論』を出典としているが不明。『観無量寿仏経疏』（智顗説）にも、「智与体冥、能起大用。如水銀和真金能塗諸色像」（T37, 188a13-14）とある。「色像」は rūpa の漢訳の色（いろ・形あるものの意）と、像（形、様子の意）を合わせた熟語。『摩訶止観』には、巻第二下、「実相之身、非色像身、非法門身」（T46, 20c18）、巻第六上、「如於鏡中見諸色像」（同前、76c17）などの用例がある。

（7）如言十二因縁非仏作非天人修羅作其性自爾——『雑阿含経』巻第十二、「縁起法者、非我所作、亦非余人作。然彼如来出世及未出世、法界常住、彼如来自覚此法、成等正覚」（T2, 85b24-26）を参照。

（8）如言仏法如海唯信能入——『大智度論』巻第一、「仏法大海　信為能入　智為能度」（T25, 63a1-2）を参照。

（9）信則道源功徳母一切善法由之生——『六十巻華厳経』巻第六、賢首菩薩品、「信為道元功徳母　増長一切諸善法」（T9, 433a26）を参照。

55a

の禁戒は具足す」[1]と言うが如きは、聞く者は信を生ず。即ち其の文なり。或いは縁は一切の法を生ずと説く。「若し仏に値わずば、当に無量劫に於いて、地獄の苦に堕すべし。仏を見るを以ての故に、無根信を得、伊蘭(いらん)従り栴檀を出生するが如し」と言うが如きは、[2]聞く者は信を生ず。或いは、合わせて一切の法を生ずと説く。「心の水は澄清(す)みて、珠の相は自ら現ず」[3]、「慈善根の力もて、此の如きの事を見る」[4]と言うが如きは、聞く者は信を生ず。即ち其の文なり。或いは、離して一切の法を生ずと説く。「内観もて是の智慧を得、乃至、非内非外観もて是の智慧を得るに非ず。若し住著有らば、先尼梵志(せんにぼんじ)の小の信すら尚お得可からず。況んや邪を捨て正に入らんをや」と言うが如きは、[5]聞く者は信を生ず。即ち其の文なり。是れ為人悉檀の四句に、心は三千の一切法を生ずと説くと為すなり。

云何なるか対治悉檀もて心は一切の悪を治すと説くなる。「一心を得ば、万邪は滅す」と言うが如きは、[6]即ち其の文なり。或いは、縁は一切の悪を治すと説く。「無上の大慧の明を聞くことを得て、心の定まることは、地の如く動ず可からず」と説くが如きは、[7]即ち其の文なり。

（1）汝但発三菩提心是則出家禁戒具足――『勝鬘経』一乗章、「是故説大乗威儀戒是比尼、是出家、具受具足」（T12, 219b21-22）を参照。

（2）如言若不値仏当於無量劫堕地獄苦以見仏故得無根信如従伊蘭出生栴檀――『南本涅槃経』巻第十八、梵行品、「我見世間従伊蘭子生伊蘭樹、不見伊蘭生栴檀樹。我今始見従伊蘭子生栴檀樹。伊蘭子者、我身是也。栴檀樹者、即是我心無根信也。無根者、我初不知恭敬如来、不信法・僧、是名無根。世尊、我若不遇如来・世尊、当於無量阿僧祇劫在大地獄受無量苦」（同前、727c28-728a5）を参照。「無根信」は、もともとは信根が無いのにもかかわらず、仏の力によって信を確立した場合、その信をいう。「伊蘭」は梵語 eraṇḍa の音写語。悪臭のある毒草として、芳香のある栴檀と対照的にいわれる。

（3）心水澄清珠相自現――『南本涅槃経』巻第二、哀歎品、「譬如春時、有諸人等在大池浴乗船遊戲、失琉璃宝没深水中。是時諸人悉共入水求覓是宝、競捉瓦石・草木・沙礫、各各自謂得琉璃珠、歓喜持出乃知非真。是時宝珠猶在水中、以珠力故、水皆澄清。於是大衆乃見宝珠故在水下」（同前、617c3-8）を参照。

（4）慈善根力見如此事――『南本涅槃経』巻第十四、梵行品、「当知即是慈善根力、令諸力士見如是事」（同前、699c14-15）を参照。

（5）如言非内観得是智慧乃至非内外観得是智慧若有住著先尼梵志小信尚不可得――『大品般若経』巻第三、集散品、「是先尼梵志非内観得故見是智慧、非外観得故見是智慧、非内外観得故見是智慧、亦不無智慧観得故見是智慧……先尼梵志、此中心得信解於一切智。以是故、梵志信諸法実相、一切法不可得故」（T8, 236a16-27）を参照。

（6）如言得一心者万邪滅矣――『太子瑞応本起経』巻上、「得一心者、則万邪滅矣」（T3, 475a25）を参照。

（7）如説得聞無上大慧明心定如地不可動――出典未詳。

或いは、因縁は和合して、一切の悪を治すと説く。「一分は思従り生じ、一分は師従り得」と言うが如きは、[1]即ち其の文なり。或いは、離して一切の悪を治すと説く。「我れは道場に坐する時、一切の法を得ざるに、空拳もて小児を誑(たぶらか)し、一切を誘度す」[2]は、即ち其の文なり。是れ対治悉檀もて心は一切の悪を破すと為す。

　云何んが第一義悉檀もて心は理を見ることを得ん。「心は開け意は解(と)けて、豁然(かつねん)として道を得」と言うが如し。[3]或いは、縁は能く理を見ると説く。「須臾(しゅゆ)も之れを聞かば、即ち三菩提を究竟することを得」と言うが如し。[4]或いは、因縁は和合して道を得と説く。「快馬(けめ)は鞭の影を見て、即ち正路を得るが如し」[5]と。或いは、離して能く理を見ると説く。「無所得は即ち是れ得にして、已に是れ得は無所得なり」と言うが如し。[6]是れ第一義の四句に理を見ると名づく。何に況んや心は三千の法を生ずるをや。仏旨は尽(こと)ごとく浄くして、因・縁・共・離[7]に在らず。世諦に即して是れ第一義なり。[8]又た、

(1)如言一分従思生一分従師得――出典未詳。
(2)我坐道場時不得一切法空拳誑小児誘度於一切――『大智度論』巻第二十、「我坐道場時　智慧不可得　空拳誑小児　以度於一切」(T25, 211a4-5)を参照。
(3)如言心開意解豁然得道――『講義』に「大論四十二十八」とあるが、出典未詳。「開」も「解」も疑問などが消えて悟るの意。「豁然」は、からりと開くさま。悟りの形容語としてよく使われる。
(4)如言須臾聞之即得究竟三菩提――『法華経』法師品、「是人歓喜説法、須臾聞之、即得究竟阿耨多羅三藐三菩提故」(T9, 31a9-11)を参照。
(5)如快馬見鞭影即得正路――本書五一三ページ注5を参照。
(6)如言無所得即是得已是得無所得――『思益梵天所問経』巻第一、解諸法品、「如来坐道場時、惟得虚妄顚倒所起煩悩畢竟空性。以無所得故得、以無所知故知」(T15, 39b10-12)、同、巻第三、論寂品、「若有所得、当知是為増上慢人。正行者無増上慢、無増上慢、則無行・無得」(同前、49c9-11)を参照。
(7)因縁共離――本書五七七ページ注7で引用した『中論』の自、他、共、無因(離)にそれぞれ対応する。本文に当てはめれば、心が因、心の対象が縁、心と対象の共同が共、心と対象から離れることが離である。
(8)即世諦是第一義也――『南本涅槃経』巻第十二、聖行品、「世諦者、即第一義諦」(T12, 684c14)を参照。

四句は倶に皆な説く可し。因も亦た是、縁も亦た是、共も亦た是、離も亦た是なりと説く。若し盲人の為めに乳は貝の若く、粖の若く、雪の若く、鶴の若しと説かば、盲は諸の説を聞きて、即ち乳を解することを得。[1] 世諦に即して是れ第一義諦なり。当に知るべし、終日説くも終日説かず、終日説かざるも終日説き、終日双べ遮し、終日双べ照らす。[2] 破に即して即ち立、立に即して即ち破なり。経論は皆な爾り。

天親・龍樹は、内鑒冷然たり。[3] 外には時の宜しきに適い、各おの権に拠る所あり。而も人師は偏えに解し、学者は苟に執し、遂に矢石[4]を興して、各おの一辺を保ち、大いに聖道に乖くなり。若し此の意を得ば、倶に説く可からず、倶に説く可し。若し便宜に随わば、応に無明は法性に法って一切の法を生ずと言うべし。眠法が心に法らば、則ち一切の夢事有るが如し。心と縁と合わせば、則ち三種の世間、三千の相性[5]は、皆な心従り起こる。一性は少なりと雖も、無ならず、無明は多なりと雖も、有ならず。何となれば、一を指して多とせば、多は多に非ず、多を指して一とせば、一は少に非ず。故に此の心を名づけて、不思議境と為すなり。

（1）若為盲人説乳若貝若粖若雪若鶴盲聞諸説即得解乳――『南本涅槃経』巻第十三、聖行品、「如生盲人不識乳色、便問他言、乳色何似。他人答言、色白如貝。盲人復問、是乳色者、如貝声耶。答言、不也。復問、貝色為何似耶。答言、猶稲米末。盲人復問、乳色柔軟如稲米末耶。稲米末者、復何所似。答言、猶如雨雪。盲人復言、彼稲米末冷如雪耶。雪復何似。答言、猶如白鶴。是生盲人雖聞如是四種譬喩、終不能得識乳真色」（T12, 688c15-23）を参照。『涅槃経』では、目の不自由な人が結局乳の色を理解できないと述べているのに対し、本書では、目の不自由な人がさまざまな説を聞いて、それぞれ理解できるとしている点、内容が異なる。

（2）終日説終日不説終日不説終日説終日双遮終日双照――『荘子』寓言、「故曰、無言。言無言、終身言、未嘗言。終身不言、未嘗不言」を参照。説と不説とについての四句分別を示している。「双遮」は説と不説の両者を否定することで、「双照」は両者を肯定すること。四句分別のとき、双遮、双照という簡略な表現がよく用いられる。

（3）内鑒泠然――底本の「冷」を、文意によって「泠」に改める。「泠」は、聡に通じ、悟るの意。「内鑒」は心の内を鏡に映すように見ること。慧琳『一切経音義』巻第五十九、「泠而」の項に「歴経反。泠然、清涼貌也。泠然亦解悟之意也」（T54, 703a2）とある。

（4）矢石――古代の戦争においては矢や弩（いしゆみ）の石は武器として用いられたので、戦争の比喩としていわれる。『輔行』巻第五之三には、「矢石者、如箭矢射石、義非相入。以各計故、不入円理、如彼矢石」（T46, 298b17-18）とあり、異なる解釈がなされている。

（5）相性――十如是においては、相は外的特徴、性は内的性質の意であるが、ここでは、これまで「三千法」、「三千種世間」といわれていたことの言い換えとして、「三千相性」と表現している。

55b

若し一心一切心・一切心一心・非一非一切、[1]一陰一切陰・一切陰一陰・非一非一切、一入一切入・一切入一入・非一非一切、一界一切界・一切界一界・非一非一切、一衆生一切衆生・一切衆生一衆生・非一非一切、一国土一切国土・一切国土一国土・非一非一切、一相一切相・一切相一相・非一非一切、乃至、一究竟一切究竟・一切究竟一究竟・非一非一切を解せば、遍く一切に歴て、皆な是れ不可思議境なり。若し法性と無明は合わせて一切法の陰・界・入等有らば、即ち是れ俗諦なり。一切の界・入は是れ一法界ならば、即ち是れ真諦なり。非一非一切は即ち是れ中道第一義諦なり。是の如く遍く一切の法に歴ば、不思議の三諦に非ざること無し、云云。

若し一法は一切法ならば、即ち是れ「因縁もて生ずる所の法は、是れ仮名と為す」[2]にして、仮観なり。若し一切法は即ち一法ならば、「我れは即ち是れ空なりと説く」[3]にして、空観なり。若し非一非一切ならば、即ち是れ中道観なり。一空は一切空にして、仮・中として空ならざる無く、総て空観なり。一仮は一切仮にして、空・中として仮ならざること無く、総て仮観なり。一中は一切中にして、空・仮として中ならざる無く、総て中観なり。即ち『中論』に説く所の不可思議の一心三観なり。

一切の法に歴るも、亦た是の如し。「因縁もて生ずる所の一切法」[4]の若きは、即ち方便随情

(1)一心一切心一切心一心非一非一切――一心が一切心であり、一切心が一心であり、一でもなく一切でもないの意。すなわち、一と一切という相対概念を超越していることを意味する。本文では一々訳出しなかった。「心」以下、陰・入・界・衆生・国土・相(十如是の第一)・究竟について同じ論理が適用されているが、ここの論理は、一A=一切A、一切A=一A、非一非一切である(Aのところに上記のさまざまな概念が入る)。『輔行』巻第五之三に、「結成三諦」(T46, 298c25)とあるのによれば、一A=一切Aが仮諦、一切A=一Aが空諦、非一非一切が中諦に相当すると思われる。

(2)因縁所生法是為仮名――本書五七一ページ注2を参照。

(3)我説即是空――本書五七一ページ注2を参照。

(4)因縁所生一切法――本書五七一ページ注2を参照。

の道種権智なり[1]。一切法は一法にして、「我れは即ち是れ空なりと説く[2]」の若きは、即ち随智一切智なり。非一非一切にして、「亦た中道義と名づく[3]」の若きは、即ち非権非実の一切種智なり。上に例するに、一権一切権、一実一切実、一切非権非実なり[4]。遍く一切に歴ば、是れ不思議の三智なり。

随情の若きは即ち随他意の語、随智の若きは即ち随自意語、非権非実の若きは即ち非自非他意語なり[5]。遍く一切の法に歴ば、漸・頓・不定[6]の不思議の教門に非ざること無きなり。若し頓を解せば、即ち心を解す。心すら尚お不可得なり。云何んが当に趣・非趣有るべけんや[7]。若し

(1) 方便随情道種権智――「随情」は随情智、随智と並ぶ概念。『摩訶止観』巻第三上には、「此三諦理不可思議、無決定性、実不可説。若為縁説、不出三意。一随情説、即随他意語。二随情智説、即随自他意語。三随智説、即随自意語」(T46, 26c3-6) とある。「道種権智」は道種智が権=方便であるから、こう表現したのであろう。道種智は、一切智、一切種智と並ぶ概念である。『大智度論』巻第二十七、「復次後品中仏自説、一切智是声聞・辟支仏事、道智是諸菩薩事、一切種智是仏事」(T25, 259a20-22)、『摩訶止観』巻第三上、「仏智照空、如二乗所見、名一切智。仏智照仮、如菩薩所見、名道種智。仏智照空仮中、皆見実相、名一切種智。故言三智一心中得」(T46, 26b10-13) を参照。

(2) 我説即是空――本書五七一ページ注2を参照。

(3)亦名中道義——本書五七一ページ注2を参照。

(4)例上一権一切権一実一切実一切非権非実——ここでいう権実の概念は、上の「道種権智」の権と、「一切智」の実、「一切種智」の非権非実を指す。

(5)若随情即随他意語若随智即随自意語若非権非実非自非他意語——随他意説、随自意説、随自他意説については、『南本涅槃経』巻第三十二、迦葉菩薩品(T12, 820b2-821a2)を参照。

(6)漸頓不定——漸教・頓教・不定教である。不定教は、さらに秘密不定と顕露不定に分かれ、都合、四教となる。これがいわゆる化儀の四教である。

(7)心尚不可得云何当有趣非趣——『大品般若経』巻第十五、知識品、「一切法趣色、是趣不過。何以故。色畢竟不可得、云何当有趣・不趣」(T8, 333b12-14)を参照。『大品般若経』の当該箇所には、引用文の「色」のところにさまざまな概念を当てはめた表現が頻出する。本書の「心」を当てはめたものは見られないが、この『大品般若経』の論理を本書では「心」に当てはめているのである。漢文だけでは理解しにくいが、『小品般若経』巻第六、大如品、「一切法趣空、不過是趣」(同前、561c15)に対応する『八千頌般若経』には tat kasya hetoḥ? Śūnyatāgatikā hi Subhūte sarvadharmāḥ/ te tāṃ gatiṃ na vyativartante/ (P. L. Vaidya, ed., *Aṣṭasāhasrikā Prajñāpāramitā*, Buddhist Sanskrit Texts NO. 4, Darbhanga, 1960, p.148)「それはなぜか。というのは、スブーティよ。一切法は空性を依りどころとしているからである。それらはその依りどころを越えない」とある。これによれば、「趣」はガティ(gati)の訳で、依りどころの意である。また、『摩訶止観』巻第四下、「故大品云、一切法趣欲事、是趣不過。欲事尚不可得。何況当有趣・不趣。釈曰、趣即是有。有能趣所趣、故即辯俗諦。欲事不可得、即是明空。空中無能趣・所趣、故即辯真諦。云何当有趣・非趣。即是辯中道。当知三諦秖在一欲事耳。今更広釈令義易解」(T46, 46c2-8)を参照。

漸を解せば、即ち一切の法は心を趣とすることを解す。[1]若し不定を解せば、即ち是の趣をば過ぎざるを解す。[2]

55c 此れ等は、名異にして義同じ。行人に軌則たるを呼びて三法と為し、[3]照らす所を三諦と為し、発する所を三観と為し、観の成ずるを三智と為し、他に教うるを呼んで三語と為し、[4]宗に帰するを呼んで三趣と為す。[5]斯の意を得て一切に類せば、皆な法門を成ず。種種の味あり、煩を嫌うこと勿れ、云云。

如意珠の如きは、天上の勝宝にして、状は芥・粟の如くなるも、大なる功能有り。[6]浄妙の五欲、[7]七宝、[8]琳琅[9]は、内に蓄うるに非ず、外より入るに非ず、前後を謀らず、多少を択ばず、麁妙を作さず、意に称いて豊倹[10]にして、雨を降らすこと穣穣[11]として、添えず尽きず。蓋し是れ色

(1)一切法趣心――漢文だけではわかりにくいが、一切法が心を趣(依りどころの意)とするの意。本書五九五ページ注7を参照。

(2)是趣不過――ここも漢文だけではわかりにくいが、一切法が心という依りどころを越え出ないの意。すなわち、心が一切法の究極の根拠であって、それ以上の根拠は無いということ。本書五九五ページ注7を参照。『大品般若経』の表現にあわせて、『摩訶止観』における引用文を再構成すると、「一切法趣心、是趣不過。心尚不可得。云何当有趣非趣」となるであろう。一切法は心を依りどころとしていて、この依りどころを越えない。つまり、心が一

切法の究極の依りどころである。ところが、その究極の依りどころである心は実体として捉えることができないのであるから、依りどころと依りどころでないものは存在しない、という意味であろう。

(3)三法——真性軌、観照軌、資成軌の三軌のことであろう。『法華玄義』巻第五下、「言三法者、即三軌也。軌名軌範、還是三法可軌範耳……一真性軌、二観照軌、三資成軌」(T33, 741b7-12)を参照。

(4)三語——随他意語、随自意語、非自非他意語のこと(T46, 55b25-26を参照)。

(5)三趣——おそらく「一切法趣心、是趣不過」(俗諦に相当)、「心尚不可得」(真諦に相当)、「云何当有趣非趣」(中諦に相当)を三趣としていると思われる。

(6)如如意珠天上勝宝状如芥粟有大功能——『大品般若経』巻第十、法称品、「譬如無価摩尼珠宝、在所住処非人不得其便」(T8, 291c10-12)、同、「是天上宝。閻浮提人亦有是宝、但功徳相少不具足。天上宝清浄軽妙、不可以譬喩為比」(同前、291c29-292a2)、『大智度論』巻第十、「如意珠出自仏舎利。若法没尽時、諸舎利皆変為如意珠」(T25, 134a21-22)などを参照。「如意珠」の対応梵語はチンターマニ(cintāmaṇi)で、意のままに宝を出すことのできる珠。「芥」はからしな。「粟」はあわ。いずれも実は小さくてまるい。

(7)五欲——ここでは、眼・耳・鼻・舌・身の五官の対象をいう。いわゆる色・声・香・味・触の五境は人の欲望を引き起こすので、五欲ともいう。

(8)七宝——『法華経』授記品、「皆以金・銀・琉璃・車璖・馬瑙・真珠・玫瑰七宝合成」(T9, 21b20-21)を参照。

(9)琳琅——美しい珠玉の意。

(10)豊倹——「豊」は多いこと、「倹」は少ないこと。多少について自在であるの意。

(11)穣穣——数の多い様子。ここでは、雨がたくさん降ること。

法すら尚お能く此の如し。況んや心神の霊妙なるをや。寧んぞ一切の法を具せざらんや。

又た、三毒の惑心は、一念の心起こるに、尚お復た身・辺・利鈍・八十八使[1]、乃至、八万四千の煩悩あり。若し先より有りと言わば、那んぞ忽ち縁を待たん。若し本と無しと言わば、縁対するに即ち応ず。有ならず無ならず。定有は即ち邪にして、定無は即ち妄なり。当に知るべし、有なれども有ならず、有ならざれども有なり。惑心すら尚お爾り。況んや不思議の一心をや。

又た、眠りて夢に百千万の事を見るも、豁寤すれば、一も無し。況んや復た百千をや。未だ眠らざれば[2]、夢みず、覚めず、多ならず、一ならず。眠の力の故に多と謂い、覚の力の故に少と謂うが如し。荘周[3]は夢に蝴蝶と為って翾翔すること百年なるも、寤むれば、蝶に非ず、亦た歳を積みしに非ざることを知る。無明は法性に法れば、一心は一切心なり。彼の昏眠の如し。無明は即ち法性なりと達すれば、一切心は一心なり。彼の醒寤の如し、云云。

又た、安楽行[4]を行ずる人は、一たび眠りて、初めて発心し、乃至、仏と作り、道場に坐して法輪を転じ、衆生を度して涅槃に入ると夢みるも、豁寤すれば、秖だ是れ一夢の事なり。

若し三の喩[5]を信ぜば、則ち一心を信ぜん。口の宣ぶる所に非ず、情の測る所に非ず。此の不思議の境に、何れの法か収めざらん。此の境は智を発するに、何れの智か発せざらん。此の境に依って誓いを発し、乃至、法愛無し。何れの誓いか具せざらん。何れの行か満足せざらんや。説く時は、上の次第の如し。行ずる時は、一心の中に一切心を具す、云云。

（1）利鈍八十八使――身見・辺見・邪見・見取見・戒禁取見を五利使といい、貪・瞋・癡・慢・疑を五鈍使という。理に迷う煩悩を利使、事に迷う煩悩を鈍使という。八十八使は見惑の数。ここは煩悩を列挙しているが、内容はあまり整理されていない。
（2）未眠――底本の「末眠」を、『大師全集』によって「未眠」に改める。
（3）荘周夢為胡蝶翾翔百年寤知非蝶亦非非積歳――『荘子』斉物論、「昔者荘周夢為胡蝶。栩栩然胡蝶也。自喩適志与。不知周也。俄然覚、則蘧蘧然周也。不知周之夢為胡蝶与、胡蝶之夢為周与。周與胡蝶、則必有分矣。此之謂物化」を参照。「翾翔」は、飛び回ること。
（4）安楽行――『法華経』安楽行品に説かれる四種の安楽な修行のこと。
（5）三喩――如意珠、三毒、夢の三種の比喩のこと。

5.7.2.8.1.2.1.1.1.2.　慈悲心を起こす

二に真正の菩提心を発すとは[1]、既に深く不思議境を識れば、一苦は一切苦なる[2]を知り、自ら昔の苦を悲しむ。惑を起こして麁弊の色・声[3]に耽湎し、身・口・意を縦にして不善業を作し、悪趣に輪環して諸の熱悩に縈り、身は苦しみ心は苦しみて自ら毀傷す。而るに今、還って愛の繭を以て自ら纏い[4]、癡の灯に害せられ、百千万劫なり。一に何ぞ痛ましきや。設使い三途を捨てんと欲するも、五戒・十善を欣び、相心[5]に福を修すれば[6]、市易[7]・博換[8]の如く、翻って更に罪を益すは、魚の笱の口に入り[9]、蛾の灯の中に赴く[10]に似たり。狂計・邪黠もて、逾いよ迷い逾いよ遠く、渇して更に鹹を飲み、龍の須もて身を縛り、水に入りて転た痛み[11]、牛の皮もて体に繋けて日に向かうに、弥いよ堅く、盲の棘林に入り、溺れて洄澓[12]に堕つ。刃を把り炬を抱けば、

56a

(1) 発真正菩提心——十乗観法の第二で、前には「起慈悲心」(T46, 52b2) とも名づけられていたが、ここでも内容的には四弘誓願が説かれる。『摩訶止観』の五略の第一、「発心」の項には、「是を顕わす」として、四諦、四弘誓願、六即が説かれているが、正しい発心のあり方に、四弘誓願が密接な関係を有していることがわかる。

(2) 一苦一切苦——十乗観法の第一である「観不思議境」で説かれた、一即一切の論理を苦の概念に適用したものである。

(3) 麁弊色声——「麁」は「精」の反対語で、「粗」に通じる。弊は「悪也」の訓詁がある。「色声」は、六境の第一、

第二を挙げたもので、色は視覚の対象で、いろ・形あるもの。声は聴覚の対象。『法華経』譬喩品、「汝等莫得楽住三界火宅。勿貪麁弊色・声・香・味・触也」(T9, 13b10-11)を参照。

(4)以愛繭自纏――『南本涅槃経』巻第二十五、師子吼菩薩品、「善男子、一切衆生不能見於十二因縁、是故輪転。善男子、如蚕作繭、自生自死、一切衆生亦復如是。不見仏性故、自造結業、流転生死、猶如拍毱」(T12, 768c5-8)を参照。「愛」は、渇愛のこと。次下の「癡灯」の「癡」は無知、愚かさの意。

(5)相心――事物に相(固定的特徴)があると認識して、それに執着する心のこと。無相の心に対して有相の心のこと。『摩訶止観』巻第九上、「根本等是有漏。空無相心修、名無漏」(T46, 117c4-5)を参照。

(6)修福――「福」は漢語としては、神の恵みが豊かである、幸いの意であるが、仏教語としては、puṇya の訳語として、善い行ないを意味する場合がある。ここはその意。

(7)市易――市場での交易の意。

(8)博換――博奕(ばくえき)での交換の意。

(9)魚入笱口――『太子瑞応本起経』巻上、「以欲網自蔽、以愛蓋自覆、自縛於獄、如魚入笱(宋・元・明の三本には「笱」に作る)口、為老死所伺、如犢求母乳」(T3, 475c3-4)を参照。

(10)蛾赴灯中――『大智度論』巻第十七、「諸欲楽甚少 憂苦毒甚多 為之失身命 如蛾赴灯火」(T25, 181b8-9)を参照。

(11)龍須縛身入水転痛――『出曜経』巻第五、愛品、「猶如有人、而被二繫。一者革索、二者龍鬚索。将至火辺、以火炙之、革索便急、龍鬚索緩。若将入水、革索便緩、龍鬚索急」(T4, 632c9-12)を参照。

(12)洄澓――渦をまいた水の流れの意。

痛は那んぞ言う可けん。虎の尾、蛇の頭、悚焉(しょうえん)[1]として悼慄(とうりつ)[2]す。

自ら惟(おも)うに、此の若し。他を悲しむことも亦た然り。仮令(たと)い隘路(あいろ)より叛(そむ)きて怨国(おんごく)に出ずるも、備さに辛苦を歴て、絶えて而も復た蘇えり、貧里に往至(おうし)し、傭賃(ようちん)すること一日、草庵に止宿して、肯えて前進せず、楽(ねが)いて鄙事(ひじ)を為す[3]。信ぜず識らず、悲しむ可く、怪しむ可し。

彼我を思惟し、自他を鯁痛(こうつう)[4]し、即ち大悲を起こし、両(ふた)つの誓願を興す。衆生無辺誓願度、煩悩無数(むしゅ)誓願断[5]なり。衆生は虚空の如しと雖も、空の如きの衆生を度せんと誓い、煩悩に無所有(むしょう)なりと知ると雖も、無所有の煩悩を断ぜんと誓う。衆生の数は甚だ多しと知ると雖も、甚だ多きの衆生を度せん。煩悩は辺底無しと知ると雖も、辺底無きの煩悩を断ぜん。衆生の如は仏の如の如しと知ると雖も、仏の如の如きの衆生を度せん。煩悩は実相の如しと知ると雖も、実相の如きの煩悩を断ぜん。

何となれば、若し但だ苦の因を抜きて苦の果を抜かずば、此の誓いは毒を雑(まじ)う。故に須らく空を観ずべし。若し偏えに空を観ぜば、則ち衆生の度す可きを見ず。是れ空に著する者と名づく。諸仏の化せざる所なり。若し偏えに衆生の度す可きを見ば、即ち愛・見の大悲[6]に堕す。解脱の道に非ず、云云。今は則ち毒に非ず、偽に非ず。故に名づけて真と為す。空辺に非ず、有辺に非ず。故に名づけて正と為す。鳥の空を飛びて、終に空に住せず、空に住せずと雖も、跡

（1）悚焉――驚く様子。

（2）悼慄――痛み恐れること。

（3）備歷辛苦絶而復穌往至貧里傭賃一日止宿草庵不肯前進楽為鄙事――『法華経』の信解品に出る窮子の譬喩に基づいた表現である。関連する経文を抄出する。「伶俜辛苦五十余年」（T9, 17b11-12）、「転更惶怖、悶絶躄地。父遙見之、而語使言、不須此人、勿強将来。以冷水灑面、令得醒悟」（同前、16c29-17a2）、「爾時窮子傭賃展転」（同前、16c11）、「不如往至貧里、肆力有地、衣食易得」（同前、16c19-20）、「長者於牖、常見其子、念子愚劣、楽為鄙事」（同前、18a20-21）、「猶処門外、止宿草庵」（同前、18a29）などを参照。

（4）鯁痛自他――魚の骨が喉に刺さったように、自己と他人の苦しみを悲しく嘆くこと。

（5）虚空――天空、大空の意。仏教では無限、遍満、無実体性などを表わす比喩としてよく用いられる。ここでは無実体性＝空の比喩として解釈した。『法華経』安楽行品、「観一切法　皆無所有　猶如虚空　無有堅固」（同前、37c18-19）を参照。また、『大智度論』巻第六には、大乗の空の比喩を十種取りあげるなかの一つとして論じている。「如虚空者、但有名而無実法。虚空非可見法、遠視故。眼光転見縹色。諸法亦如是、空無所有」（T25, 102b24-26）を参照。

（6）愛見大悲――愛見に汚染された大悲の意。愛見については、『大智度論』巻第七、「復有二種結。一属愛、二属見」（同前、110b2-3）を参照。また、『維摩経』巻中、問疾品には、「彼有疾菩薩応復作是念、如我此病、非真非有、衆生病亦非真非有。作是観時、於諸衆生若起愛見大悲、即応捨離」（T14, 545a25-28）とあり、鳩摩羅什は、「謂未能深入実相。見有衆生心生愛著。因此生悲、名為愛見大悲」（『注維摩詰経』巻第五、T38, 378a25-26）と注している。

は尋ぬ可からざるが如し。[1]空と雖も度し、度すと雖も空なり。是の故に誓って虚空と共に闘う[2]と名づく。故に真正発菩提心と名づくるは、即ち此の意なり。

又た、不可思議の心の、一楽心は一切楽心なるを識る。[3]我れ及び衆生は、昔、楽を求むと雖も、楽の因を知らず。瓦礫を執って、如意珠と謂い、[4]妄りに蛍光を指して、呼びて日月と為すが如し。今方に始めて解す。故に大慈を起こし、両つの誓願を興す。謂わく、法門無量誓願知、無上仏道誓願成なり。法門は永寂にして空の如しと知ると雖も、永寂を修行せんことを誓願す。菩提は無所有なりと知ると雖も、無所有の中、吾れは故に之れを求む。法門は空無所有の如しと知ると雖も、画繢して虚空を荘厳せん[5]ことを誓願す。仏道は成・所成に非ざることを知ると雖も、虚空の中に樹を種えて、華果を得しむるが如し。[6]法門、及び仏果は、修に非ず不修に非ず、証に非ず得に非ずと知ると雖も、証得する所無きを以て、而も証し而も得。是れ偽に非ず毒に非ざるを、名づけて真と為し、空に非ず見・愛に非ざるを、名づけて正と為すと名づく。

56b

此の如き慈悲誓願と不可思議の境智とは、前に非ず後に非ず、同時に倶に起こる。慈悲は即ち智慧にして、智慧は即ち慈悲なり。無縁無念[7]にして、普く一切を覆い、任運に苦を抜き、自然に楽を与う。毒害に同じからず、但空に同じからず、愛・見に同じからず。是れ真正に心を

（1）如鳥飛空終不住空雖不住空跡不可尋――『南本涅槃経』巻第八、鳥喩品、「如人在地、仰観虚空不見鳥跡」（T12, 656c11-12）を参照。

（2）誓与虚空共闘――『大品般若経』巻第十九、度空品、「是人為衆生結誓、為欲与虚空共闘」（T8, 360c4-5）を参照。

（3）一楽心一切楽心――本書六〇〇ページ注2を参照。

（4）執瓦礫謂如意珠――本書五一五ページ注3を参照。

（5）画繢荘厳虚空――『輔行』には出典として『思益梵天所問経』を挙げるが出典未詳。「画繢」は、縫い取りをすること。

（6）如虚空中種樹便得華得果――『思益梵天所問経』巻第二、難問品、「譬如有樹不依於地、在虚空中而現根茎・枝葉・華果、甚為希有」（T15, 42c12-13）を参照。

（7）無縁無念――『摩訶止観』では、巻第九下に「定心湛然無縁無念、名一心支」（T46, 126a5-6）とあるように、色界四禅の構成要素としての「一心支」を説明する文章に出る（他に二例がある）。また、同、巻第一下に「常境無相、常智無縁。以無縁智縁無相境。無相之境相無縁之智」（同前、9c2-4）とあるのを参照すると、この場合の「縁」はあるものを認識の対象とするの意で、「念」（思うの意）と類義の動詞と考えられる。したがって「無縁無念」は思慮分別がないの意。特定のものを認識の対象とすることがないので、一切に普遍的なあり方が可能となる。『輔行』巻第五之四に、「智秪是解。依境生解、依解起願。境為所縁、誓為能縁。以無縁慈悲、縁不思議境。境名無縁、誓名無念。運此慈悲、遍覆法界」（同前、301b7-10）とあるが、採用しない。

菩提に発する義と名づく。[1]自ら己を悲しみ、衆生を悲しむ義は、皆な上に説けるが如し。観心は解す可し。

5.7.2.8.1.2.1.1.1.3. 善巧安心

三に善巧安心とは、善く止観を以て法性に安んずるなり。上に深く不思議境の淵奥、微密なるに達し、博く慈悲を運びて、亘蓋[2]すること此の若し。須らく行じて願を塡つべし。行は即ち止観なり。

無明・癡惑は本と是れ法性なり。癡迷を以ての故に、法性は変じて無明と作り、諸の顚倒、善・不善等を起こす。寒の来たって水を結び、変じて堅き氷と作るが如く、又た、眠の来たって心を変じ、種種の夢有るが如し。今当に諸の顚倒は即ち是れ法性にして、一ならず異ならずと体すべし。顚倒は起滅すること、旋火輪[3]の如くなりと雖も、顚倒は起滅を信ぜず、唯だ此の心は但だ是れ法性なりと信ずるのみ。起は是れ法性の起にして、滅は是れ法性の滅なり。体は、其の実、起滅せざるに、妄りに起滅すと謂う。秖だ妄想を指すに、悉ごとく是れ法性にして、法性を以て法性に繋け、法性を以て法性を念ずれば、常に是れ法性にして、法性ならざる時無し。体達は既に成ずれば、妄想を得ず、亦た法性を得ず、源に還り本に返れば、法界は倶に寂なり。是れ名づけて止と為す。此の如く止む時、上来の一切の流転は皆な止む。観とは、無明の心は、上は法性に等しく、本来皆な空にして、下は一切の妄想・善悪に等しく、皆な虚空の如く、二無く別無しと観察す。譬えば劫の尽くるに[4]、地従り上は初禅に至るまで、炎炎として是れ火に非ざること無きが如し。又た、虚空蔵菩薩の現ずる所の相は、一切皆

56c

（1）真正発心菩提義――十乗観法の第二の名称については、「発真正菩提心」（T46, 55c26）、「真正発菩提心」（同前、56a25）とあったが、ここでも語順が変わっている。

（2）亘蓋――覆いかばうこと。

（3）施火輪――松明などを手に持って回転させると輪のように見えるが、それをいう。実際には輪は実在しないので、実体のない幻のようなものの比喩に用いられる。『大智度論』巻第六、「揵闥婆城衆縁亦無、如旋火輪、但惑人目」（T25, 103b25-26）、『六十巻華厳経』巻第五、如来光明覚品、「身命相随順　展転更相因　猶如旋火輪　前後不可知」（T9, 427b17-18）などを参照。

（4）劫尽――成住壊空の四劫のうち、住劫（世界が存続する期間）が尽きること。そして、世界が破壊される壊劫の末には、本文にあるように、世界を焼き尽くす火災が起こる。

な空なるが如く、[1]海慧の初めて来たりて現ずる所は一切皆な水なるが如し。[2]介爾の念は起こるに、所念と念[3]は即空ならざること無く、空も亦た不可得なり。火を前むるに、木の能く薪を然えしめ、亦復た自ら然ゆるが如し。法界は洞朗[4]として咸く皆な大いに明らかなること、之れを名づけて観と為す。止は秖だ是れ智にして、智は秖だ是れ止なり。不動の止は秖だ是れ不動智にして、不動智は秖だ是れ不動止なり。不動智もて法性を照らすは、即ち是れ観智もて安んずることを得。亦た是れ止もて安んず。不動は法性に於いて相応するは、即ち是れ止もて安んずることにして、亦た是れ観もて安んずることにして、二無く別無し。若し倶に安んずることを得ずば、当に復た云何んがすべき。

夫れ心神は冥昧[5]にして、椶利[6]、悗慲[7]たり。汨やかに起こり汨やかに滅し、執持す可きこと難く、倏ち去り倏ち来たりて、関禁し易からず。復た之れを止むと雖も、馳すること颺炎よりも疾く、復た之れを覩ずと雖も、闇きこと漆・墨に逾えたり。功を加うること苦至なるも、散

(1) 如虚空蔵菩薩所現之相一切皆空――『大集経』巻第十四、虚空蔵品、「彼大荘厳刹土一宝荘厳仏所、有一菩薩摩訶薩名虚空蔵、以大荘厳而自荘厳」(T13, 94a17-19) 以下を参照。

(2) 如海慧初来所現一切皆水――『大集経』巻第八、海慧菩薩品、「彼有菩薩名曰海慧、欲来至此大宝坊中、与無数

菩薩倶共已断一切数想、欲来聴是大集経典」（同前、46c15-18）以下を参照。前ページ注1の虚空蔵とここの海慧については、『輔行』巻第五之四に、「此菩薩欲来於衆会中先現此相。凡諸菩薩皆従徳立名。故入衆現相亦随其徳。所以空蔵現空海慧現水」（T46, 302a5-7）とあるのを参照。

（3）介爾念起所念念者――ここは『輔行』巻第五之四の解釈によって訳した。すなわち、「初法説中言介爾者、非縁妄境但生一念。謂我観成、名為介爾」（同前、302a10-11）とあり、「介爾念起」は、妄境を対象とした一念が生じることではなく、次下に出るが、法性を対象とした観察の心念が生じることを意味する。また、「所念、謂法性。念者、謂介爾」（同前、302a13-14）とあり、「所念」は観察の対象の法性のことであり、「念」は直前の「介爾念」のことを意味する。

（4）洞朗――からっと澄んでいる様子。

（5）冥昧――道理に暗い様子。

（6）梭利――「梭」はしゅろの意で、ここでは意味をなさない。『輔行』巻第五之四には、「梭利者、是止不安。梭字応作逘。疾也。息和反」（同前、302b4-5）とある。「逘」は未詳。「逘」の誤りかもしれない。「逘」には「疾也」の訓詁がある（『礼記』大伝、「逘奔走」の注）。よくわからないが、今は『輔行』の「疾也」の訓詁にしたがって一応の訳を示した。

（7）悦慲――「悦」は恍に通じて、ほのかの意。「悦慲」は『摩訶止観』巻第二下（同前、16b16）にも出、そこの『輔行』巻第二之三には、「悦慲者、無形不実貌也」（同前、200a13-14）とある。「慲」については未詳であるが、従義『法華三大部補注』巻第十三には「慲」として「良奬切。若文両切、字須作［惘］（X28, 399a3）と説明している（ただし、全集本に載せる『輔行』に引く文には「慲、良奨切。若作文両切、字須作惘」とある）。

惑は倍ます隆んにして、敵は強く力は弱く、鷸蚌は相い扼う。[1]既に進むことを得ず、又た退く可からず。当に命に殉い道を奉し、薦むるに肌骨[2]を以てし、誓って巧みに心を安んじ、方便迴転して、相い応ずることを得、[3]観行の位を成ぜしむべし。

心を安んずるに、両つと為す。一に他を教え、二に自ら行なう。他を教うるに、又た両つと為す。一に聖師、二に凡師なり。

聖師は、慧眼の力有りて、法薬に明らかにして、法眼の力有りて、病障を識り、化道の力有りて、病に応じ薬を授け、服行することを得しむ。毱多は、弟子の応に信を以て悟るべしと知って、樹に上らしめ、応に食を以て悟るべきには、乳・酪を服せしめ、応に呵責を以て悟るべきには、化して女像と為るが如し。[4]一一に開曉して、毫差も有ること無く、時を待たず、時を過ぐさず、言発すれば即ち悟る。仏の世を去りて後、是の如きの師は甚だ得ること難しと為す。盲亀は何に由って上って浮孔に値わん。芥を墜とすに、豈に下って針鋒を貫くことを得んや。[5]難し難し、云云。

二には凡師なり。三力[6]無しと雖も、亦た化を施すことを得。誓えば良医の精しく薬病を別ち、色を解し声を解し脈を解し、薬を逗するに即ち差ゆ。命の尽くること有らば、亦た死を起こすこと能わず。脈を解せざるも、医の病相を問い、語に依って方を作さば、亦た挑脱[7]して差ゆる

（1）鷸蚌相扼——『戦国策』燕策に出る、いわゆる鷸蚌の争いに基づく表現。

（2）肌骨——全身の意。

（3）方便迴転令得相応——「迴転」、「相応」の具体的内容がよくわからないが、巧みな手段によって［心］の方向を［誤った方向から］転回させ、［心と法性とが］結びつくことができると、一応理解しておく。

（4）如毱多知弟子応以信悟令上樹応以食悟令服乳酪応以呵責悟化為女像——『付法蔵因縁伝』巻第四「有一比丘、性嗜飲食。由此貪故、不能得道。憂波毱多請令就房。以香乳糜、而用与之。語令待冷然後可食……憂波毱多観察此人。以著身故、不得漏尽。語言比丘、能受我教、当授汝法。化作大樹、使令上之……有長者女、語是比丘。唯願大徳与我共去……爾時比丘挽而出之。生細滑想、起愛欲心。即便自知非阿那含。於此女人極生愛著。欲共交通、将至屏処、方乃見是憂波毱多」（T50, 311b7-312a26）を参照。

（5）盲亀何由上値浮孔墜芥豈得下貫針鋒——『南本涅槃経』巻第二、純陀品、「芥子投針鋒　仏出難於是……生世為人難　値仏世亦難　猶如大海中　盲亀遇浮孔」（T12, 372c18-23）を参照。

（6）三力——智慧の眼の力、法の眼の力、教え導く力の三種の力を指す。

（7）挑脱——『輔行』巻第五之四には、「衆生既無値聖之縁、遇此凡師、亦遇然得益。故云挑脱」（T46, 303b8-9）とあり、全集本にはそれを承けたのか、「挑」に「タマタマ」とルビを付している。『観音経義疏記会本』巻第一、「若有設有復有、皆是不定挑脱之辞也。【記】挑字去声。不定貌也」（X35, 117c16-17）を参照。

ことを得るが若し。身子の聖徳も亦復た機に差（たが）う。凡夫の具縛[1]も、病の導師と称す。

今、聖師を論ぜず、正しく凡師の他に心を安んずるを教うるを説くなり。他に二種有り。一に信行、二に法行なり。薩婆多（さつばた）に明かさく、「此の二人は、位、見道に在り。聞に因って入る者は是れ信行と為し、思に因って入る者は是れ法行と為す」[2]と。曇無徳（どんむとく）に云わく、「位は方便に在り、自ら法を見ること少なく、聞の力に憑（よ）ること多きは、後の時、要（かなら）ず須らく法を聞きて悟ることを得べきを、名づけて信行と為す。聞の力に憑ること少なく、自ら法を見ること多きは、後の時、要ず須らく思惟して悟ることを得べきを、名づけて法行と為す」[3]と。若し見道の中、無相の心の利なるものは一たび発せば、即ち真なり。那んぞ信・法の別を判ずることを得んや。然るに、数は行成に拠り、論は根性に拠りて[4]、各おの所以有り、相い非することを得ず。

今の師は、遠く源由を討（たず）ぬ。久劫（くごう）に聴学し、久劫に坐禅するを、信・法の種子と為すことを得。世世に熏習（くんじゅう）すれば、則ち根性を成じ、各おの聞思に於いて、開悟するのみ。若し根の利鈍を論ぜば、法行は利なり。内に自ら法を観ずるが故なり。信行は鈍なり。他に藉（よ）りて聞くが故なり。又た、信行は利なり。一たび聞きて、即ち悟るが故なり。法行は鈍なり。法に歴て観察するが故なり。或いは倶に利、倶に鈍にして、信行の人は聞慧利にして修慧鈍にして、法行の人は修慧利にして聞慧鈍なり。

57a

已に前人の根性の利鈍を説き竟わる。云何んが心を安んずるや。師は応に問うて、「汝は定慧に於いて何等を志すと為さんや」と言うべし。其の人は若し「我れは仏、『善知識は月の形・光の漸漸に円著なるが如く、又た梯隥の漸漸に高さを増すが如く、巧みに説きて人の心を転じ、

(1)凡夫具縛――束縛の多い凡夫の意。
(2)薩婆多明此二人位在見道因聞入者是為信行因思入者是為法行――『阿毘曇毘婆沙論』巻第三十、使健度不善品に堅信人、堅法人について詳しい説明がある（T28, 216b-218a）。「薩婆多」は説一切有部のこと。「見道」は、小乗の聖者の位で、十六心によって三界の四諦を順次に観ずるなかで、前の十五心をいう。
(3)曇無徳云位在方便自見法少憑聞力多後時要須聞法得悟名為信行憑聞力少自見法多後時要須思惟得悟名為法行――『成実論』巻第一、分別賢聖品、「信行者、若人未得空無我智、信仏法故、随仏語行。故名信行……法行者、是人得空無我智、在煖頂忍第一法中、随順法行、謂空無我等、是名法行」（T32, 245c9-29）を参照。「曇無徳」は、仏滅後百年のころ律蔵において五部の分派が生じたが、その一つ（薩婆多部もその一つ）。『講義』には「薩婆多は有門なり。曇無徳は、南山は『成実論』を以て彼の部に対するに、義として空門に当たる」とある。「位在方便」については、引用文にあるように、法行が見道に入る前の四善根（三賢とあわせて七方便と呼ばれる）に相当するから、このようにいう。
(4)数拠行成論拠根性――「数」は毘曇有宗（ここでは「薩婆多」）の立場、「論」は『成実論』（ここでは「曇無徳」）の立場をそれぞれ指す。しばしば「数」と「論」は対になって、その学説が対比して紹介される。

得道の全因縁なり』と説くを聞き、志し欣んで渇飲すること、犢の母を逐うが如し」と言わば、当に知るべし、是れ則ち信行の人なり。若し「我れは仏、『明鏡の体は若し動かずば、色像は分明にして、浄水に波無ければ、魚石は自ら現ず』と説くを聞いて、欣んで悪覚を捨つること、重担を棄つるが如し」と言わば、当に知るべし、是れ則ち法行の人なり。

既に根性を知れば、一人の所に於いて、八番に心を安んず。咄[1]、善男子よ、無量劫より来、狂散の毒を飲み、五塵に馳逐し、三界に升沈す。猶お猛風の兜羅毦[2]を吹き、大熱の沸鑊に豆を煮るに、升沈するが如し。苦従り悩に至り、悩従り苦に至る。何ぞ心を息めて本に達し、以て其の意を一にせざるや[3]。意は若し一ならば、何の事か辦ぜざらん。苦・集も一を得れば、則ち輪廻せず、無明も一を得れば、行[4]に至らず、乃至、老死に至らず。大樹を摧折して、故きを畢え、新しきを造らず。六蔽[5]は一を得れば、則ち彼岸に度る。唯だ此れを快しと為すのみ。善巧の方便の種種の因縁、種種の譬喩もて、広く止を讃し、其の情を発悦せしむ。是れ楽欲に随いて、止を以て心を安んずと名づくるなり。

57b

又た、善男子よ、天は亢旱[6]するに、河池は悉ごとく乾き、万卉は焦枯し、百穀は零落す。裟伽羅竜王は、七日雲を構えて、四方に雨を注[7]がば、大地は霑洽して、一切の種子は皆な萠芽し、一切の根株は皆な開発し、一切の枝葉は皆な蔚茂し、一切の華果は皆な敷栄するが如く、人も亦た是の如し。散逸を以ての故に、応に生ずべき善は復た生ぜず、已生の善も還って退失す。禅定の河は乾き、道品の樹は滅し、万善は焦枯し、百福は残悴し[8]、因華・道果は、復た成熟せず。若し能く閑林に意を一にして、内より出でず、外より入らずば、静雲は興るなり。諸の禅

(1)咄——相手に呼びかけて注意を促す声。『法華経』信解品、「咄、男子、汝常此作、勿復余去」(T9, 27a19)を参照。

(2)兜羅毦——「兜羅」は、tūlaの音写語。軽い綿。「毦」は、羽毛などで作った飾り。

(3)何不息心達本以一其意——『輔行』に引用するように、ここの記述は、『老子』第三十九章の「得一」の思想表現に基づいたものであろう。

(4)行——十二縁起で、無明に依存して生起する行のこと。形成作用の意。ここは流転縁起が成立しないことを意味する。

(5)六蔽——六波羅蜜を妨げる六種の悪。慳貪、破戒、瞋恚、懈念、散乱、愚癡のこと。『大智度論』巻第三十三、「菩薩行般若波羅蜜力故、能障是六蔽、浄六波羅蜜」(T25, 304b4-5)を参照。

(6)亢旱——大ひでりの意。

(7)娑伽羅竜王七日構雲四方注雨——『六十巻華厳経』巻第三十五、宝王如来性起品、「譬如海龍王　名曰娑伽羅　先興密重雲　弥覆四天下　普雨一切処　各各悉不同」(T9, 622b4-6)を参照。

(8)残悴——損なわれること。

定を発するは、即ち是れ雨を降らすなり。功徳の叢林、煗・頂の方便[1]、眼・智・明・覚[2]、信忍・順忍[3]、無生寂滅[4]、乃至、無上菩提は、悉皆ごとく克獲す[5]。善巧の方便、種種の縁・喩もて、広く止を讃し、其の善根を生ず。是れ便宜に随いて止を以て心を安んずと名づくるなり。

又た、善男子よ、夫れ散心は、悪の中の悪なり。鉤無き酔象の華池[6]を踏壊し、穴鼻の駱駝の負駄を翻倒するが如し。[7]掣電[8]よりも疾く、毒は蛇の舌を逾えたり。重沓せる五翳[9]は、曜霊[10]を埃靄[11]し、睫の近きもの、霄の遠きものは、倶に皆な見ず。[12]若し能く定を修せば、密室の中の灯の能く巨き闇を破し、金錍もて膜を抉り、空の色は朗然として、一指・二指・三指は皆な了ら

(1)煗頂方便――四善根のはじめの二が煖（煗）と頂。見道に入る前なので方便位といわれる。『輔行』巻第五之四によれば、三蔵教の善根とされる（T46, 304b11 を参照）。

(2)眼智明覚――『輔行』巻第五之四には、「眼智等見道中位也。苦法忍為眼、苦法智為智、苦比忍為明、苦比智為覚」（同前、304b11-13）とある。いずれも三蔵教のなかの見道の位に相当するとされる。

(3)信忍順忍――『輔行』巻第五之四には、「順忍等、通教中諸善根也。外凡為信、内凡為順」（同前、304b13-14）と

ある。

(4)無生寂滅――『輔行』巻第五之四によれば、別教・円教の善根とされる（同前、304b14-15を参照）。

(5)克獲――獲得すること。

(6)華池――一面に花が咲いている池の意。

(7)如無鉤酔象踏壊華池穴鼻駱駝翻倒負駄――『大智度論』巻第十七、「掉散之人、如無鉤酔象、穴（底本の「決」を、元本・明本によって改める）鼻駱駝、不可禁制」（T25, 184c7-8）を参照。「穴鼻」について、『講義』には、「講録十七（二十六）に云わく、穴鼻は、鼻は準じて欠落して、唯だ其の穴有るのみ。鼻の穿つ可き無く、何ぞ人に随うこと有らん。今謂わく、駱駝は今時の仕牛の如く、鼻を穿ち木を貫いて、之れを制するや。此の鼻は穿つ可き所無く、乃ち縦逸にして負う所の物に堕するなり」とある。「負駄」は、荷物を背負った驢馬の意。『一切経音義』巻第七十六、「負駄（下陀哆反。考声云、驢馬負物也。韻略駄亦負物等也）」（T54, 800c10）を参照。

(8)掣電――電光の意。

(9)五翳――『成実論』巻第一、「譬如天日月　其性本明浄　煙雲塵霧等　五翳則不見」（T32, 239a14-15）を参照。ここには四種しか挙がっていないので、『輔行』巻第五之四には、第五に「阿修羅手」を挙げている（T46, 304b21を参照）。

(10)曜霊――太陽のこと。

(11)埃靄――「埃」はほこり、「靄」はもや。ここでは、ほこりやもやで見えなくさせるの意であろう。

(12)睫近霄遠倶皆不見――睫についての比喩は、『南本涅槃経』巻第二十六、師子吼菩薩品、「謂遠不可見、如空中鳥跡。近不可見、如人眼睫」（T12, 777a20-21）を参照。

かなるが[1]如し。大雨は能く囂塵(ごうじん)[2]を淹(ひた)し、大定は能く狂逸を静む。止は能く散を破し、虚妄は滅す。善巧の方便、種種の縁・喩もて、広く止を讃し、其の睡散を破す。是れ対治に止を以て心を安んずと名づくるなり。

又た、善男子よ、心は若し定に在らば、能く世間の生滅の法相を知り、[3]亦た出世の不生不滅の法相を知る。如来は道を成ずるすら、猶(な)お定を楽(ねが)う。況んや諸の凡夫をや。禅定有る者は、夜に電光を見て、即ち道を見ることを得るが如く、[4]無数億の洞然(どうねん)[5]の悪を破し、乃至、一切種智を成ずることを得。善巧の方便、種種の縁・喩もて、広く止を讃し、即ち真如に会す。是れ第一義に随いて、止を以て心を安んずと名づくるなり。

其の人は若し「我れは寂滅を聞くも、都(すべ)て懐(ふところ)に入らず、若し分別を聞かば、聴受して厭うこと無し」と言わば、即ち応に為めに「三悪の焼然(しょうねん)、駝・驢の重楚(じゅうそ)[6]、餓鬼の飢渇を、名づけて苦と為さず。癡闇にして聞くこと無く、方隅(ほうぐう)を識らざるは、乃ち是れ大苦なり。多く聞き分別[57c]する楽、法を見る法の喜びの楽、善を以て悪を攻むる楽、無著の阿羅漢、是れ名づけて最楽と為す」と説くべし。多聞の人に従って、甘露の楽を聞き、教の如く観察して、道・非道を知り、坑坎(こうかん)[7]を遠離して、直ちに去って廻(めぐ)らず。善巧の方便、種種の縁・喩もて、広く観を讃し、其の情を発悦せしむ。是れ楽欲に随いて、観を以て心を安んずと名づく。

又た、善男子よ、月は蓮華を開き、[8]日は作務を興し、[9]商は応に主に随うべく、彩画は膠（にかわ）を須（もち）

（1）金錍抉膜空色朗然一指二指三指皆了――『南本涅槃経』巻第八、如来性品、「如百盲人為治目故、造詣良医。是時良医即以金錍決其眼膜、以一指示、問言、見不。盲人答言、我猶未見。復以二指・三指示之、乃言、少見」（T12, 652c4-7）を参照。

（2）囂塵――『春秋左氏伝』昭公三年、「景公欲更晏氏之宅。曰、子之宅近市、湫隘囂塵、不可以居。請更爽塏者」の注に、「囂、声。塵、土也」とあるのを参照。うるさく汚れたの意であるが、そのような町の意味になる。

（3）心若在定能知世間生滅法相――『仏遺教経』、「汝等比丘、若摂心者、心則在定。心在定、故能知世間生滅法相」（同前、1111c26-27）を参照。

（4）如夜見電光即得見道――『仏遺教経』、「譬如夜見電光、即得見道」（同前、1112b2）を参照。

（5）洞然――広大な様子。

（6）重楚――荷物を背負う重い苦しみの意。

（7）坑坎――穴の意。

（8）月開蓮華――『南本涅槃経』巻第十八、梵行品、「譬如月光能令一切優鉢羅花開敷鮮明。月愛三昧亦復如是、能令衆生善心開敷」（同前、724b5-7）を参照。

（9）日興作務――『南本涅槃経』巻第九、菩薩品、「譬如闇夜、諸所営作一切皆息、若未訖者要待日明」（同前、661a28-29）を参照。

い、坏(はい)[1]は火に遇わずば、須臾の用無く、盲は導きを得ずば、一歩も前(すす)まず。行に観智無きも、亦復た是の如く、一切種智は観を以て根本と為し、無量の功徳の荘厳する所なり。善巧の方便、種種の縁・喩もて、広く観を讃し、其の功徳を生ず。是れ便宜に随いて、観を以て心を安んずと名づく。

又た、善男子よ、智者は怨(あだ)を識れば、怨も害すること能わず、武将は謀(はかりごと)有れば、能く強敵を破す。風に非ずば、何を以てか雲を巻き、雲に非ずば、何を以てか熱を遮(さえぎ)り、水に非ずば、何を以てか火を滅し、火に非ずば、何を以てか闇を除かん。薪を折るの斧[2]、縛を解するの刀は、豈に智慧を過ぎんや。善巧の方便、種種の縁・喩もて、広く観を讃し、其れをして悪を破せしむ。是れ対治に観を以て心を安んずと名づく。

又た、善男子よ、井の中の七宝、闇室の瓶・盆は、要(かなら)ず日の明を待つ。日は既に出で已れば、皆な明了なることを得[3]。須らく智慧の眼もて諸法の実相を観知すべし。一切諸法の中、皆な等観を以て入る。般若波羅蜜を最も照明と為す。善巧の方便、種種の縁・喩もて、広く観を讃し、悟解することを得しむ。是れ第一義に観を以て心を安んずと名づく。

是の如き八番[4]は、信行の人の為めに心を安んずと説くなり。

其の人は若し「我れは息心[5]を楽(ねが)い、黙り已って復た黙り、之れを損し又た之れを損して、遂に無為に至り、[6]分別を楽わず、坐馳するは益無し」[7]と云わば、此れは則ち法行の根性なり。当に為めに止を説くべし。汝は外に尋ぬること勿れ。但だ内に一を守れ。攀覚[8]流動は皆な妄従り生ず。旋火輪も手を輟むれば則ち息み、洪波の鼓怒するも、[9]風静まれば則ち澄むが如し。『浄名』に云わく、「何をか攀縁と謂うや。三界を縁ずるを謂う。何をか攀縁を息むと謂うや。心

（1）坏——坏と同義。焼く前の土器などの素地の意。
（2）折——底本の「析」を、『全集本』によって「折」に改める。
（3）井中七宝闇室瓶盆要待日明日既出已皆得明了——『南本涅槃経』巻第十九、高貴徳王菩薩品、「如闇室中井、種種七宝、人亦知有、闇故不見。有智之人善知方便、然大明灯、持往照了、悉得見之」（T12, 735b13-16）を参照。
（4）八番——止に関する四悉檀と観に関する四悉檀を指す。
（5）息心——心の働きを止める座禅の意。
（6）損之又損之遂至於無為——『老子』第四十八章、「為学日益、為道日損。損之又損之、以至無為。無為而無不為」に基づく。
（7）坐馳無益——『荘子』人間世篇、「吉祥止止。夫且不止、是之謂坐馳」を参照。
（8）攀覚——対象を捉え、粗く思惟すること。
（9）洪波鼓怒——波濤が激動すること。

58a

に所得無きを謂う」[1]と。『瑞応(ずいおう)』に云わく、「其れ一心を得ば、則ち万邪は滅す」[2]と。龍樹の云わく、「実法にして、顚倒ならず。念想観は已に除かれ、言語の法は皆な滅し、無量の衆罪は除こり、清浄の心は常に一なり。是の如き尊妙の人は、則ち能く般若を見る」[3]と。夫れ山中の幽寂なるは、神仙の讃うる所なり。況んや涅槃の澄浄なることを、賢聖(げんじょう)の尊崇するをや。『仏話経』に云わく、「比丘は聚(じゅ)に在りて、身口精勤(しょうごん)するは、諸仏は咸(こと)ごとく憂う。比丘の山に在りて、事を息めて安臥するは、諸仏は皆な喜ぶ」[4]と。況んや復た結跏し、手を束ねて脣(くちびる)を緘(と)じ、舌を結びて実相を思惟し、心源は一たび止まりて、法界は同じく寂たるをや。豈に要道に非ずや。唯だ此れを貴しと為し、余は及ぶこと能わず。善巧の方便、種種の因縁、種種の譬喩もて、広く止を讃して、其の心を発悦せしむ。是れ楽欲に随いて、止を以て心を安んずと名づく。

其の人は若し「我れは法相を観ずるも、秖だ紛動を増し、善法は明らかならず」と云わば、当に為めに止を説くべし。止は是れ法界にして、平正(びょうしょう)の良田なり。何れの法か備えざらん。止もて攀縁を捨つるは、即ち是れ檀なり。止の体は悪に非ざるは、即ち是れ戒なり。止の体の動ぜざるは、即ち是れ忍なり。止に間雑(けんぞう)[5]すること無きは、即ち是れ精進なり。止は則ち決定なるは、即ち是れ禅なり。止法も亦た無く、止者も亦た無きは、即ち是れ慧なり。止に因って非止非不止に会するは、即ち是れ方便なり。一止は一切止なるは、即ち是れ願なり。止もて愛を止(と)

め、止もて見を止むるは、即ち是れ力なり。此の止は仏の止の如く、二無く別無きは、即ち是れ智なり。止に一切の法を具するは、即ち是れ秘蔵なり。但だ止に安んずるのみ。何を用てか別に諸法を修せんや。善巧の方便、種種の縁・喩もて、善根を生ぜしむ。即ち是れ便宜に随い、止を以て心を安んずるなり。

若し「我れは法相を観ずるも、散・睡は除かず」と言わば、当に為めに止を説くべし。大い

(1)浄名云何謂攀縁謂縁三界何謂息攀縁謂心無所得――『維摩経』巻中、文殊師利問疾品、「何謂病本。謂有攀縁。従有攀縁、則為病本。何所攀縁。謂之三界。云何断攀縁。以無所得。若無所得、則無攀縁。何謂無所得。謂離二見。何謂二見。謂内見外見。是無所得」(T14, 545a17-21)を参照。

(2)瑞応云其得一心者則万邪滅矣――『太子瑞応本起経』巻上、「蓋聞、沙門之為道也、捨家妻子、捐棄愛欲、断絶六情、守戒無為、其道清浄、得一心者、則万邪滅矣。一心之道、謂之羅漢」(T3, 475a23-26)を参照。

(3)龍樹云実法不顛倒念想観已除言語法皆滅無量衆罪除清浄心常一如是尊妙人則能見般若――『大智度論』巻第十八、「般若波羅蜜　実法不顛倒　念想観已除　言語法亦滅　無量衆罪除　清浄心常一　如是尊妙人　則能見般若」(T25, 190b20-23)を参照。

(4)仏話経云比丘在聚身口精勤諸仏咸憂比丘在山息事安臥諸仏皆喜――出典未詳。

(5)間雑――隔てまじえること。

に功能有り。止は是れ壁定[1]にして、八風[2]、悪覚も入ること能わざる所なり。止は是れ浄水にして、貪婬・八倒を蕩かすこと、猶お朝露の陽を見れば、則ち晞くが如し。止は是れ大慈にして、怨・親は倶に愍み、能く恚怒を破す。止は是れ大明呪[3]にして、癡・疑は皆な遣る。止は即ち是れ仏にして、障道[4]を破除す。阿伽陀薬[5]の遍く一切を治するが如く、妙良なる医が枯れたるを呪し、死せるを起こすが如し。善巧の方便、種種の縁・喩もて、其れをして悪を破せしむ。是れ対治に止を以て心を安んずと名づく。

其の人は若し「我れは観察する時、開悟することを得ず」と言わば、当に為めに止を説くべし。止は即ち真を体することにして、照なれども常に寂なり。止は即ち随縁にして、寂なれども常に照なり。止は即ち不止の止にして、双べ遮し双べ照らす。止は即ち仏の母、止は即ち仏の父なり。亦た即ち父、即ち母なり。止は即ち仏の師、仏の身、仏の眼、仏の相好、仏の蔵、仏の住処なり。何ぞ具せざる所あらん。何ぞ除かざる所あらん。善巧の方便、種種の縁・喩もて、広く止を讃す。是れ第一義に止を以て心を安んずと為す。

58b

彼の人は若し「止は沈寂に状たり、我が悦楽するに非ず」と言わば、当に為めに観を説くべし。道理を推尋するに、七覚の中に択覚分有り、八正の中に正見有り、六度の中に般若有り、法門の中に於いて主と為り、導と為る。乃至、成仏の正覚・大覚・遍覚は、皆な是れ観慧の異名なり。当に知るべし、観慧を最も尊妙なりと為す。是の如く広く讃す。是れ楽欲に随いて、観を以て心を安んずと為す。

若し観を勤修せば、能く信・戒・定・慧・解脱・解脱知見を生じ、病を知り、薬を識り、化道は大いに行なわる。衆善は普く会すること、復た観に過ぐるもの莫し。是れ便宜に随いて、観を以て心を安んずと為す。

観は能く闇を破し、能く道を照らし、能く怨を除き、能く宝を得、邪山を傾け、愛海を竭(つ)くす。皆な観の力なり。是れ対治に随いて、観を以て心を安んずと為す。

観もて法を観ずる時、能所を得ず。心慮は虚豁(こかつ)[6]にして、朦朧(もうろう)として開かんと欲せば、但だ当に観を勤めて開示悟入すべし。是れ第一義を用て、観を以て心を安んずと為す。

(1)壁定――『輔行』巻第五之四、「壁定者、室有四壁、則八風不入」(T46, 305c21-22)を参照。
(2)八風――利・衰・毀・誉・称・譏・苦・楽のこと。これらは風のように人の心を動揺させるとされる。
(3)大明呪――『大品般若経』巻第九、大明品、「是般若波羅蜜是大明呪、是無上明呪」(T8, 283b9-10)を参照。
(4)障道――覚りを妨げるものの意。
(5)阿伽陀薬――『摩訶止観』(Ⅰ)の一〇三ページ注1を参照。
(6)虚豁――障礙なく通じる様子。

是れ八番に法行の人の為めに心を安んずるを説くと為すなり。

復た次に、人根は定まらず。或いは時に廻転（えてん）す。薩婆多（さつばた）は、鈍を転じて利と為すを明かし、『成論』は、数（しば）しば習わば、則ち利なりと明かす。此れは乃ち始終に利鈍を論ず。一時に辨ずることを得ざるなり。今明かす。衆生の心行は定まらず。或いは須臾にして鈍、須臾にして利なり。任運自爾（にんぬんじに）なり。根の転に関わるに非ず。亦た数しば習うに不（あら）ず。或いは観を作すに徹せず、聴に因って即ち悟り、或いは久しく聴くも解せず、暫（しばら）く思いて即ち決す。是の故に、更に根を転じて心を安んずるを論ず。若し法行は転じて信行と為らば、其の根は転に逐（したが）いて、八番の悉檀を用て、心を安んずるを授く。若し信行は転じて法行と成らば、亦た根は転に逐いて、八番の悉檀を用て、心を安んずるを授く。此の意を得れば、広略自在に之れを説く。転・不転に、合して三十二の心を安んずること有るなり。

自行の心を安んずとは、当に此の心を観察すべし。何の楽う所を欲するや。若し妄を息（や）めて念想をして寂然ならしめんと欲せば、是れ法行を楽うなり。若し聴聞して無明の底に徹せんと楽わば、是れ信行を楽うなり。

寂を楽わば、妄は心従り出ずと知り、心を息めば、則ち衆妄は皆な静かなり。若し照知せんと欲せば、須らく心源を知るべし。心源は不二ならば、則ち一切諸法は皆な虚空に同じ。是れ楽欲に随う自行の心を安んずることと為す。其の心は広く、心、及び諸法を分別すと雖も、58c 信・念・精進の毫善も生ぜずば、即ち当に凝停(ぎょうじょう)[1]して動ずること莫(な)かるべし。諸善の功徳は、静に因って生ず。若し凝停する時、遂(いよ)いよ更に寂沈して、都(すべ)て進・忍無くば、当に校計籌量(きょうけちゅうりょう)し、之れを策(むち)って起こらしむべし。若し念念住せず、汗馬の奔逸(ほんいつ)するが如くならば、即ち当に止を以て馳蕩(ちとう)[2]を対治すべし。若し静かに黙り無記にして、睡と相応せば、即ち当に観を修して、諸の昏塞(こんそく)[3]を破すべし。止を修すること既に久しくして、開発すること能わざれば、即ち応に観を修すべし。一切の法を観ずるに、礙(さわ)り無く、異なり無く、怗怗(ちょうちょう)[4]明利(みょうり)にして、漸く覚ること空の如し。観を修すること若し久しくして闇障除かずば、宜しく更に止を修すべし。諸の縁念[5]を止(と)むるに、能無く所無く、所・我[6]は皆な寂にして、空慧は将に生ぜんとす。是れ自ら法行の

(1)凝停——留まること。
(2)馳蕩——走り回り浮かれること。
(3)昏塞——愚昧で閉塞していること。
(4)怗怗——安定している様子。
(5)縁念——対象的思惟の意。
(6)所我——『講義』には、「所は所念を謂い、我は能念なり」とある。思惟の対象と思惟の主体を意味する。

八番を修し、善巧に布厝[1]して、心の安んずることを得せしむと為す、云云。

　信行の安心とは、或いは寂定の[2]、須弥の八動[3]を畏れざるが如きを聞かんと欲せば、即ち応に止を聴くべし。利観は諸の煩悩を破すること、日の闇を除くが如きを聞かんと欲せば、即ち応に観を聴くべし。観を聴くこと多く久しくして、日の芽を焦がすが如くならば、即ち応に止を聴きて、潤すに定水を以てすべし。或いは定を聴くこと淹久[4]にして、芽の爛れて生ぜざるが如くならば、即ち応に観を聴きて、風日をして発動せしめ、善法をして現前せしむべし。或いは時に馳覚[5]して、一念住し叵くば、即ち応に止を聴きて、以て散心を治すべし。或いは沈昏濛濛[6]として霧に坐せば、即ち当に観を聴きて、此の睡熟を破すべし。或いは止を聴きて豁豁[7]たらば、即ち専ら止を聴け。或いは観を聞きて朗朗[8]たらば、即ち専ら観を聴け。是れ自ら信行の八番を修して、巧みに心を安んずることと為すなり。若し法行の心は転じて信行と為り、信行の心は転じて法行と為らば、皆な其の宜しき所に随って、巧みに之れを鑽研[9]せよ。自行に三十二有り、化他にも亦た三十二あり、合して六十四の心を安んずることと為すなり。

　復た次に、信・法は孤り立たず、須らく聞・思は相い資くべし。法行の者の如きは、一句を聞くに随って、寂を体すること湛然にして、夢・妄は皆な遣り、還って坐して思惟して、心に歓喜を生ず。又た、止を聞き已って、還って更に思惟して、即ち禅定を生ず。又た、止を聞きて、還って即ち思惟して、妄念は皆な破す。又た、止を聞き已って、還って更に思惟して、朗然として悟らんと欲す。又た、観を聞き已って、還って更に思惟して、心に大いに歓喜す。又た、観を聞き已って、還って更に思惟して、善を生じ、悪を破し、悟らんと欲す等は、前に準じて知る可し。此れは乃ち聴少なく思多きを、名づけて法行と為す。都て法を聞かざるには非

(1)布陼――設定配置すること。
(2)定――底本の「光」を、『全集本』によって「定」に改める。
(3)八動――八方の猛風によって動揺すること。
(4)淹久――長く続く様子。
(5)馳覚――さっと知覚すること。
(6)沈昏濛濛――どんよりと薄暗いこと。
(7)豁豁――のびのびとする様子。
(8)朗朗――すがすがしい様子。
(9)鑽研――深く研究すること。

59a

ざるなり。

信行は、端坐して寂滅を思惟するに、欣踊(ごんゆ)[1]は未だ生ぜず。起ち已って止を聞きて、歓喜し甘楽す。端坐して善を念ずるも、善は発すること能わず、起ち已って止を聞きて、信・戒・精進は倍更(ます)ます増多なり。端坐して悪を治するも、悪は遣ること能わず、起ち已って止を聞きて、散・動は破滅す。端坐して真に即するに、真道は啓(ひら)けず、起ち已って止を聞きて、豁如(かつにょ)として寂を悟る。是れ信行にして坐少なく聞多しと為す。都て思惟せざるには非ず。前に一向[2]の根性を作り、今は相資の根性を作る。相資の中に就いて、復た転・不転を論ず。亦た三十二の心を安んずること有り、化他の相資にも亦た三十二の心を安んずること有り、合して六十四、前に合して一百二十八の心を安んずることと為すなり。

夫れ心地は安んじ難し。違(たが)えば苦しみ、順ずれば楽しむ。今其の願う所に随って、逐(お)いて之れを安んず。譬えば生を養うに、或いは飲み、或いは食べて、身に適して命を立つるが如し。法身を養うことも亦た爾[3]り。止を以て飲と為し、観を以て食と為す。薬法も亦た爾り。或いは丸、或いは散、以て冷熱を除く。無明の病を治するに、止を以て丸と為し、観を以て散と為す。陰陽の法の如き、陽は則ち風日、陰は則ち雲雨にして、雨多くば則ち爛れ、日多くば則ち焦(こ)ぐ。陰は定の如く、陽は慧の如し。慧・定の偏なる者は、皆な仏性を見ず。八番の調和、貴ぶことは意を得るに在り。

一種の禅師は、観を作すことを許さず、唯だ専ら止を用う。偈を引きて云わく、「思い思いて徒（いたず）らに自ら思う。思い思いて徒らに自ら苦しむ。思いを息むるは、即ち是れ道にして、思い有らば、終に観（み）ず」と。又た、一の禅師は、止を作すことを許さず、専ら観に在り。偈を引き

（1）欣踊――喜び躍り上がること。
（2）一向――信行か法行のいずれか一方向のという意。
（3）爾――底本の「両」を、『全集本』によって「爾」に改める。

59b

て云わく、「止め止めて、徒らに自ら止む。昏闇にして所以無し。止を止むるは、即ち是れ道なり。観を観ぜば、理に会することを得」と。両師は各おの一門従り而も入り、己が益を以て他に教う。学ぶ者は則ち意を見ず、一向に乳を服せば、漿も猶お得ること難し。況んや復た醍醐[1]をや。若し一向に解を作さば、仏は何が故に種種に説くや。天は常には晴れず、医は散を専らにはせず、食は恒には飯ならず。世間すら尚お爾らず。況んや出世をや。今、根に随い病に随いて廻転するに、自行・化他に六十四有り。

若し三番の止観[2]に就かば、則ち三百八十四あり。又た、一心の止観に、復た六十四有り、合して五百一十二あり。三悉檀[3]は、是れ世間の安心にして、世医の治する所なり。差え已って復た生ず。一悉檀[4]は、是れ出世の安心にして、如来の治する所なり。畢竟して発せず。世・出世の法は、互相いに成顕す。若し三諦を離れれば、心を安んずる処無し。若し止観を離れれば、心を安んずる法無し。若し心は諦に安んぜば、一句にて即ち足る。如其し安んぜずば、巧みに方便を用て、心をして安んずることを得しめよ。

一目の羅[5]は、鳥を得ること能わざるも、鳥を得る者は羅の一目なるのみ。衆生の心行は、各各同じからず。或いは多人にして同一の心行なり。或いは一人にして多種の心行なり。一人の為めにするが如く、衆多も亦た然り。多人の為めにするが如く、一人も亦た然り。須らく広く法の網の目を施して、心行の鳥を捕うべきのみ。

摩訶止観巻第五上

(1)一向服乳漿猶難得況復醍醐――『南本涅槃経』巻第三、長寿品、「爾時群賊各相謂言、彼大長者畜養此牛、不期乳酪、唯為醍醐。我等今者当設何方而得之耶。夫醍醐者、名為世間第一上味。我等無器、設使得乳、無安置処。復共相謂、唯有皮嚢可以盛之。雖有盛処、不知攢揺。漿猶難得。況復生酥。爾時諸賊以醍醐故、加之以水。以水多故、乳酪・醍醐一切倶失」(T12, 621c17-24)を参照。「漿」は、どろっとした飲み物。

(2)三番止観――漸次止観・不定止観・円頓止観の三種止観のこと。

(3)三悉檀――世界悉檀・各各為人悉檀・対治悉檀のこと。

(4)一悉檀――第一義悉檀のこと。

(5)羅――網の意。

摩訶止観 巻第五下

隋の天台智者大師説く
門人の灌頂記す

5.7.2.8.1.2.1.1.1.4 破法遍

5.7.2.8.1.2.1.1.1.4.1. 略して来意を立つ

第四に破法遍を明かすとは、法性は清浄にして、合ならず散ならず、言語道断、心行処滅す。[1] 破に非ず不破に非ざるに、何が故に破すと言うや。但だ衆生は顛倒多く、不顛倒少なし。顛倒を破して、不顛倒ならしむ。故に破法遍と言うのみ。上に善巧に心を安んずれば、則ち定慧は開発す。更に破することを俟（ま）たず。若し未だ相応せずば、応に定有るの慧を用て、尽ごとく之れを浄むべし。故に破と言うのみ。

5.7.2.8.1.2.1.1.1.4.2. 広く破法遍を明かす

然るに、破法は須らく門に依るべし。『経』に門を説くことは同じからず。或いは文字を門と為す。『大品』に四十二字門を明かす[2]は是れなり。或いは観行を門と為す。『釈論』に、菩薩は三三昧を修して、諸法実相を縁ずるを明かす[3]は是れなり。或いは智慧を門と為す。『法華』に「其の智慧の門」[4]と云うは是れなり。或いは理を門と為す。『大品』に、「無生の法は、来無く去無し。即ち是れ仏なり」と明かす。[5]教門に依って観に通じ、観門に依って智に通じ、智門

（1）言語道断心行処滅――本書五八三ページ注2を参照。

（2）大品明四十二字門――『大品般若経』巻第二十四、四摂品、「当善学分別諸字。亦当善知一字乃至四十二字。一切語言皆入初字門、一切語言亦入第二字門乃至第四十二字門、一切語言皆入其中。一字皆入四十二字、四十二字亦入一字」（T8, 396b21-25）を参照。「四十二字門」は、悉曇四十二字門のことで、四十二字陀羅尼門ともいう。一々の梵字について、一切法空の意義を明らかにしたものである。

（3）釈論明菩薩修三三昧縁諸法実相――『大智度論』巻第二十、「摩訶衍義中、是三解脱門、縁諸法実相。以是三解脱門、観世間即是涅槃。何以故。涅槃空・無相・無作、世間亦如是」（T25, 207c17-20）を参照。「三三昧」は、空三昧・無相三昧・無願三昧のこと。

（4）法華云其智慧門――『法華経』方便品、「其智慧門、難解難入」（T9, 5b26）を参照。

（5）大品明無生法無来無去即是仏也――『大品般若経』巻第二十七、法尚品、「無生法無来無去。無生法即是仏」（T8, 421b29）を参照。

に依って理に通ず。理を門と為すに、復た何処（いずこ）に通ずるや。教・観・智等の諸門は、悉ごとく理に依る。能依は是れ門なり。所依は何ぞ門に非ざることを得ん。通ずる所無しと雖も、究竟して遍く通ず。是れ妙門なり。

　三門は之れを置き、今は但だ教門を説くのみ。三蔵の四門は、[1]先に見を破し、後に思を破し、亦た倶に破し、云云。通教の四門も、亦た先に見を破し、後に思を破し、亦た倶に破す。但だ四住[2]を破すのみにして、遍と言うことを得ざるなり。別教の四門は、次第に五住を断ず。斯れは乃ち竪（たて）は遍にして、横は遍ならず。並びに今の用うる所に非ず。今の不思議は、一境は一切境、一心は一切心にして、横竪（おうじゅ）の諸法は悉ごとく心に趣く。心を破するが故に、一切は皆な破す。故に遍と言うなり。余の門は破すること遍からざれば、則ち説くを須（もち）いず。円教の四門は、皆な能く破すること遍し。謂う所は、有門・無門・亦有亦無門・非有非無門なり。

59c

　今、且（しば）らく三門[3]を置いて、且らく空無生門に依る。無生門は能く止観に通じて、因に到り果に到り、又た能く無生を顕わし、門をして光揚[4]せしむ。何となれば、止観は是れ行、無生門は是れ教にして、教に依って修行するに、通じて無生法忍に至り、因位は具足す。『浄名』に、三十二の菩薩は、各おの不二に入る門を説く[5]。皆な是れ菩薩は門従り位に入りて、無生を首と為す。『大品』に、「阿字門の謂う所は、諸法は初めに不生なり」と明かす[6]。此れは無生門の、止観に通じて、因に到ることを証す。其の義は見る可し。止観は無生門を光揚すとは、法は自ら顕われず、之れを弘むるは人に在り、人は能く行を行ずれば、法門は光顕す[7]。無生の教をして縦横に無礙ならしむれば、処に触れて皆な通じ、門の義は方に成ず。譬えば世人は門戸より出入するに、有る人に位有れば、門は則ち栄顕[8]するが如し。能譬[9]は既に然れば、所譬は解す可し。

(1)四門――有門・無門・亦有亦無門・非有非無門のこと。
(2)四住――見一処住地惑・欲愛住地惑・色愛住地惑・有愛住地惑のこと。これに、「無明十地惑」を加えたものが、「五住」である。
(3)三門――有門・亦有亦無門・非有非無門のこと。
(4)光揚――大いに輝かすこと。
(5)浄名三十二菩薩各説入不二門――『維摩経』巻中、入不二法門品（T14, 550b28-551c26）の趣旨。
(6)大品明阿字門所謂諸法初不生――『大品般若経』巻第五、広乗品、「阿字門、一切法初不生故」（T8, 256a8）を参照。
(7)光顕――輝きあらわれること。
(8)栄顕――栄耀栄華を極めること。
(9)能譬――門を通る高い位の人の意。「所譬」は、無生門を指す。

門は果に通ずとは、『大経』に云わく、「般涅は不と言う。槃とは生と言う。不生の義を、大涅槃と名づく」[1]と。又た、云わく、「定・慧の二法は、能く大いに利益し、乃ち菩提に至る」[2]と。『大品』に云わく、「無生の法は、来無く去無し。無生の法は即ち是れ仏なり」[3]と。『法華』に云わく、「仏は自ら大乗に住す。其の得る所の法の如きは、定・慧の力もて荘厳す。此れを以て衆生を度す」[4]と。且らく三経を引くに、果の義は明らかなり。止観は能く果を顕わすとは、果は自ら顕われず。行に由るが故に、果は満つ。果は満つるが故に、一切は皆な満つ。巍巍堂堂として、星の中の月の十宝山を照らし、影の四海に臨むが如し。[5]果も亦た是の如く、無上無上なり。功は十地より高く、四機[6]を汲引す。[7]『金光明』の中、仏、骨塔を礼するは、[8]即ち其の義なり。無生の教門は、竪に因果を摂すること、其の義は已に彰わる。横に摂するの意は、今当に説くべし。『大品』に云わく、「若し無生門を聞かば、則ち一切の義を解す。初めの阿字に、四十一字を摂し、四十一字に阿字を摂す。中間も亦た然り」[9]と。横竪は備さに摂す。其の文は此の如し。

60a

（1）大経云般涅言不槃者言生不生之義名大涅槃――『南本涅槃経』巻第二十三、光明遍照高貴徳王菩薩品、「涅者言不、槃者言滅。不滅之義、名為涅槃」（T12, 758c18-19）を参照。

（2）云定慧二法能大利益乃至菩提――『南本涅槃経』巻第二十九、師子吼菩薩品、「以是義故、菩薩摩訶薩修是二法、能大利益」（同前、794a9-10）、同、「若有菩薩摩訶薩善知定時・慧時・捨時、及知非時、是名菩薩摩訶薩行菩提道」（同前、794a26-28）を参照。

（3）大品云無生法無来無去無生法即是仏――本書六三五ページ注5を参照。

（4）法華云仏自住大乗如其所得法定慧力荘厳以此度衆生――『法華経』方便品、「仏自住大乗　如其所得法　定慧力荘厳　以此度衆生」（T9, 8a23-24）を参照。

（5）巍巍堂堂如星中月照十宝山影臨四海――『仏説灌頂経』巻第十二、「巍巍堂堂如星中之月」（T21, 532c12-13）を参照。「巍巍堂堂」は、堂々として立派である様子。「十宝山」については、『六十巻華厳経』巻第二十七、十地品、「是菩薩十地、因仏智故而有差別、如因大地有十大山王。何等為十。所謂雪山王・香山王・軻梨羅山王・仙聖山王・由乾陀山王・馬耳山王・尼民陀羅山王・斫迦羅山王・宿慧山王・須弥山王」（T9, 574c24-29）を参照。

（6）四機――蔵教・通教・別教・円教の四教の機を指す。

（7）汲引――引導すること。

（8）金光明中仏礼骨塔――『金光明経』巻第四、捨身品、「爾時世尊即従座起、礼拝是塔、恭敬囲繞還就本座」（T16, 353c29-354a1）を参照。

（9）大品云若聞無生門則解一切義初阿字摂四十一字四十一字摂阿字中間亦然――『大品般若経』巻第五、広乗品、「当知一切諸法如虚空。須菩提、是名陀羅尼門。所謂阿字義。若菩薩摩訶薩、是諸字門印阿字印」（T8, 256b14-16）を参照。

此の意は見難し。更に『仏蔵』を引きて其の相を示し、次に『涅槃』を引きて其の義を釈し、後に無生門の破法遍を説かん。『仏蔵』に云わく、「劫火は起こる時、菩薩は一たび唾するに、火は即ち滅し、一たび吹くに、世界は即ち成ず」[1]と。是れ先に滅し後に成ずるに非ず。祇だ一唾の中に即ち滅し即ち成ず。彼の『経』[2]に外用を明かし、内には無生門に合す。即ち破することは遍く、即ち立つることは遍く、破・立に二念を須いず。若し内に是の徳無くば、則ち外に大用無からん。外に寄せて内を顕わす。其の相は是くの如し。須らく観心を識るべしとは、衆生の一期は将に訖わらんとす。即ち是れ劫は尽く。三毒は、三災[3]なり。火を語の端と為す。止を以て之れを止するは、唾の滅するが[4]如し。観を以て之れを観ずるは、吹の成ずるが[5]如し、云云。

『大経』もて義を釈すとは、不聞聞の一句に、種種の義有り。初めに云わく、「不生生、不生不生、生不生、生生」[6]と。此の四句を按じて無生門を説かば、自行の因果、化他の能所等の法を摂することは皆な遍し。

「不生生とは、世諦に安住して、初めて胎を出ずる時、不生生と名づく」[7]と。今、解す。世諦とは、無明は法性に共じて、一切の隔歴[8]の分別を出生するが故に、世諦と名づく。安住とは、止観を以て世諦に安んず。即ち是れ不可思議境なり。観行の位は成ず。故に安住と名づけ、安住するを以ての故に、聖胎に託すと名づく。初めに仏の知見を開きて、[9]無生忍を得るを、聖

(1)仏蔵云劫火起時菩薩一唾火即滅一吹世界即成――『仏蔵経』巻上、諸法実相品、「譬如劫尽大火焼時、人以一唾能滅此火、又以一吹還成世界、及諸天宮。於意云何。為希有不。希有。世尊、舍利弗、如来所説一切諸法無生無滅、無相無為、令人信解、倍為希有」(T15, 783b3-7)を参照。

(2)彼経――『仏蔵経』を指す。

(3)三災――火災・水災・風災を指す。

(4)唾滅――唾を吐いて火を消滅させること。

(5)吹成――火を吹いて世界が成立すること。

(6)云不生生不生不生生不生生生――『南本涅槃経』巻第十九、光明遍照高貴徳王菩薩品、「善男子、汝能如是至心聴法。是則名為聞所不聞。善男子、有不聞聞、有不聞不聞、有聞不聞、有聞聞。善男子、如不生生、不生不生、生不生、生生、如不到到、不到不到、到不到、到到。世尊、云何不生生。善男子、安住世諦初出胎時、是名不生生。云何不生不生。善男子、是大涅槃無有生相、是名不生不生。云何生不生。善男子、世諦死時、是名生不生。云何生生。善男子、一切凡夫是名生生。何以故。生生不断故。一切有漏念念生故、是名生生。四住菩薩名生不生。何以故。生自在故、是名生不生」(T12, 733b12-23)を参照。

(7)不生生者安住世諦初出胎時名不生生――本ページ注6を参照。

(8)隔歴――相即しないでばらばらであること。

(9)開仏知見――『法華経』方便品、「諸仏世尊欲令衆生開仏知見、使得清浄故、出現於世」(T9, 7a23-25)を参照。

胎を出ずと名づく。　無明の世諦を見ざるが故に不生と言い、仏知・仏見を獲るが故に名づけて生と為す。『論』に「諸法は不生なれども、般若は生ず」と云うは、即ち其の義なり。此れは自行の無生忍の位を説く。因の義は成ずるなり。

『経』に、「不生不生とは、不生不生を大涅槃と名づく。生の相は尽くるが故にして、道を修して得るが故なり」と釈す。[2] 今、解す。果は因に由って剋するが故に、「道を修して得るが故なり」と言う。断徳は已に円かにして無明は生ぜず、智徳は已に円かにして般若は生ぜざるが故に、不生不生と言う。此れは自行の寂滅忍を説く。果の義は成ずるなり。因果は既に円かなれば、即ち『仏蔵』に明かす所の如し。一たび吹き、唾するに、即ち滅し、即ち立つ。是れ其の義なり。

『経』に、「生不生とは、世諦の死する時を、生不生と名づく」と釈す。[3] 今、解す。世諦とは、無明は是れ其の根本なり。既に無明を破するが故に、世は死すと言う、世は死するが故に、生不生と名づく。此れは初めの句を釈す。初めの句は、上は理を縁じて、智徳は成ずるが故に、不生生と言い、此の句は、下は惑を破して、断徳は成ずるが故に、生不生と言う。不生の名は同じと雖も、事理は大いに異なり。初めの句は、智慧開発するを名づけて生と為し、此の句は、結業の起動するを、名づけて生と為す。生の名は同じと雖も、縛・脱は大いに異なり。名に迷

60b

いて旨に惑うこと莫れ。須らく精しく之れを識るべく、須らく精しく之れを識るべし。初めの句は唾の中の吹の如く、此の句は吹の中の唾の如く、唾・吹は一時にして前後なる可からざるなり。『経』に重ねて此の句を釈して云わく、「四住の菩薩を、生不生と名づく。生自在なるが故なり」と。今、解す。先の生不生は、自行の惑の滅するを説き、重ねて生不生を釈するは、化道の興ることを明かす。何となれば、菩薩は四住を断ずる時、結業の生を破して、即ち能く自在に生ず。況んや五住を断ずるをや。劣を以て勝を顕わし、弥いよ化道を彰わす。二乗は惑を断じて空に沈み、此の如くなること能わず。故に菩薩を標するなり。惑の滅するは唾を顕わし、化の興るは吹を顕わすなり。

（1）論云諸法不生而般若生——『大智度論』巻第六十二、「世尊、云何応生般若波羅蜜。仏告舎利弗、色不生、故般若波羅蜜生。受・想・行・識不生、故般若波羅蜜生。檀波羅蜜不生、故般若波羅蜜生。乃至禅波羅蜜不生、故般若波羅蜜生。……如是諸法不生、故般若波羅蜜応生」（T25, 496c22-29）を参照。

（2）経釈不生不生者不生不生名大涅槃生相尽故修道得故——本書六四一ページ注6を参照。

（3）経釈生不生者世諦死時名生不生——本書六四一ページ注6を参照。

（4）経重釈此句云四住菩薩名生不生生自在故——本書六四一ページ注6を参照。

（5）化道——化導と同義。教え導くこと。

『経』に、「生生とは、一切の有漏は、念念に生ずるが故なり」と釈す。[1]今、解す。此の句は、化用の所を明かすのみ。菩薩は何の意もて不生にして而も生ずる。良に一切の有漏の衆生は相続して断ぜざるに由る。是の故に菩薩は而も大悲を起こし、自在の生を示して、之れを度脱す。是れ無生門に自行の因果、化他の能所を摂して、皆悉な具足すと為す。

四住の菩薩とは、『地持』に云わく、「初発心住従り十地に至るまでを、束ねて六住と為す。一に種性住、二に解行住、三に浄心住、四に行道迹住、五に決定住、六に究竟住なり」[2]と。「種性住」とは、若し人に種性有ること無くば、善道に生ずと雖も、数しば退き数しば進みて、菩薩の六人の数の中に在ることを得ず。若し種性処は成就せば、退失有ること無く、数数増進す。是れ一人なることを得るなり。「解行」の人は、是れ初地の方便なり。「浄心住」は、是れ初地に入る。出世間の心を得て、凡夫の我の相の障を離る。故に浄心住と名づく。「行道迹住」とは、初め二地より七地に至るまで、修道に住するなり。「決定住」とは、八地・九地なり。已に報行[3]を得て、還らず退かざるが故に、決定住と名づく。「究竟住」とは、第十地なり。学行は窮満するが故に、究竟住と言うなり。『経』に四住を称して生不生と名づくるは、正しく是れ行道迹住なり。二地従り上は、正しく是れ入仮[4]化他の位なり。処処に生を現ずれども、60c 実の生に非ず、別を将て円を顕わす。初めて胎を出ずる時、即ち能く他を利し、化生は自在なり。円の義に於いて、亦た応に失無かるべし。

(1)経釈生生者一切有漏念念生故――本書六四一ページ注6を参照。

(2)地持云従初発心住至十地束為六住一種性住二解行住三浄心住四行道迹住五決定住六究竟住――『菩薩地持經』巻第三、成熟品、「人成熟者、略説六種。菩薩住於六地、成熟衆生。謂、住解行地菩薩行解行住。浄心地菩薩行淨心。住行道跡地菩薩行道跡。住(底本の「決定地菩薩住決定住」を聖語蔵本などによって削る)決定行地菩薩行決定行。住究竟地菩薩到究竟。無種性処人、善趣成熟、数退数進。有種性処人、令得成熟、無有退失、数数増進」(T30, 901a7-13)を参照。

(3)報行――修行の結果、自然に得られる報い。『十地経論』巻第一、「報行純熟無相無間、故名不動地」(T26, 127a26)を参照。

(4)入仮化他――仮に入り他を化すること。

『経』に又た六句あり。「不生生も亦た不可説、生生も亦た不可説、生不生も亦た不可説、不生不生も亦た不可説、生も亦た不可説、不生も亦た不可説なり」[1]と。此の六句を按じて、無生門の破法遍を明かす。若し思議の惑を破せば、前の四句[2]を用い、若し不思議の惑を破せば、後の二句[3]を用う。何となれば、思議の惑は多しと雖も、界の内外を出でず。界外の惑は体に附して生ずるが故に、不生生と言う。界内の惑は是れ枝末なるが故に、生生と言う。此の惑は紛綸として、並びに是れ所化の境なり。此の境の為めの故に、自在の生を施す。所化は既に不可得なれば、何処にか能化有らん。能所は倶に亡ず。是の故に不生生・生生は倶に不可説なり。若し思議の解[4]を破せば、此の解は多しと雖も、界の内外を出でず。界内の解は止だ分段を遣るが故に生不生と言い、界外の解は双べて分段・変易を遣るが故に不生不生と言う。此の解に浅深あるが故に、種種の自行の因果有り。理は尚お一に非ざれば、寧んぞ種種有らんや。今遍く唖して破す。故に生不生も不可説、不生不生も亦た不可説なりと言う。

若し不可思議の惑を破せば、秖だ是れ無明なるのみ。無明なるが故に生にして、生なるが故に無明なり。無明は不可得なれば、生も亦た不可得なり。今、皆な唖して破するが故に、生不可得と言う。

若し不思議の解を破せば、秖だ是れ円解なるのみ。円解の始終に、因果を判出す。理は偏円ならず、亦た始終に非ず。那んぞ因果有らん。今、皆唾して破するが故に、不生不可得と言う。彼の『経』の意を将(もっ)て無生門の破法遍を釈するに、其の義は分明なり。

仏は自ら六句を釈す。「云何なるか不生生不可説なる。不生を名づけて生と為すが故に、不可説なり」と。今、解す。不生とは法性にして、生とは無明なり。二乗は不生を証するも、猶

(1)経又六句不生生亦不可説生生亦不可説生不生亦不可説不生不生亦不可説生亦不可説不生亦不可説――『南本涅槃経』巻第十九、光明遍照高貴徳王菩薩品、「不生生不可説。生生亦不可説。生不生亦不可説。不生不生亦不可説。生亦不可説。不生亦不可説。有因縁故、亦可得説。云何不生生不可説。不生名為生。云何可説。何以故。以其生故。云何生生不可説。生生故生、生生故不生、亦不可説。云何生不生不可説。生即名為生、生不自生、故不可説。云何不生不生不可説。不生者名為涅槃、涅槃不生、故不可説。何以故。以修道得故。云何生亦不可説。以生無故。云何不生不可説。以有得故。云何有因縁故亦可得説。十因縁法為生作因、以是義故亦可得説」(T12, 733c9-21) を参照。以下の本文に出る仏の六不可説に対する解釈は、ここの引用原文を参照。

(2)前四句――不生生不可説・生生不可説・生不生不可説・不生不生不可説のこと。

(3)後二句――生不可説・不生不可説のこと。

(4)解――解脱の意。

お法性の生を受く。故に不生を名づけて生と為すと言う。仏の此の旨に依って知んぬ、是れ界外の体に附するの惑は、不生にして而も生ずるを、名づけて生と為す。生は即ち顛倒にして、顛倒は即ち不顛倒なり。心行処は滅し、言語道は断ずるが故に、不可説なり。

「云何なるか生生不可説なる。生生の故に生にして、生生の故に不生なり。故に不可説なり」とは、今、解す。「生生の故に生なり」とは、即ち是れ大生は小生を生じ、八相に遷さる有漏の法なり。仏の此の旨に依って、是れ界内の有漏の惑なることを知るなり。「生生の故に不生なり」とは、因縁もて生ずる法は、即空・即中にして、心行処は滅し、言語道は断ずるが故に、不可説なり。

「云何なるか生不生は不可説なる。生は即ち名づけて生と為す。生は自ら生ぜざるが故に、不可説なり」と、今、解す。「生は即ち名づけて生と為す」とは、此の般若の生は、乃ち是れ諸法は生ぜざれども、般若は生ずるなり。「生は自ら生ぜず」とは、四句従り生ぜず。「生は自ら生ぜず」は、是れ初句なるのみ。具さには、「生は他生ならず、生は共生ならず、生は無因生ならず」と言う。又た、般若は生ずる時、世諦は已に死す。復た生有ること無けれども、三界に生ずるは、縁の為めの故に生ず。業もて生ずるに非ざるなり。故に、「生は自ら生ぜず」と言う。若しは般若の生、若しは自在の生、皆な言語道は断ずるが故に、不可説なり。此の意に拠って知んぬ、是れ界内の解なり。

「云何なるか不生不生不可説なる。道を修して得るを以ての故なり」と。今、解す。「道を修して得」とは、乃ち是れ極果の証する所なり。尚お下の十地の知る所に非ず、豈に言説す可けんや。此れに拠って知る、是れ界外の解なり。

『経』に云わく、「生も亦た不可説なり。生は無なるを以ての故なり」と。今、解す。此れは不思議の惑を破す。界内の生生も亦た是れ生にして、界外の不生生も亦た是れ生なり。秪だ是

(1)不生而生――底本の「不生而」を、甲本によって「不生而生」に改める。

(2)八相――『次第禅門』巻第八、「第三明上品覚者、覚息無常為異者、此息為八相所遷、故無常。何等為八相。一生、二住、三異、四滅、五生生、六住住、七異異、八滅滅」(T46, 531a6-9)を参照。

(3)因縁生法即空即中――『中論』巻第四、観四諦品、「衆因縁生法　我説即是無　亦為是仮名　亦是中道義」(T30, 33b11-12)を参照。

(4)諸法不生般若生也――『大智度論』巻第六十二、「如是諸法不生故、般若波羅蜜応生」(T25, 496c28-29)を参照。

(5)生不自生者此般若生不従四句生生不自生是初句耳具言生不他生生不共生生不無因生――『中論』巻第一、観因縁品、「有自故有他。若不従自生、亦不従他生。共生則有二過。自生他生故。若無因而有万物者、是則為常。是事不然」(T30, 2b12-14)を参照。

れ無明の生なるのみ。生は必ず縁に託して生ず。縁生は、即空・即中にして、[1]心行処は滅し、言語道は断ずるが故に、不可説なり。

『経』に云わく、「不生は不可説なり。得ること有るを以ての故なり」と。今、解す。此れは不思議の解を破す。及び界内の解も亦た是れ道を修して得るが故にして、界外の解も亦た是れ道を修して得るが故なり。得れば、即ち理に詣(いた)り、理は心・口を絶するが故に、不可説なり。仏は六句を以て諸法の解・惑を破して、皆な不可説なりと言う。弥(いよ)いよ無生門の破法遍を顕わすなり。『仏蔵経』に依るに、前の四句は亦た吹き亦た唾し、後の両句は前の吹き唾するを結ぶのみ。此の六句は、専ら唾を論ずるなり。

又た、『楞伽』に云わく、「我れは、得道の夜従り涅槃の夜に至るまで、一字をも説かず。仏は二法に因って、此の如き説を作す。自法、及び本住法を縁ずるを謂う。自法とは、彼の如来の得る所は、我れも亦た之れを得。増無く減無く、言説・妄想・文字・二趣を離る[2]」と。釈して曰わく、「自法を縁ず」とは、是れ聖真諦の実性を証するなり。「言説・妄想を離る」とは、不可思議なり。「文字を離る」とは、仮名を離るるなり。「二趣を離る」とは、説・所説、想・所想、名・所名を離るるなり。「本住法」とは、古先の聖道の法界は常住なるを謂う。道は城に趣くが如く、道は人の行く為めにして、行く者の道を作るには非ず。城は道に由って至り、

61b

至る者の城を作るには非ず。『経』に曰わく、「士夫は平坦なる道を見、即ち随って城に入れば、如意の楽を受く。我れ、及び先仏の法界常住も、亦復た是の如し。是の故に二夜に一字をも説

(1)縁生即空即中――本書六四九ページ注3を参照。「縁生」は、原因によって生じるものの意。

(2)又楞伽云我従得道夜至涅槃夜不説一字仏因二法作如此説謂縁自法及本住法自法者彼如来所得我亦得之無増無滅離言説妄想文字二趣――『入楞伽経』巻第五、仏心品、「大慧菩薩復白仏言、世尊、如来説言、我何等夜証大菩提、何等夜入般涅槃。我於中間不説一字。仏言非言。世尊依何等義説如是語。仏語非語。仏告大慧言、大慧、如来依二種法、説如是言。何者為二。我説如是。一者依自身内証法。二者依本住法。我依此二法、作如是言。大慧、云何依自身内証法。謂彼過去諸仏如来所証得法、我亦如是証得不増不減、自身内証諸境界行、離言語分別相離二種字故。大慧、何者本住法。大慧、謂本行路平坦、譬如金銀真珠等宝在於彼処。大慧、是名法性本住処。大慧、諸仏如来出世不出世、法性・法界・法住・法相・法証常住、如城本道。大慧、譬如有人行曠野中、見向本城平坦正道即随入城、入彼城已、受種種楽、作種種業。大慧、於意云何。彼人始作是道、随入城耶。始作種種諸荘厳耶。大慧白仏、不也。世尊。大慧、我及過去一切諸仏、法性・法界・法住・法相・法証常住、亦復如是。大慧、我依此義、於大衆中作如是説、我何等夜得大菩提、何等夜入般涅槃。此二中間不説一字。亦不已説当説現説。爾時世尊重説偈言、我何夜成道　何等夜涅槃　於此二中間　我都無所説」(T16, 541c2-26)を参照。

かず」[1]と。当に知るべし、二法[2]は決定して口言・分別の能く変異する所に非ず。本法とは、如理なり。自法とは、実を証す。

此の義は、『大経』の四不可説と意同じ。「生生不可説」とは、本法は不可説なり。「生」は縁に随順して生じ、本法は不可説なり。「生不生不可説」とは、即ち自断[3]の法は不可説なり。「不生生不可説」とは、即ち自智[4]の法は不可説なり。「不生不生不可説」とは、即ち是れ究竟自証の法は不可説なり。後の二句の一句[5]は、生不可説を結び、本法の不可説を結ぶなり。一句[6]は不生不可説を結び、自証法不可説を結ぶなり。

『大経』に、「十因縁の法は、生の為めに因と作る。亦た説くことを得可し」と云うは[7]、今、解す。此れは即ち無生門の遍く立つるの義なり。亦た『仏蔵』に遍く吹くに即ち成ずるが如し。十因縁とは、無明支従り、乃ち有支に至るまで、諸法を立つるなり。立に三義有り。一に衆生を立て、二に機縁を立て、三に声教を立つ。

衆生を立つとは、過去の二因[8]、現在の五果[9]、更互いに因縁たりて、而して五陰の仮名の衆生[10]を立つるなり。

根機を立つとは、過去に或いは析行・体行・漸行・頓行[11]を修行し、行を以て業と為し、無明は之れを潤して、今の五果を致す。此の陰果[12]に於いて、更に本習を起こし、或いは析の愛・

取・有を起こし、或いは体の愛・取・有を起こし、或いは漸の愛・取・有を起こし、或いは頓の愛・取・有を起こす。取・有は起こるが故に、機縁と為すことを得るなり。

(1)経曰士夫見平坦道即随入城受如意楽我及先仏法界常住亦復如是是故二夜不説一字――本書六五一ページ注2を参照。
(2)二法――自法と本住の法をいう。
(3)自断――自らの断徳(煩悩を断ち切る涅槃)の意。
(4)自智――自らの智徳(智慧によって真理を悟る菩提)の意。
(5)後二句一句――「生不可説」と「不生不可説」二句のうち、「生不可説」の一句を指す。
(6)一句――「不生不可説」を指す。
(7)大経云十因縁法為生作因亦可得説――『南本涅槃経』巻第十九、光明遍照高貴徳王菩薩品、「十因縁法為生作因。以是義故、亦可得説」(T12, 733c20-21)を参照。
(8)過去二因――十二因縁の項目のうち、無明・行を指す。
(9)現在五果――十二因縁の項目のうち、識・名色・六処・触・受を指す。
(10)五陰仮名衆生――五陰(色・受・想・行・識)から成り、衆生と仮りに名づけられたもの。
(11)析行体行漸行頓行――三蔵教の析空観の行、通教の体空観の行、別教の漸行、円教の頓行をそれぞれ指す。
(12)陰果――五陰という果の意。

声教を立つとは、析の愛・取・有起こるが故に、三蔵教を感ず。是れ「生生不可説」と為す。十因縁の法は、生生の為めに因と作れば、亦た説くことを得可く、生生を説くなり。体の愛・[61c]取・有は、通教を感ず。是れ「生不生不可説」と為す。十因縁の法は、生不生の為めに因と作れば、亦た説くことを得可く、生不生を説くなり。漸の愛・取・有は、別教を感ず。是れ「不生生不可説」と為す。十因縁の法は、不生生の為めに因と作れば、亦た説くことを得可く、不生生を説くなり。頓の愛・取・有は、円教を感ず。是れ「不生不生不可説」と為す。十因縁の法は、不生不生の為めに因と作れば、亦た説くことを得可く、不生不生を説くなり。

衆生は若し立たば、一切の惑法の因果は立ち、一切の所化は立つ。機・教は若し立たば、一切の解・行の因果は立ち、一切の能化は立つ。是れ無生門の一立一切立と為す。故に『大品』に云わく、「若し阿字門を聞かば、則ち一切の義を解す」[1]と。『仏蔵』に云わく、「一たび吹くに、一切は悉ごとく成ず」[2]と。此れは之れを謂う。

『地持』の如きは、四種の成熟あり。[3]声聞種性・縁覚種性・仏種性・菩薩種性を謂う。此の四性無きは、善趣[4]を以て之れを熟す。仏種性は、即ち此の円機なり。菩薩種性は、即ち此れ別機なり。彼の文に云わく、「菩薩の種子は、仏有るも仏無きも、次第に煩悩障、及び智障を断ずるに堪能なり」[5]と。豈に別機に非ずや。声聞種性は、当に之れを開くべし。別異の善根は即ち三蔵の機にして、退大取小の種性は即ち通の機なり。彼の四の成熟は、即ち此の四種の機縁の義なり。

(1)大品云若聞阿字門則解一切義――本書六三七ページ注6を参照。
(2)仏蔵云一吹一切悉成――『仏蔵経』巻上、諸法実相品、「譬如劫尽大火焼時、人以一唾能滅此火、又以一吹還成世界及諸天宮」(T15, 783b3-5)を参照。
(3)如地持四種成熟――『菩薩地持経』巻第三、成熟品、「人成熟者、略説四種。有声聞種性、以声聞乗而成熟之。有縁覚種性、以縁覚乗而成熟之。有仏種性、以無上大乗而成熟之。無種性者、則以善趣而成熟之」(T30, 900a16-20)を参照。
(4)善趣――阿修羅・人・天の三善道のこと。
(5)彼文云菩薩種子有仏無仏堪能次第断煩悩障及智障――『菩薩地持経』巻第三、成熟品、「云何成熟。略説有六種。一者自性成熟、二者人成熟、三者種分別成熟、四者方便成熟、五者人成熟、六者人相成熟。自性成熟者、有善法種子、修習善法、随順二障。清浄解脱、身心有力。真実方便、具足究竟。有仏無仏、堪能次第断煩悩障及智慧障。如癰已熟、至応破時、名之為熟。又如瓦瓶任用之時、名之為熟。亦如菴羅果等堪食用時、名之為熟。如是菩薩修習善法真正方便、具足究竟次第堪任、離障清浄。是名自性成熟」(同前、900a7-16)を参照。

問う。上の六句は是れ無生門の一破一切破にして、十因縁の法は是れ無生門の一立一切立なり。上の四句は是れ無生門の亦破亦立なり。亦た応に第四句の非破非立有るべきや。

答う。『大経』十九巻の初めに、「十事の功徳は、不可思議なり。聞く者は、驚き怪しむ。難きに非ず易きに非ず、内に非ず外に非ず、相に非ず非相に非ず、方に非ず円に非ず、尖に非ず斜に非ず」等と云うは[1]、即ち是れ第四句の非破非立の文の義なり。

62a

問う。若し無生門に一切法を摂せば、則ち復た諸門無し。

答う。無生門にも亦た諸門を摂し、諸門にも亦た無生門を摂す。智徳の義の便に依らんと欲するが故に、無生門と言う。此れに応に四句あるべし。生門・無生門・亦生亦無生門・非生非無生門なり。一一の門に各おの四門有れば、四四十六門なり。若し断徳の義の便に依らば、応に滅門・不滅門・亦滅亦不滅門・非滅非不滅門有るべし。一一の門に各おの四門有れば、四四十六門なり。合して三十二門あり。『大経』に十五日の月光増すことを挙げて、正しく智徳に喩え、十六日の月光減ずるを、正しく断徳に喩う[2]。月には増無く減無きも、白に約して増を論じ、黒に約して滅を論ず。実相には智無く断無きも、照に約して智を論じ、寂に約して断を論ず。若し無生門に一切の法を摂するに高く極まらば、此れは竪に一切法を摂するなり。若し無生門に諸法を摂するに広く遍くば、即ち無生門は横に一切法を摂するなり。

問う。無生門の門を無生と称せば、其の境・惑・智・断等も悉ごとく応に称して無生と為すべし。那んぞ忽ち「無生生、生生、生自在なるが故なり」と言わん。

答う。此れは還って無生門を助顕す。無生忍は発するが故に無生生と言い、其の化する所を明かすが故に生生と言い、其の応用を明かすが故に生自在と言う。還って是れ無生門なり、即ち唾するが故に無生と言い、即ち吹くが故に無生生と言う等は、弥いよ無生門、法を摂すること遍きを顕わすのみ。『大経』に約して、門の義を釈すること竟わんぬ、云云。

（1）大経十九巻初云十事功徳不可思議聞者驚怪非難非易非内非外非相非非相非方非円非尖非斜等――『南本涅槃経』巻第十九、光明遍照高貴徳王菩薩品、「爾時世尊告光明遍照高貴徳王菩薩摩訶薩言、善男子、若有菩薩摩訶薩修行如是大涅槃経、得十事功徳。不与声聞・辟支仏共。不可思議、聞者驚怪。非内・非外、非難・非易、非相・非非相、非是世法、無有相貌、世間所無」（T12, 730a7-12）、同、「涅槃之体非生・非出……非円・非方、非尖・非斜」（同前、735b22-26）を参照。

（2）大経挙十五日月光増正喩智徳十六日月光減正喩断徳――本書三二五ページ注10を参照。

5.7.2.8.1.2.1.1.1.4.2.1. 竪の破法遍

次に破法遍を明かすとは、三と為す。一に無生門、始め従り終わりに至るまで、其の源底を尽くし、竪に法を破すること遍し。二に諸の法門に歴て、当門の始め従り終わりに至るまで、其の源底を尽くし、横に法を破すること遍し。三に横竪(おうじゅ)不二にして、始め従り終わりに至るまで、其の源底を尽くし、横に非ず竪に非ずして法を破すること遍し。

竪は則ち高さを論じ、横は則ち広さを論ず。竪は来たって横に入らば、横にして而も高からざること無く、横来たって竪に入らば、竪にして而も広からざること無し。『法華』に云わく、「其の車は、高広なり」[1]と。横竪不二なれば、則ち横に非ず竪に非ず。故に云わく、「是の法は平等にして、高下有ること無し」[2]と。

一に無生門の破法遍とは、又た三と為す。一に従仮入空の破法遍、二に従空入仮の破法遍、三に両観を方便と為して中道第一義諦に入ることを得る破法遍なり。此の如き三観は、実に一心に在り、法は妙にして解し難し。[3]三に寄せて、以て一を顕わすのみ。『大論』に云わく、「三智は実に一心に在り」[4]と。人に向かって説きて解し易からしめんが為めの故に、分けて三人に属せしむ。[5]『華厳』にも亦た二意有り。「菩薩の歴劫修行を宣説す」[6]とは、彼は鈍根の為めなり。「初発心の時、便ち正覚を成ず。所有(あらゆ)る慧身は、他に由って悟らず」[7]とは、彼は是れ利根なり。

(1)法華云其車高広――『法華経』譬喩品、「爾時長者各賜諸子等一大車、其車高広、衆宝荘校、周匝欄楯、四面懸鈴」(T9, 12c18-19)を参照。
(2)云是法平等無有高下――『法華経』譬喩品、「駕以白牛、膚色充潔、形体姝好、有大筋力。行歩平正、其疾如風」(同前、12c22-23)を参照。
(3)三――空観・仮観・中観の三観のこと。
(4)大論云三智実在一心――『大智度論』巻第二十七、「問曰、一心中得一切智・一切種智、断一切煩悩習。今云何言以一切智、具足得一切種智、以一切種智、断煩悩習。答曰、実一切智(宋本、元本、宮本によって「智」を補う)一時得。此中為令人信般若波羅蜜故、次第差品説。欲令衆生得清浄心。是故如是説。復次雖一心中得、亦有初・中・後次第。如一心有三相、生因縁住、住因縁滅」(T25, 260b17-24)を参照。
(5)分属三人――『大智度論』巻第八十四、「爾時須菩提欲難故、先定仏語、乃問、世尊説一切種智耶。仏言、我説一切種智。復問、仏常説三種智、三種智有何差別。仏答、薩婆若是声聞・辟支仏智。何以故。一切名内外十二入。是法声聞・辟支仏総相知、皆是無常・苦・空・無我等。道種智、是諸菩薩摩訶薩智」(同前、648c29-649a6)を参照。
(6)宣説菩薩歴劫修行――『無量義経』説法品、「次説方等十二部経・摩訶般若・華厳海空、宣(底本の「雲演」を、宋・元・明の三本、宮本によって「空宣」に改める)説菩薩歴劫修行」(T9, 386b24-26)を参照。
(7)初発心時便成正覚所有慧身不由他悟――『六十巻華厳経』巻第八、梵行品、「初発心時、便成正覚、知一切法真実之性、具足慧身、不由他悟」(同前、449c14-15)を参照。

『法華』は、唯だ一意なるのみ。「正直に方便を捨てて、但だ無上道を説くのみ」[1]と。今、別を借りて総を顕わし、次を挙げて不次を論ぜんと欲す[2]。故に先に三義もて解釈するなり。

62b

四門もて料簡す。

5.7.2.8.1.2.1.1.1.4.2.1.1. 従仮入空の破法遍

従仮入空の破法遍を、又た三と為す。先に見仮従り空に入り、次に思仮従り空に入り、後に

5.7.2.8.1.2.1.1.1.4.2.1.1.1. 見仮従り空に入る

5.7.2.8.1.2.1.1.1.4.2.1.1.1.1. 見仮を明かす

見仮従り空に入るとは、又た二と為す。先に見仮を明かし、次に空観を明かす。見惑は体に附して生じ、還って能く体を障う。炎の空に依って空を動乱するが如く、夢は眠に因るも、夢は眠を昏ます（くらます）に似たり。夢は若し息まずば、眼は覚むることを得ず。此の惑は除かざれば、体は顕わるることを得ず。然るに、見は則ち理を見ることにして、見は実に惑に非ず、理を見る時は、能く此の惑を断ず。解に従って名を得れば、名づけて見惑と為すのみ。

見惑に四有り。一に単の四見、二に複の四見、三に具足の四見、四に無言の四見なり。

単の四見とは、有に執し、無に執し、亦有亦無に執し、非有非無に執す。一の有見に於いて、復た利鈍を起こす。謂わく、我を有とし、我と有は倶なり。恒に我心を起こし、我と相応するは、即ち是れ我見なり。我を計するを以ての故に、能く辺見を生ず。我・辺[3]を以ての故に、世・出世の因果を破するは、即ち是れ邪見なり。此れを執して道と為し、涅槃に通ぜんことを望むを、名づけて戒取と為す。此れを謂いて実と為し、余は皆な妄語にして、余見を受けざるを、名づけて見取と為す。己が法を是とする者は愛し、己が法を非とするが故に、瞋る。我れは解し、他は解せずして、慢を生ず。有見の中の苦・集を識らざるを癡と為し、猶予して決せざるを疑と為す。是の如く十使は、欲界の四諦に歴るに、苦の下に十を具す。集の下に七有り、身・辺・戒取を除く。道の下に八有り、身・辺を除く。滅の下に七有り、身・辺・戒取を除く。合して三十二使なり。色界の四諦に歴るに、二十八有り。無色も亦た爾り。例して一の瞋を除

(1)正直捨方便但説無上道――『法華経』方便品、「正直捨方便、但説無上道」(T9, 10a19)を参照。
(2)次――段階的なものの意。
(3)我辺――我見と辺見のこと。

く。合して八十八使有り。余の三見[1]にも亦た各おの八十八使を具す。

若し六十二見に歴るに、見見に各おの八十八使を具し、倒浪[2]は瀾漫として、称数[3]す可からず、邪網は弥いよ密にして、体理を障う。『五十校計経』に云わく、「若しは眼もて好色を見る中に陰[4]有り集有り、悪色を見る中に陰有り集有り、平平[5]の色を見る中に陰有り集有り。乃至、意もて法を縁ずるも亦た是の如し。一根に三有り[6]、三の中に六有り[7]、六根に三十六を具す。三世合すれば、百八あり。六十二見、八十八使に歴て、各おの百八あり[8]」と。当に知るべし、心を挙げて念を動ずるは、浩然として際無く、昏にして而も且つ盲にして、都て見覚せず、云云。

世の講ずる者は、有は是れ見なるも、無は是れ見に非ず、亦有亦無は是れ見なるも、非有非無は是れ見に非ずと謂う。此の語は経に違き、心に負く。『経』[10]に云わく、「此の諸見に依止して、六十二を具足す[9]」と。汝が解の如きは、数は則ち欠少す。『中論』に自・他の性を破す[11]

62c

(1)余三見——無見・亦有亦無見・非有非無見のこと。
(2)倒浪——逆巻く波の意。
(3)称数——計算すること。
(4)陰——苦の集まりの意。

(5)平平――好色でもなく悪色でもない普通のものの意。

(6)三――好・悪・中間の三種の意。

(7)六――好・悪・中間の三種のなかに、それぞれ苦の集まり(陰)と苦の集積(集)があるので、六趣となる。

(8)五十校計経云若眼見好色中有陰有集見悪色中有陰有集見平平色中有陰有集乃至意縁法亦如是一根有三三中有六六根具三十六三世合百八歴六十二見八十八使各各百八――『大方等大集経』巻第五十九、「諸菩薩問仏、何等為五十校計。仏言、五十校計者、謂従心本起。欲知者、第一当校計百八癡、第二当校計百八疑、第三当校計百八顚倒、第四当校計百八欲、第五当校計百八堕、第六当校計百八愛、第七当校計百八栽、第八当校計百八識、第九当校計百八因縁著、第十当校計百八種、是為十校計。……是為合菩薩五十校計」(T13, 394c17-395b3)を参照。

「有陰有集」については、『雑阿含経』巻第三十、「所謂是事有故是事有、是事起故是事起、縁無明有行、乃至縁生有老・病・死・憂・悲・悩・苦・如是苦陰集」(T2, 217c10-12)、『中論』巻第四、観十二因縁品、「従有而有生。従生而有老死。従老死有憂・悲・苦・悩・種種衆患。但有大苦陰集」(T30, 36c15-17)を参照。

(9)経云依止此諸見具足六十二――『講義』には、経典の引用ではないと指摘している。

(10)欠少――不足すること、欠けること。

(11)中論破自他性――『中論』巻第一、観因縁品、「諸法不自生　亦不従他生　不共不無因　是故知無生　不自生者、万物無有従自体生。必待衆因。復次若従自体生、則一法有二体。一謂生。二謂生者。若離余因従自体生者、則無因無縁。又生更有生生、則無窮。自無、故他亦無。何以故。有自、故有他。若不従自生、亦不従他生。共生、則有二過。自生他生故。若無因而有万物者、是則為常。是事不然。無因、則無果。若無因有果者、布施持戒等、応堕地獄。十悪五逆、応当生天」(同前、2b6-16)を参照。

有は是れ自性にして、有に対して無を説く。無は是れ他性なり。若しは有、若しは無は、皆な是れ性なり。何の意もて無は是れ見に非ざらん。又た、此の無は既に理を証するの無に非ざれば、寧んぞ見に非ざることを得んや。諸の外道の本劫本見[1]、末劫末見[2]、介爾も計して、是の事は実にして余は妄語なりと謂わば[3]、見を増し非を長じ、吾我の毒は盛んなり。頭を捉え髪を抜き[4]、生死を構造す。長爪の如きは、一切法を受けずと雖も、不受を受けて、苦・集を識らず。仏は一を以て責むるに、二の負処に堕す[5]。高著の外道[6]すら尚お未だ見を免れず。云何んが底下は謬って謂いて是と為さんや。今判ずるに、此れは並びに単の四見に属して摂するなり。

複の四見とは、謂わく、有の有・有の無、無の有・無の無、亦有の有無・亦無の有無、非有の有無・非無の有無なり。此れは是れ複の四見なり[7]。一一の見に於いて、八十八使を具す。六十二見の若きは、見見に又た八十八使、百八等を具す。上に説けるが如し。

(1)本劫本見――過去に関する誤った見解を指す。
(2)末劫末見――未来に関する誤った見解を指す。
(3)諸外道本劫本見末劫末見介爾計謂是事実余妄語――『長阿含経』巻第十四、「諸有沙門・婆羅門於本劫本見・末劫末見、種種無数、随意所説、尽入六十二見中……諸沙門・婆羅門亦復如是、於本劫本見・末劫末見、種種所説、尽入六十二見中、斉是不過」（T1, 89c23-94a3）を参照。

（4）捉頭抜髪――『南本涅槃経』巻第十八、梵行品、「即於前路見二小児相牽闘諍、捉頭抜髪、瓦石刀杖共相撩打」（T12, 725a4-6）を参照。

（5）如長爪雖不受一切法而受於不受不識苦集仏以一責堕二負処――長爪梵志は、すべての見解を受けないと主張するが、この自分の見解を受けることが第一の麁の負処（敗北）であり、自分の見解を受けないことが第二の細の負処である。『大智度論』巻第一、「瞿曇、我一切法不受。仏問長爪、汝一切法不受、是見受不。仏所質義、汝已飲邪見毒、今出是毒気言、一切法不受、是見汝受不。爾時長爪梵志如好馬見鞭影即覚、便著正道。長爪梵志亦如是、得仏語鞭影入心、即棄捐貢高、慚愧低頭、如是思惟、仏置我著二処負門中。若我説是見我受、是負処門麁、故多人知、云何自言一切法不受、今受是見。此是現前妄語。是麁負処門、多人所知。第二負処門細。我欲受之、以不多人知故。作是念已、答仏言、瞿曇、一切法不受、是見亦不受。仏語梵志、汝不受一切法、是見亦不受、則無所受、与衆人無異、何用自高而生憍慢如是。長爪梵志不能得答、自知堕負処、即於仏一切智中起恭敬、生信心、自思惟、我堕負処、世尊不彰我負、不言是非、不以為意。仏心柔濡、第一清浄。一切語論処滅、得大甚深法、是可恭敬処、心浄第一」（T25, 62a3-22）を参照。

（6）高著――優れている様子。

（7）複四見者謂有有有無無有無無亦有有無亦無有無非有有無非無有無――ここの『摩訶止観』の複四見の説明と次の末注の説明が少し相違する。『法華経文句輔正記』巻第九、「複四見者、謂有有有無見・無有無無見・亦有亦無有亦有亦無無無見・非有非無有非有非無無見」（X28, 788b12-14）を参照。

具足の四見とは、有の見に四を具すとは、有の有、有の無、有の亦有亦無、有の非有非無を謂う。無に四を具すとは、無の有、無の無、無の亦有亦無、無の非有非無なり。亦有亦無に四を具すとは、亦有亦無の有、亦有亦無の無、亦有亦無の亦有亦無、亦有亦無の非有非無なり。非有非無に四を具すとは、非有非無の有、非有非無の無、非有非無の亦有亦無、非有非無の非有非無なり。是れ具足の四見と名づく。一句に八十八使を具す。是の如く六十二見の見見に八十八使、百八等を具す。前に説けるが如し。

絶言の見とは、単の四見の外に一つの絶言の見、複の四句の外に一つの絶言の見、具足の四句の外に一つの絶言の見あり。一一の見に、皆な八十八使、六十二見、百八等を起こす。前に説けるが如し。是の如き等は、外道の法に約し、是の如き等の見を生ずるなり。

又た、仏法に約して見を生ずとは、三蔵の四門に四見を生じ、通教の四門に四見を生じ、別教の四門に四見を生じ、円教の四門に四見を生ず。又た、一種[1]の四門の外に、各おの絶言の見有り。是の如き一一の見の中、各各八十八使、六十二見、百八等の惑を起こす。前に説けるが如し。[63a]

復た次に、見惑は但だ解に随って名を得るのみに非ず、亦た当体に称を受く。之れを称して仮と為す。仮とは、虚妄顛倒にして、之れを名づけて仮と為すのみ。前に例すれば、亦た応に単の四仮、複の四仮、具足の四仮ありと言うべし。一一に各おの絶言の仮有り。仏法に依るに、復た十六仮有り[2]。一一前に説けるが如し。

又た、一一の仮の中に於いて、復た三仮有り。謂わく、因成仮(いんじょうけ)・相続仮(そうぞくけ)・相待仮(そうだいけ)なり[3]。法塵は意根に対して生ず。一念の心の起こるは、即ち因成仮なり。前念・後念の次第して断ぜざるは、即ち相続仮なり。余の無心に待して、此の心有りと知るは、即ち相待仮なり。上の因成は外塵(げじん)・内根[4]に約し、相続は但だ内根に約し、相待は竪に滅無の無に待し、又た横に三無為[5]の

(1)一種――蔵教・通教・別教・円教の四種のなかの一種の意。
(2)十六仮――四教それぞれに単、複、具足、絶言の四仮があるので、合わせて十六仮となる。
(3)因成仮相続仮相待仮――『成実論』仮名相品(T32, 327c29-328c22)に基づいて、成実論師によって概念化された三種の仮名有(三仮)のこと。仮は、実体がないの意。因成仮は、一切の有為法が因縁によって成立したものであることをいう。相続仮は、有為法が前後相続して存在することをいう。相待仮は、大小、長短のような相対的な存在をいう。『大般涅槃経集解』巻第四十七の僧宗の注に、「以其体無常故、是相続仮。以其無自性故、有一時因成仮也。相待得称、故有相待仮」(T37, 523b7-9)とある。
(4)外塵内根――外の六塵(六境)と内の六根を指す。
(5)三無為――虚空無為・択滅無為(涅槃)・非択滅無為を指す。

無心に待するなり。開善の云わく、「二仮を因兼(いんけん)[1]し、或いは亦た之れを過ぐ[2]」と。第三の仮[3]は起こる時、上の両仮に因ることを明かす。故に「因兼」と言う。上の仮[4]は未だ除かざるに、後の仮は復た起こる。故に「之れを過ぐ」と言う。此れは心に就いて、三仮を明かすなり。

又た、色に約して、三仮を明かす。先世の行業もて、父母に託生して、此の身の有ることを得るは、即ち因成仮なり。胎従り相続して、皓首(ごうしゅ)[5]に迄(いた)るまでは、即ち相続仮なり。身を以て不身に待するは、即ち相待仮なり。

又た、依報(えほう)に約して、「亦た三仮を具す。四微(しみ)[6]の柱を成ずるに、時節は改変すれども、相続して断ぜず、此の柱は不柱に待して、長短・大小等あるが如し。此れは是れ三蔵の経の中の随事の三仮なり。委(くわ)しく釈するに、論師の如し。

但だ此の名は通用す。独(ひと)り小乗のみに在るにあらず、大乗も亦た三仮と名づく。無明に附して起こり、幻の如く、化の如し。但だ名字のみ有りて、実に不可得なり。鏡の中の能成の四微すら、尚お不可得なり。況んや所成の幻の柱をや。柱すら尚お不可得なり。況んや時節に歴て相続して、幻化の長短を以て相待すること、寧んぞ復た得可けんや。易きを挙げて難きを況(たと)えて、十喩[7]を明かす。「色に即して是れ空にして、色の滅して空なるには非ず[8]」とは、即ち此の義なり。是れ大乗の随理の三仮と名づく。

63b

又た、『釈論』に三種の有を明かす。相待有・仮名有・法有なり。相待有とは、長は短に因って有り、短は亦た長に因る。此れと彼れも亦た爾り。物は東ならば、則ち此(ここ)を以て西と為し、西に在らば則ち東なり。一物は未だ異ならざれども、東西の別有り。名有るも、実無し。是れ相待有と為すが如し。仮名有とは、酪は色・香・味・触の四事の因縁和合するが故に、仮りに名づけて酪と為す。有なりと雖も、因縁の有に同じからず、無なりと雖も、兎角(とかく)・亀毛(きもう)の

(1)因兼二仮――因成仮・相続仮の二仮によ（因）って相待仮を兼ねること。
(2)過之――相待仮が因成仮・相続仮を超過すること。
(3)第三仮――相待仮を指す。
(4)上仮――因成仮・相続仮を指す。
(5)皓首――白髪の頭の意から老人の意となる。
(6)四微――色・香・味・触の四種の極微をいう。
(7)十喩――『大品般若経』巻第一、序品、「無数億劫説法巧出、解了諸法如幻・如焔・如水中月・如虚空・如響・如揵闥婆城・如夢・如影・如鏡中像・如化、得無閡無所畏」（T8, 217a20-23）を参照。
(8)即色是空非色滅空――『維摩経』巻中、入不二法門品、「色即是空、非色滅空。色性自空」（T14, 551a19-20）を参照。

無なるが如くならず。但だ因縁の和合を以ての故に有り、仮りに名づけて酪と為す。又た、極微の色・香・味・触あるが故に、毛分有り、毛分あるが故に毳(ぜい)有り、毳あるが故に氈(じょう)有り、氈あるが故に衣有るが如し。是れ仮名有と為す。法有とは、即ち是れ色・香・味・触の四微は和合するが故に、法有と名づく。[1]

『論』に又た「三仮施設」と云う。[2]三仮とは云何ん。

答う。別の義は論ぜず。今、之れを通会せば、法仮施設は因成の如く、受仮施設は相続の如く、名仮施設は相待の如し。『論』に云わく、「五衆(ごしゅ)等の法は、是れ法波羅聶提(ほうはらしょうだい)なり。五衆は和合するが故に、衆生と名づく。根・茎・枝・葉の故に、樹の名有るが如し。是れ受波羅聶提なり。是の名字を用て二法の相を取り、是の二種を説く。是れ名波羅聶提なり」[3]と。故に、三

(1) 釈論明三種有相待有仮名有法有相待有者長因短有短亦因長此彼亦爾物東則以此為西在西則東一物未異而有東西之別有名無実是為相待有仮名有者如酪色香味触四事因縁和合故仮名為酪雖有不同因縁之有雖無不如免角亀毛之無但以因縁和合故有仮名為酪又如極微色香味触故有毛分毛分故有毳毳故有氈氈故有衣是為仮名有法有者即是色香味触四微和合故名法有――『大智度論』巻第十二、「復次、有有三種。一者相待有、二者仮名有、三者法有。相待者、如長短・彼此等。実無長短、亦無彼此。以相待故有名。長因短有、短亦因長。彼亦因此、此亦因彼。若在物東、則以

為西、在西、則以為東。一物未異、而有東西之別。此皆有名而無実也。如是等名為相待有。是中無実法。不如色・香・味・触等。仮名有者、如酪有色・香・味・触四事。因縁合故、仮名為酪。雖有、不同因縁法有。雖無、亦不如兔角・亀毛無。但以因縁合故、仮名有酪。疊亦如是。復次、有極微色・香・味・触、故有毛分、毛分因縁故有毛、毛因縁故有毳、毳因縁故有縷、縷因縁故有畳、畳因縁故有衣。若無極微色・香・味・触因縁、亦無毛分、毛分無故亦無毛、毛無故亦無毳、毳無故亦無縷、縷無故亦無畳、畳無故亦無衣。問曰、亦不必一切物皆従因縁和合故有。如微塵至細故無分、無分故無和合。畳麁故可破、微塵中無分。云何可破。答曰、至微無実、強為之名。何以故。麁細相待、因麁故有細。是細復応有細」（T25, 147c5-26）を参照。「毳」は、細くて柔らかい毛のこと。「氎」は、細い綿布のこと。

（2）論又云三仮施設――『大智度論』巻第四十一、「菩薩摩訶薩行般若波羅蜜、名仮施設・受仮施設・法仮施設、如是応当学」（同前、357c1-3）を参照。

（3）論云五衆等法是法波羅聶提五衆和合故名衆生如根茎枝葉故有樹名是受波羅聶提用是名字取二法相説是二種是名波羅聶提――『大智度論』巻第四十一、「菩薩応如是学三種波羅聶提。五衆等法、是名法波羅聶提。五衆因縁和合、故名為衆生、諸骨和合、故名為頭骨、如根・茎・枝・葉和合、故名為樹。是名受波羅聶提。用是名字、取二法相、説是二種。是為名字波羅聶提。復次衆微塵法和合、故有麁法生、如微塵和合、故有麁色。是名法波羅聶提。従法有法故。是麁法和合、有名字生。如能照能焼有火名字生。名色有故為人、名色是法、人是仮名。是為受波羅聶提。取色取名、故名為受。多名字辺更有名字。如梁・椽・瓦等名字辺更有屋名字生。如樹枝樹葉名字辺有樹名生、是為名字波羅聶提」（同前、358b21-c5）を参照。「波羅聶提」は、prajñapti の音写語で、仮施設と漢訳する。「二法」、「二種」は、法仮と受仮を指す。

仮の義同じと知るなり。

『瓔珞経』にも亦た三仮の文有り。[1]『大品』に、「縁有らば思は生じ、縁無くば思は生ぜず」と云うは、[2]即ち因成の意なり。『大経』に、「読誦の法は、念念に滅すと雖も、亦た能く一阿含従り一阿含に至るが如し。猶お飲食は念念に滅すと雖も、亦た能く初めは飢え、後には飽くが如し」と云うは、[3]相続の意なり。『浄名』に云わく、「諸法は相待せず。一念も住せざるが故なり」[4]と。

当に三仮の名は、大小に通じて用うることを知るべし。但だ小乗は生死の法を名づけて、以て見と為し仮と為すのみに非ず、前に説けるが如く、大乗も亦た生死を名づけて、見と為し仮と為す。

謂う所は、三蔵の四門に四見を生じ、見見に三仮・六十二見・百八煩悩等有り、云云。通教の四門に四見を生じ、見見に三仮・六十二見・百八煩悩等を具す。別教の四門に四見を生じ、見見に三仮・六十二見・百八煩悩等を具す。円教の四門に四見を生じ、見見に三仮・六十二見・百八煩悩等を具す。如来の教門は、人に無諍の法を示す。消すれば甘露と成り、消せざれば毒薬と成る。[5]実語は是れ虚語なり。語見を生ずるが故なり。故に四門・十六門に於いて、見を起こし仮を起こす、云云。

(1)瓔珞経亦有三仮之文――『菩薩瓔珞本業経』巻下、因果品、「諸法縁成仮法。無我有法、相待一切相虚。相続名一。空不可得、因生集起」(T24, 1019c7-8)を参照。

(2)大品云有縁思生無縁思不生――『大品般若経』巻第十七、夢行品、「舎利弗言、無縁業不生、無縁思不生。有縁業生、有縁思生」(T8, 347a13-15)を参照。

(3)大経云如読誦法雖念念滅亦能従一阿含至一阿含猶如飲食雖念念滅亦能初飢後飽――『南本涅槃経』巻第十二、聖行品、「世尊、如読誦法、誦一阿含、至二阿含、乃至三・四阿含。如其無常、所可読誦終不至四。以是読誦増長因縁、故名為常」(T12, 686a27-29)と同、巻第二十七、師子吼菩薩品、「善男子、譬如犢子、生便求乳。求乳之智実無人教、雖念念滅、而初飢後飽」(同前、782b26-28)の二つの文を合わせたもの。

(4)浄名云説法不相待一念不住故――『維摩経』巻上、弟子品、「一切法生滅不住、如幻如電、諸法不相待、乃至一念不住。諸法皆妄見、如夢・如炎・如水中月・如鏡中像、以妄想生」(T14, 541b25-28)を参照。

(5)消者成甘露不消成毒薬――『南本涅槃経』巻第八、如来性品、「或有服甘露　傷命而早夭　或復服甘露　寿命得長存　或有服毒生　有縁服毒死　無礙智甘露　所謂大乗典　如是大乗典　亦名雑毒薬　如酥醍醐等　及以諸石蜜　服消則為薬　不消則為毒」(T12, 650a3-9)を参照。

5.7.2.8.1.2.1.1.1.4.2.1.1.1.2. 空観を明かす

5.7.2.8.1.2.1.1.1.4.2.1.1.1.2.1. 仮を破する観

63c

二に仮を破する観を明かすとは、即ち三と為す。一に仮を破する観にして、二に得失を明かし、三に位を明かす。

観は又た四と為す。一に単を破し、二に複を破し、三に具を破し、四に無言を破する。

単を破するを両と為す。初めに略にして、後に広なり。

略とは、若し一念の心は起こらば、単の四見の中に於いて必ず是れ一見ならん。見は即ち三仮にして、虚妄にして実無し。八十八使の浩浩[1]たるは、前に説けるが如し。諸悪の彰露[2]なるは、具さに後に説くが如し。

応当に体達すべし。颺[3]がるは炎に依り、炎は空に依る。空には依る所無し。空には尚お空無し。何処にか復た若しは炎、若しは颺がること有らん。又た、眠夢[4]に百千の憂・喜あるが如し。本末は双べて寂にして、畢竟清浄なり。是れ名づけて止と為す。

又た、無明を観ずるに、即ち法性にして、二ならず異ならず。法性は本来清浄にして、起こらず滅せず。無明の惑心も亦復た清浄なり。誰か起こり、誰か滅せん。若し此の心に起滅有りと謂わば、横に法性に起滅有りと謂うのみ。法性に起無し。誰か復た憂を生ぜん。法性は滅無し。誰か復た喜を生ぜん。若し憂・喜無くば、誰か復た此れは是れ法性にして、此れは是れ無明なりと分別せん。能観・所観は、猶お虚空の如し。此の如く観ずる時は、畢竟清浄なり。是れ従仮入空の観と為す。

信行の利根は一たび聞きて即ち悟り、法行は思い已って即ち能く解することを得。其の鈍根の者は、唯だ聞思して悟らざるのみに非ず、更に衆失を増す。故に『中論』に云わく、「将来の世の中、人根は転た鈍にして、諸悪を造作せん。何の因縁の故に、畢竟空を説くを知らざるや。是の故に広く観法を作して、『中論』を説く」[5]と。今、亦た是の如し。鈍根の為めの故に、

(1)浩浩――広大であること。
(2)彰露――あらわであること。
(3)颺――風に吹き上げられること。
(4)眠夢――眠っているとき見る夢の意。
(5)中論云将来世中人根転鈍造作諸悪不知何因縁故説畢竟空是故広作観法説於中論――『中論』巻第一、観因縁品、「仏滅度後、後五百歳像法中、人根転鈍、深著諸法、求十二因縁・五陰・十二入・十八界等決定相。不知仏意、但著文字。聞大乗法中説畢竟空。不知何因縁故空。即生疑見。若都畢竟空。云何分別有罪福報応等。如是則無世諦・第一義諦。取是空相而起貪著。於畢竟空中生種種過。龍樹菩薩為是等故、造此中論」(T30, 1b29-c7)を参照。

広く破す。単複より訖わり無言説の見に至る。通じて龍樹の四句を用て破して、尽ごとく浄からしむ。

若し一念の心は起こらば、即ち三仮を具す。三仮は前に説けるが如し。当に此の一念を観ずべし。心従り自ら心を生ずと為すや、塵に対して心を生ずと為すや、根・塵は共じて心を生ずと為すや、根・塵は離れて心を生ずと為すや。若し心は自ら生ぜば、前念を根と為し、後念を識と為す。根従り心を生ずと為すや、識従り心を生ずと為すや。若し根は能く識を生ぜば、根に識有るが故に、識を生ずと為すや、根に識無きが故に、識を生ずと為すや。根に若し識有らば、根・識は則ち並ぶ。又た、能生・所生無し。根に若し識無くして能く識を生ぜば、諸の識無き物は、識を生ずること能わず。根に既に識無ければ、何ぞ能く識を生ぜん。根に識無しと雖も、識の性有るが故に、能く識を生ぜば、此の識の性は是れ有なるや、是れ無なるや。有ならば、已に是れ識なり。並びに根に在り、何ぞ謂いて性と為さん。根に識の性無くば、識を生ずること能わず。又た、識の性と識とは、一と為すや、異と為すや。若し一ならば、性は即ち是れ識なり。能無く所無し。若し異ならば、還って是れ他生なり。心は自ら生ずるに非ず。是の如く推求するに、畢竟して心は自ら生ぜざることを知る。

若し心は自ら生ぜず、塵の来たって心を発するが故に、心は生ずること有りと言わば、『経』

64a

に、「縁有らば思は生じ、縁無くば思は生ぜず」と云う[1]を引く。若し爾らば、塵は意の外に在って来たって内識を発すれば、則ち心は他に由って生ず。今、此の塵を推すに、是れ心なるが故に、心を生ずと為すや、心に非ざるが故に、心を生ずと為すや。塵は若是し心ならば、則ち塵と名づけず。亦た意の外に非ずば、則ち自ら生ずるに同じ。又た、二心[2]は並べば、則ち能・所無し。塵は若し心に非ずば、那んぞ能く心を生ぜん。前に破するが如し。若し塵の中に生の性有らば、是の故に心を生ず。此の性は有と為すや、無と為すや。性は若是し有ならば、性と塵とは並び、亦た能・所無し。若し無ならば、無は生ずること能わず。是の如く推求するに、心は畢竟して塵従り生ぜざることを知る。

　若し根・塵は合するが故に心の生ずること有らば、根・塵は各各心有るが故に合して心を生ずるや、各各心無きが故に合して心を生ずるや。若し各各有って合せば、則ち両心は生じて、自他の性の中に堕せん。若し各各無くば、合する時も亦た無けん。譬えば鏡・面に各おの像有

（1）経云有縁思生無縁思不生――本書六七三ページ注2を参照。
（2）二心――能生の心（生ずる主体としての心）と所生の心（生ずる対象としての心、生じられる心）を指す。

るが故に合して像を生ずるや、各おの像無きが故に合して像を生ずるや。若し各おの像有らば、応に両像有るべし。若し各おの像無くば、合するとも生ずること能わず。若し鏡・面は合して一と為って像を生ぜば、今実に合せず。合せざれば、像無けん。若し鏡・面は離るるが故に像を生ぜば、各おの一方に在りて、則ち応に像有るべきも、今実に爾らざるが如し。根・塵の離合も亦た是の如きを得。是の如く推求するに、心は畢竟して合従り生ぜざることを知る。

又た、根・塵に各おの心の性有り、合して則ち心生ぜば、当に此の性を検すべし。有と為すや、無と為すや。前に破せるが如し、云云。

若し根・塵は各おの離れて心の生ずること有らば、此れは是れ因縁無くして生ず。此の離有りと為すや、此の離無しと為すや。若し此の離有らば、還って縁従り生ず。何ぞ謂って離と為すや。若し此の離無くば、無は何ぞ能く生ぜん。若し此の離に性有りと言わば、性を有と為すや、無と為すや。若し性は是れ有ならば、還って縁従り生ず。名づけて離と為さず。若し性は是れ無ならば、無は何ぞ能く生ぜん。是の如く推求するに、心は畢竟して離従り生ぜざることを知る。『中論』に、「諸法は自ら生ぜず、亦た他従り生ぜず、共ならず、無因ならず。是の故に無生と説く」[1]と云うは、即ち此の意なり。

若し因成仮を推して四句もて生を求むるに得ずば、性に執することは即ち薄くして、但だ名

64b

字のみ有るを、名づけて心は生ずと為す。名は内・外・中間に在らず、亦た常自に有ならず。是の字は住せず、有の四句に住せず、亦た住せざるに不ず。無の四句に住せず。故に無住の心は、心の名字有りと雖も、名字は即ち空なり。若し四句もて性を推するに性を見ずば、是れ世諦もて性を破す。亦た性空と名づく。若し四句もて名を推するに名を見ずば、是れ真諦もて仮を破す。亦た相空と名づく。性・相は倶に空なるは、是れ総相の従仮入空観と為すなり。故に『中論』の偈に云わく、「諸法は自ら生ぜず」と。此の如く観を用うる者は、『中論』の意と同じきなり。

根もて検するに心を得ざるが若きは、即ち是れ内空なり。塵もて検するに心無きは、即ち是れ外空なり。根・塵は合して検するに得ざるは、即ち内外空なり。離れて検するに得ざるは、即ち是れ空空なり。四性[2]もて検するに得ざるは、即ち是れ性空なり。四句もて検するに得ざるは、即ち是れ相空なり。若し塵に就いて検するに十方の分無きは、即ち是れ大空なり。最上乗

(1)中論云諸法不自生亦不従他生不共不無因是故説無生――『中論』巻第一、観因縁品、「若不従自生、亦不従他生。共生則有二過。自生他生故。若無因而有万物者、是則為常。是事不然」(T30, 2b12-14)を参照。
(2)四性――自性・他性・自他共性・無因性を指す。

の所以を求むるに得ざるは、即ち是れ第一義空なり。四句の因縁もて得ざるは、即ち有為空なり。有為に因って無為を説くに、既に有為を得ざれば、亦た無為を得ざるは、即ち無為空なり。四句もて心の生を求むるに元より得ざるは、即ち無始空なり。四句もて心の滅を求むるに不可得なるは、即ち散空なり。四句もて心の生滅を求むるに不可得にして、亦た心の不生不滅を得ざるは、即ち畢竟空なり。「三界に別の法無く、唯だ是れ一心の作なり」[1]と。今、心を求むるに不可得なるは、即ち一切空なり。心を観ずるに心無く、空を観ずるに空無きは、即ち無所得空なり。有の見の三仮を観ずるに不可得なるは、即ち有法空なり。無の見の三仮を観ずるに不可得なるは、即ち無法空なり。亦有亦無の見の三仮を観ずるに不可得なるは、即ち無法有法空なり。此の如く観ずるは、即ち『大品』の意と同じ[2]。是れ十八種の従仮入空観と為すなり。

若し悟らずば、転じて相続仮に入りて、之を破す。何を以ての故に。因成の四破[3]もて心の生を得ずと雖も、今現に心を見るに、念念に生滅し、相続して断ぜず。何ぞ不生と謂わん。此の念念は、当に前念は滅して後念は生ずべしと為すや、前念は滅せずして後念は生ずと為すや、前念は亦滅亦不滅にして後念は生ずと為すや、前念は非滅非不滅にして後念は生ずと為すや[4]。

若し前念は滅せずして後念は生ぜば、此れは則ち念は自ら念を生じ、両生は相い並び[5]、亦た能・所無し[6]。若し前念に生の性有って後念は生ぜば、此の性を有と為すや、無と為すや。有な

64c

らば、則ち性に非ず。無ならば、則ち生ぜず。前の如し。

若し前念は滅して後念は生ぜば、前に滅せずして生ずるを、名づけて自性と為す。今は滅に由って生ず。不滅を滅に望むるに、豈に他性に非ずや。他性の滅の中に生有るが故に生ずるや、生無きが故に生ずるや。生有らば、是れ生なり。生・滅は相違す。乃ち是れ生の生なり。何ぞ

(1)三界無別法唯是一心作――『六十巻華厳経』巻第二十五、十地品、「三界虚妄、但是（宋・元・明の三本、聖語蔵本に「是二」に作る）心作」(T9, 558c10) を参照。

(2)与大品意同――『大品般若経』巻第一、序品、「復次、舎利弗、菩薩摩訶薩欲住内空・外空・内外空・空空・大空・第一義空・有為空・無為空・畢竟空・無始空・散空・性空・自相空・諸法空・不可得空・無法空・有法空・無法有法空、当学般若波羅蜜」(T8, 219c8-12) を参照。

(3)四破――自生・他生・共生・無因生を破ること。

(4)為当前念滅後念生為前念不滅後念生為前念亦滅亦不滅後念生為前念非滅非不滅後念生――ここに頻出する「為」は、疑問の助辞であり、「～と為すや」という伝統的訓読以外に、「為た～なるや」と訓読することもできる。ここの「為当」も「為当た～なるや」と訓読することができる。「当」もここでは、疑問の助辞である。

(5)両生――前念の生と後念の生を指す。

(6)能所――生ずる主体（能生）＝前念と生ずる対象（所生）＝後念を指す。

滅の生と謂わん。若し滅に生無くば、無は何ぞ能く生ぜん。若し滅に生の性有らば、性の破は前の如し。

　若し前念は亦滅亦不滅にして後念は生ぜば、若し滅せば、已に滅に属し、若し滅せずば、已に不滅に属す。若し不滅は滅と合して能く生ぜば、即ち是れ共生なり。共生ならば、自ら相違す。相違せば、何ぞ能く生ぜん。又た、若し各各生有らば、即ち二の過有り[1]。各各生無くば、合するも、亦た生ぜじ。若し滅・不滅の中に生の性有らば、有と為すや、無と為すや。若し性は定んで有ならば、何ぞ滅・不滅と謂わん。若し性は定んで無ならば、亦た何ぞ滅・不滅と謂わん。此れは断・常の失を免れず。還って共の過に堕す。

　若し前念は非滅非不滅にして後念の心は生ぜば、此れは非滅非不滅有りと為すや、此の非滅非不滅無しと為すや。若し有ならば、則ち無因に非ず。若し無ならば、無因にして生ずること能わず。若し無因に生の性有らば、此の性は即ち因なり。何ぞ無因と謂わん。若し無ならば、無は生ずること能わず。

　是の如く四句もて相続仮を推して心を求むるに得ざれば、四性の実無くして、執心は即ち薄し。但だ心の名字のみ有り。是の字は、内、外、両の中間に住せず[2]。亦た常自（つね）には有らず。相続に性無きは、即ち世諦もて性を破し、名づけて性空と為す。相続に名無きは、即ち真諦もて仮を破し、名づけて相空と為す。性・相は倶に空なり。乃至十八空と作るは、前に説けるが如し。是れ仮従り以て空に入る観と名づく。

若し入ることを得ずば、猶お有心は無心に待すと計して、相待の惑は起こる。此れは上と異なる。

65a

因成は、根塵の両法の和合するを取りて因成と為し、相続は竪に意根の前後を取りて相続と為す。竪に生滅に望むるに、此れは是れ別[3]の滅なり。別の滅は則ち狭し。今の相待仮は通[4]の滅に待す。此の義は則ち寛（ひろ）し。通の滅とは、三無為の如し。併（あわ）せて是れ滅ならずと雖も、是れ無生なることを得。虚空の無生に待して、心は生ずと説くは、即ち是れ相待仮なり。

（1）二過――自生と他生の二つの過失を指す。

（2）是字不住内外両中間――『大品般若経』巻第二、三仮品、「仏告須菩提、般若波羅蜜亦但有名字、名為般若波羅蜜。菩薩菩薩字亦但有名字。是名字不在内、不在外、不在中間」（T8, 230c6-9）を参照。

（3）別――有為法に限るの意。

（4）通――無為法に通じるの意。

上に既に悟らざれば、復た上の惑に因って共に此の惑を起こすが故に、「因兼」[1]と言う。上の惑は猶お在りて、復た此の惑を起こすが故に、「之れを過ぐ」[2]と言う。又た、「因兼」とは、無生の法塵は意根に待して生ずるも、亦た是れ因成なり。上の仮心に因りて来たり続いて相待するは、即ち是れ相続なるが故に、「因兼」と言う。「之れを過ぐ」とは、上の両仮は通の滅に於いて惑を起こさず。今、通に約して起こす。豈に「之れを過ぐ」に非ざらん。釈すること既に旧に異なれども、彼の語を借りて、相待仮の相を示すのみ。

今、此の心を検するに、無生に待して、心は生ずと為すや、有生に待して心は生ずと為すや、亦生亦無生に待して心は生ずと為すや、非生非不生に待して心は生ずと為すや。

若し無生に待して心を生ぜば、此の無生有るや、此の無生無きや。若し生の待す可き有らば、還(かえ)って是れ有に待す。何ぞ無に待すと謂わん。有と有と相待するは、即ち是れ自生なり。若し此の無生無くば、無は何ぞ待する所あらん。若し秖(た)だ此の無の無に待して心を生ぜば、一切の無の無も亦た応に心を生ずべし。無は有に望むるに、無は即ち是れ他生なり。又た、無生は無なりと雖も、生の性有り。此の性に待するが故に、而も心有りと知らば、此の性は已生と為すや、未生と為すや。若し已生にして生ぜば、即ち是れ生に於いてす。何ぞ謂いて性と為すや。性は若し未生ならば、未生は何ぞ能く生ぜん。若し生に待して心は生ぜば、生は還って生に待す。長は応に長に待すべし。既に此の義無ければ、何ぞ心の生ずることを得ん。若し生・無生に待するが故に心の生ずること有らば、長短に待して長有ることを得るが如し。此れは二過[3]に堕す。各おの有らば、則ち二生は並び、各おの無くば、全く得可からず。前の如し。

若し非生非無生に待して心の生ずること有らば、『論』に云わく、「因縁従り生ずることすら、尚お不可なり。何に況んや無因縁をや[4]」と。又た、此の無因を有と為すや、無と為すや。若し有ならば、還って是れ有に待す。若し無ならば、還って是れ無に待す。何ぞ無因と謂わん。若し性有りと言わば、性は有と為すや、無と為すや。性は若し是れ有ならば、生と為すや、非生なるや。若し生ならば、已に是れ生なり。何ぞ謂いて性と為さん。若し無生ならば、云何んが能く生ぜん。

（1）因兼――開善寺智蔵の説で、前出。因成仮・相続仮の二仮によって相待仮を兼ねること。本書六六九ページ注1を参照。
（2）過之――開善寺智蔵の説で、前出。相待仮が因成仮・相続仮を超過すること。本書六六九ページ注2を参照。
（3）二過――自生と他生の二つの過失の意。
（4）論云従因縁生尚不可何況無因縁――『中論』巻第一、観因縁品、「是故果不従縁生。縁尚不生、何況非縁」（T30, 2c18-19）を参照。

是の如く四句に相待仮を推して心の生を求むるも、不可得なり。執心は即ち薄く、性の実を起こさず。但だ名字のみ有り。名字の生は、生は則ち非生なり。是の字は、内・外・中間に在らず。亦た常自には有らず。是の字の無所有にして、性を求むるに不可得なるは、世諦もて性を破す。是れ性空と名づく。名を求むるに不可得なるは、真諦もて仮を破す。是れ相空と名づく。復た次に、此の性・相の中に、陰・入・界を求むるに不可得なるは、即ち是れ法空なり。性・相の中に人・我の知見を求むるに不可得なるは、衆生空と名づく。乃至、十八空と作ることは、前に説けるが如し。是れ仮従り空に入り、慧眼は開くことを得て、第一義を見ると名づく。但だ有の見の三仮の惑は除くのみに非ず、一切の見惑は清浄ならざること無くして、正智は現前す。是れ無生門より止観に通ずと名づく。亦た是れ止観は無生門を成ず。

65b

若し悟らずば、当に善く止観を用て巧みに見仮を破すべし。信・法は廻転し、方便道を成じて、有の見を伏するに、無量の煩悩は悉ごとく皆な伏せらる。伏するが故に、善の有漏の五陰と名づくるなり。伏せらるるを以ての故に、有の見は起こらず。無の見の計の中に度入するは、後に破するが如し。

夫れ見を破するの由は、聞・思は定まらず。上根の人の若きは、生を観ずるを聞きて、生の無生を知り、執を破して悟ることを得、中根は執軽くして、見を伏する方便、善の有漏の五陰を成じ、下根は執重く、猶お取著を懐き、生を破して生を得ざることを聞きて、無生は是れ実なりと謂いて、更に無生の見を起こす。

又た、当に総・別に之れを破すべし。

総じて破すとは、『大品』に云うが如し、「識の無生すら尚お不可得なり。何に況んや識の生をや。又た、識の生すら尚お不可得なり。何に況んや識の無生をや。生と無生とは倶に不可得なり」[1]と。

『楞伽経』の中に、又た広く無生の見を破す。[2]然るに、無生の理は、識の知る所に非ず。云

（1）如大品云識無生尚不可得何況識生又識生尚不可得何況識無生生与無生倶不可得――『大品般若経』巻第三、集散品、「須菩提言、色色空、是色生成就不可得。受・想・行・識識空、是識生成就不可得。乃至実際実際空、是実際生成就不可得」（T8, 236c22-24）を参照。

（2）楞伽経又広破無生見――『入楞伽経』巻第五、仏心品、「仏告大慧、世間人多堕於二見。何等二見。一者見有、二者見無。以見有諸法、見無諸法故、非究竟法、生究竟想」（T16, 542a5-8）を参照。

何んが情と謂わん。有を捨て無を縁ずるは、歩屈虫[1]の如く、又た獼猴[2]に似たり。応に虚妄に此の見著に執すべからず。是れ総じて破すと為す。

別して破すとは、行人は止観を用て因成の三仮を破するに、性・相を得ず、泯然として定に入り、内外を見ず、亦た前後無く、相い形待[3]すること無し。寂然として定に住し、或いは豁かに身心を亡じて、一切都て浄し。便ち此の無心を発して、自ら無生の止観を得て、定・慧は已に成ぜりと謂う。而るに、見著を起こして、此の空の想に著するは、諸仏も化せず。何が故に化せざる。観心もて推画[4]して、一分の細定を発し、一分の空解を生ず。此れは是れ空見なり。法塵と心と相応すれば、何ぞ無生に関わらん。

『釈論』に、「外道と仏法の二は倶に空を観ずるを簡べり。云何んが異なり有るや。外道は空

65c

を観ずる智慧に愛著す[5]」と。即ち是れ向者に発する所の空塵を、謂いて涅槃と為す。即ち能観の者有り、能観の者は、便ち身見を成ず。身見の故に、即ち利・鈍の十使、乃至、八十八等有り。生死は浩然たること、前に説けるが如し。是の如き罪過は、皆な空塵に由って起こる。真を障え道を失う。豈に涅槃に会せんや。是れ外道の観空と名づく。仏弟子は無生を観ずるに、若し空心を発せば、空心は生ずる時、即ち是れ愛なりと知る。何となれば、生を愛法[6]と名づければなり。愛法は、即ち是れ無明なり。無明は我見等の八十八使を生ず。一一皆な三仮の惑を

具す。終に執して是れ真の無生なりと謂わず。

云何なるか三仮なる。良に上来の有の見の三仮は伏せらるるに由りて、無の見に度入す。無生の法塵、意根に対して一念の空心の生ずるは、即ち因成仮なり。生の心は滅するを以ての故に、無生の心の生ずるは、是れ相続仮なり。豁爾として無生の有生に待するは、是れ相待仮なり。

当に此の無生の心の生ずるを推すべし。意根より生ずと為すや、法塵より生ずと為すや、合と為すや、離と為すや。若し意根より生ぜば、根より生ずと為すや、識より生ずと為すや。若

(1)歩屈虫――尺取り虫のこと。
(2)獼猴――猿のこと。
(3)形待――比較相対すること。
(4)推画――推究画策すること。
(5)釈論簡外道仏法二倶観空云何有異外道愛著観空智慧――『大智度論』巻第十八、「外道雖観空、而取空相。雖知諸法空、而不自知我空。愛著観空智慧故」(T25, 191c17-19)を参照。
(6)愛法――愛著という存在の意。

し根より生ぜば、根の中に識有るが故に識を生ずと為すや、識無きが故に識を生ずと為すや。若し根に識有らば、是れ根と為すや、根に非ずと為すや。識は若是し根ならば、則ち能所無し。根は若し識無くば、何ぞ能く識を生ぜん。若し根に識を生ずるの性有らば、此の性を有と為すや、無と為すや。性は若し有ならば、識の性と識と一と為すや、異と為すや。若し一ならば、性は即ち是れ識なり。若し異ならば、異は何ぞ能く生ぜん。自生の中に、心を検するに不可得なること、具さに上に説けるが如し。若し塵に由って無生の心を起こさば、塵に心有りと為すや、心無しと為すや。若し心有らば、則ち能所無く、若し無ならば、無は生ずること能わず。又た、塵は一と為すや、異と為すや。一ならば、則ち能所無く、異ならば、則ち生ずること能わず。他の心を検するに、不可得なること、具さには上に説けるが如し。若し根と塵は合して無生の心の生ずること有らば、此れに二の過有り。前に説けるが如し、云云。又た、根を離れ、塵を離れて、無生の心の生ずること有らば、因縁従り生ずるすら、尚お不可得なり。何に況んや無因をや。[1]前の如し。

当に知るべし、無生の心は、自ならず、他ならず、共ならず、離ならず、四性無し。四性無きが故に、性空と名づく。性空は、即ち心無けれども、心と言うは、但だ名字のみ有り。名字は内・外に在らず。[2]是れ相空と名づく。乃至、十八空は、上に説けるが如し。是れ仮従り空に

66a

入りて第一義を見ると為す。但だ無の見の仮は破するのみに非ず、上の惑・下の障[3]は、一切皆な除こりて、正智慧を得。若し未だ去らずば、勤めて止観を用て、善巧に修習せよ。信・法は廻転して、方便道を成じ、苦・集を伏し、所有(あらゆ)る陰・界・入等の八十八使は、皆悉(み)な伏せらる。伏せらるるを以ての故に、善の有漏と名づくるなり。勤修力の故に、無の見の中の仮は、復た起こることを得ず、有無の仮の中に度入するは、後に破するが如し、云云。

次に、亦有亦無の見の三仮を破すとは、行人は善く止観を用て無の見の惑を伏するに、無の仮は起こらず。或いは進んで一分の定・慧は豁(ほがら)かに発して、亦有亦無は心と相応す。即便(すなわ)ち謂って言わく、「若し心無くば、誰か無生を知らん。無生は是れ無にして、知は即ち是れ有なり」と。此の心を発する時、是の亦有亦無の見を受け、是の事は実なりと謂いて、堅く著し

(1)従因縁尚不可得何況無因――『中論』巻第一、観因縁品、「有因尚可破。何況無因。於四句中生不可得。是故不生」(T30, 2b25-27)を参照。
(2)不在内外――本書六八三ページ注2を参照。
(3)上惑下障――「上惑」は、有の見のこと。「下障」は、亦有亦無の見と非有非無の見のこと。

て捨つ可からず、過患[1]を知らず。長爪の如きは、自ら道有りと謂うも、実には是れ苦・集なり。識ること能わざるが故なり。仏は之れを点示[2]するに、即便ち悟ることを得。見を発するの人も亦復た是の如し。此の見の毒に迷いて、正真を識らず。若し指示するを聞かば、執心は颯として解せん。云何んが指示するや。『大品』に、「五受は皆な受けず」[3]と。汝は云何んが是の亦有亦無の法塵を受くるや。豈に受陰に非ずや。此の像貌を縁じ、此の法を行用し、此の法を了別し、四陰[4]は宛然たり。此の如き受・想を、皆な汚穢と名づく。是の見は色陰に依る。又た、意根の是の亦有亦無の法塵を受くるは、即ち是れ界なり。根と塵の相い渉るは、即ち是れ入なり。是れ苦と名づくるなり。又た、我れは能く行じ、能く受け、能く此の法の仮名を知るは、即ち我見を起こす。我見は既に生ずれば、即ち辺見有り。若し因果を撥せば、是れ邪見なり。此れを計して道と為すは、是れ戒取なり。計して涅槃と為すは、是れ見取なり。違かば瞋り、順ぜば喜ぶ。我れは解し、他を慢る。苦・集を識らざるは、即ち癡なり。後に当に大疑あるべし。是の如き等の十使は、三界に歴て、八十八を具す。実道に違き、生死に順ず。悉ごとく亦有亦無の見の心の中於り生ず。

又た、此の見心に、即ち三仮を備う。前に例して知る可し。今、此の見の三仮を破すとは、還って四句を用う。一一前に例して解す可し。是の如く破し已れば、三仮・四句・陰入は皆な

66b

実性無し。即ち是れ性空なり。但だ名字のみ有り。名字は即ち空にして、是れ相空と名づく。性・相は既に空なれば、乃至、十八空は、上に説けるが如し。即ち是れ第一義に入りて、正智は現前す。若し入らずば、善く悉檀を用て、信・法は廻転し、巧みに止観を修して、諸見を伏し、方便、善の有漏の法を成ぜしむ。亦有亦無の見は、伏して起こらずと雖も、仍お非有非無の見の中に度入す。後に破するが如し。

次に非有非無の見を破すとは、上に勤めて方便を用て有無の見を伏し、豁然として更に有無を離るる心を発す。所以は何ん。心は若し定んで有ならば、無ならしむ可からず。心は若し定んで無ならば、有ならしむ可からず。云何んが乃ち亦有亦無と謂わん。若し定んで有ならず

(1)過患——過失と憂いの意。
(2)点示——一つひとつ指し示すこと。
(3)大品五受皆不受——『大品般若経』巻第三、相行品、「是菩薩摩訶薩行般若波羅蜜時、行亦不受、不行亦不受、行不行亦不受、非行非不行亦不受、不受亦不受」(T8, 237c1-3) を参照。大宝守脱『講義』には、「講録云、五受之受写剰」とある。
(4)四陰——受・想・行・識の四陰を指す。

ば、則ち有に非ず。若し定んで無ならずば、則ち無に非ず。有に非ざる者は、生に非ざるなり。無に非ざる者は、滅に非ざるなり。有無の表に出ず。是れ中道と名づく、『中論』[1]と同じ。何を以ての故に。前の有見は是れ「因縁生の法」、無見は是れ「即空」、亦有亦無は是れ「即仮」、今は是れ「即中」なり。

堅く此の心に著し、計して以て実と為す。是の人は、能く無量の過患を起こす。何を以ての故に。汝は此の心を謂いて実と為し、乃ち虚語を以て実語と為す。語見を生ずるが故なり。故に真実に非ず。若し真実ならば、此の心は応に是れ常・楽・我・浄なるべし。此の心は生滅するが故に、常に非ず。此の心を受くるが故に、楽に非ず。自在ならざるが故に、我に非ず。汚穢なるが故に、浄に非ず。

我の心は生ずるが故に、是れ身見なり。身見の有無は、未だ非有非無を免れず、屈歩虫の如きは、是れ辺見と名づく。非有非無の見を謂いて、以て中道と為し、諸の生死に通ずるは、是れ愚癡の論なり。道に非ず字に非ざるを、是れ道・字と謂うは[2]、是れ戒取と名づく。非有非無の心を謂いて涅槃と為し、陰・界・入、利・鈍等の使を具するは、是れ見取と名づく。非有非無を謂いて以て正法と為して、乃ち一切世間の因果を破するが故に、非有と名づく。一切の出世間の因果を破するが故に、非無と名づく。正見の威儀を破して、尚お世間の道理に当たらず。

云何んが能く出世の道理に当たらん。寧ろ我見を起こすこと、須弥山の如くすとも、悪しく空を取らざれ。不正を正と為すは、是れ邪見と名づく。若し順じて歎ぜば則ち愛し、違(たが)いて毀(そし)らば則ち瞋る。此の心の毒草・薬王[3]を識らずば、則ち癡なり。自ら擅(ほしいまま)にして他を陵(あなど)るは、則ち慢なり。後に当に大いに疑うべし。略して過に十有り。広くすれば、尽くす可からず。是の如き等の過は、皆な非有非無の見の心の中従り出ず。

(1)中論――『中論』巻第四、観四諦品、「衆因縁生法　我説即是無　亦為是仮名　亦是中道義」(T30, 33b11-12)を参照。

(2)非道非字謂是道字――『南本涅槃経』巻第二、哀歎品、「是時客医復語王言、王今不応作如是語。如虫食木有成字者。此虫不知是字非字。智人見之、終不唱言是虫解字、亦不驚怪。大王。当知。旧医亦爾。不別諸病、悉与乳薬。如彼虫道偶得成字」(T12, 618b1-6)を参照。

(3)毒草薬王――『南本涅槃経』巻第三十四、迦葉菩薩品、「若従是義、云何如来先喩雪山亦有毒草・微妙薬王。若言煩悩即是衆生、衆生即是煩悩、云何而言衆生身中有妙薬王」(T12, 831b1-4)を参照。

又た、一一の過に、悉ごとく三仮を具すること、前の如し、云云。若し此の見仮を破さば、還って前の四句の止観[1]を用て、逐いて之れを破すること、前の如し、云云。

復た次に、諸見の五陰を点出[2]するは、是れ其の苦を示すなり。十使を点出すとは、是れ其の集を示すなり。止観を用て破するは、是れ其の道を示す。諸見の若しは伏し、若しは無なるは、是れ其の滅を示す。夫れ一切の外道の邪解、仏法の僻計、無量の過患は、皆な四諦を用て之れを破するに、凡を革めて聖と成らざること無し。如来は初めに『阿含』の四諦の力を説くに、尚お能く此の如し。何に況んや大乗の三種[3]の四諦をや。何ぞ破せざる所あらんや。若し非有非無の見は破せば、一切の諸惑も、亦た悉ごとく断壊して、正智慧を発す。是れ仮従り空に入りて第一義を見ると名づく。若し入らずば、当に止観を用て信・法は廻転し、善巧に四随[4]・方便もて修習すべし。諸の見惑を伏して、執心は即ち薄く、方便道に住して、善の有漏の法を成ず。此の見は起こらざれば、無言説の中に度入す。後に破するが如し、云云。

節節に見過を説く所以は、行人に殷勤にして、観心に於いて善く毒草を識り、明らかに薬王を解せしめんとすればなり。若し此の意を得ば、終に謬り計せざるなり。章節は煩わしと雖も、番番に雑えず。能く此れを了せば、与に道を論ず可し。兀然[5]として盲の如くば、若為れぞ乳を識らん。

次に無言説の見仮を破すとは、若し能く上の如く破せば、或いは進んで定・慧を発し、豁然として明静なり。復た異解を起こして、「適かに有り、此れ有り、[6]即ち生死有り、四句は皆な仮、虚妄不実にして、理は言外に在りて、四句を絶し、乃ち是れ無生なり」と謂う。四句を出ずと謂えども、実には出でざるなり。

(1)四句止観――『中論』巻第四、観四諦品の「衆因縁生法　我説即是無　亦為是仮名　亦是中道義」(T30, 33b11-12) という偈を四句に分け、その四句に基づく止観をいう。
(2)点出――印を付けて提示すること。
(3)三種――通教・別教・円教を指す。
(4)四随――随楽欲・随便宜・随対治・随第一義を指す。
(5)兀然――無知である様子。
(6)適有此有――[見が]わずかに生じ、[生じてから]これ(具体的な事柄を生ずること)があるという意味。難解である。『摩訶止観』巻第四下、「色の為めに業を造る。適かに有り、此れ有れば、即ち生死有り」(T46, 44a28)、同、「欲罪は既に成ずれば、適かに有り、此れ有れば、則ち生死有り」(同前、46c16-17) を参照。『講義』には、「『適有』は、纔かに起こるを謂う。『此有』は、起こり已りて事を成ずるを謂う」とある。

略して三種の四句の外有り。一に単、二に複、三に具足なり。若し理は言の外に在りと謂わば、乃ち是れ単の四句の外に出ずれども、複の見の第二句[1]を出でず、亦た具足の見の初句[2]を出でず。故に知んぬ、見の網は蒙密[3]にして、出ずることを得べきこと難し。『法華』に云わく、「魑魅魍魎（ちみもうりょう）は、処処に皆な有り[4]」と。

複・具の諸見は、一一皆な三仮の苦・集有り。仮を破するの観は、皆な上に説けるが如し。若し人は能く諸見に於いて道品を修習せば、皆な応に節節に悟ることを得、仮従り空に入り、第一義を見るべし。若し未だ入ることを得ずば、単・複・具足の一切の諸見は、悉皆ごとく伏せられて、善の有漏の五陰を成ず。見は起こることを得ざれば、或いは進んで禅の解を発す。又復た、単・複・具足の四句の外に出ずと言う。言語の道は断ち、心行処は滅し、泯然（みんねん）として清浄なり。即ち是れ無生の絶言の道なり。此の如く計すとは、還って是れ不可説の絶言の見なり。何ぞ正道に関わらん。徒（いたず）らに絶言と謂うも、言は終に絶せず。何を以ての故に。不絶に待して絶を論ず。絶は還って是れ待にして、待は対して起こることを得。応に絶と言うべからず。虚空を避くるが如し。豈に免るる理有らんや。又た、竪に不絶を破せば、心は絶せざるが故に、無言の見は、具（つぶ）さに一切の生死の因果を起こす。云何んが絶と称せん。

67a

上来、節節に皆な横・竪の両破有り。一の有の見に於いては是れ横の破にして、重・累の四見[5]は是れ竪の破なり。因成仮は是れ横の破、相続仮は是れ竪の破、相待仮は是れ亦横亦竪の破、総破は是れ非横非竪の破なり。大途は秖だ是れ横の破なり。

(1)複見第二句――無有・無無の見の意。
(2)具足見初句――初一句のなかの第四句の有の非有非無、または第四句のなかの初句の非有非無の有の意。
(3)蒙密――繁茂する様子。
(4)法華云魑魅魍魎処処皆有――『法華経』譬喩品、「処処皆有　魑魅魍魎　夜叉悪鬼　食噉人肉」(T9, 14a3-4)を参照。
(5)重累四見――「重」は複の四見、「累」は具足の四見をそれぞれ指す。

今、当に竪に破すべし。汝が執心は是れ有ならば、有は即ち是れ生なり。汝は是れ何等の生なるや。是れ五停[1]、総・別の念処[2]、煖・頂・忍・世第一[3]の生と為すや、是れ苦忍真明[4]の生と為すや、是れ重慮思惟[5]の生と為すや、是れ乾慧の似道[6]の生と為すや、是れ八人の見諦[7]の生と為すや、是れ神通遊戯・誓扶習気(せいふじっけ)[8]の生と為すや、是れ三賢の伏道[9]の似解の生と為すや、是れ十聖の真解の生と為すや、是れ鉄輪[10]の似道の生と為すや、是れ銅輪[11]の真道の生と為すや、是れ法界に遍き自在の生と為すや。此の諸の生を用て、汝が執心を勘うるに、全く気分[12]無けれども、見に

(1)五停――五停心観を指す。不浄観・慈悲観・数息観・因縁観・念仏観のこと。

(2)総別念処――総相念処・別相念処のこと。四念処に別相念処と総相念処の二つがある。別相念処には、身・受・心・法の四に対して、順次に不浄・苦・無常・無我であると、それぞれの自相を観察する自相別観と、身・受・心・法の四はいずれも不浄・苦・無常・無我であると、それらの共相を観察する共相別観とがある。総相念処は、身・受・心・法の四を総じて不浄・苦・無常・無我であると観察することである。

(3)煖頂忍世第一――小乗仏教の階位では、五停心・別相念処・総相念処の三賢を外凡夫といい、煖・頂・忍・世第一法の四善根を内凡夫という。見道以上は聖位になる。初めて無漏慧が生じ、それによって四諦の理を見る位を見道というが、その見道に入る直前の位を四善根の位という。煖法は、四善根の第一で、煖はあたたかさのことで、これが火の前触れであるように、見道の無漏慧の火によって煩悩を焼き滅ぼす前触れとして、有漏の善根を生ずる

位をいう。頂は、四善根の第二で、動善根（動揺して安定しない善根）の中の絶頂の位をいう。忍は、四善根の第三で、不動善根の位で、もはや悪趣に堕ちることはない位をいう。世第一は、四善根の第四で、世間、つまり凡夫の位のなかで、最高である位をいう。

(4)苦忍真明――八忍・八智の十六心のうち、欲界の苦諦に関して苦法智忍・苦法智、上界の苦諦に関して苦類智忍・苦類智があるので、これらを指すと思われる。

(5)重慮――重ねて観察すること。

(6)乾慧似道――「乾慧」は、乾慧地のことで、通教の三乗共の十地の第一。十地の名称は、乾慧地・性地・八人地・見地・薄地・離欲地・已辦地・支仏地・菩薩地・仏地である。「似道」は、相似即（六即の第四）の覚りの意。

(7)八人見諦――「八人」は、八人地のことで、通教の三乗共の十地の第三。「見諦」は、三界の見惑を断じて、四諦の理を見ること。

(8)誓扶習気生――誓願の力によって煩悩の習気を扶助して三界に生を受けること。「習気」は、煩悩を断じた後にも残る煩悩の影響力をいう。見思惑をまったく断じると、三界に生を受けないので、衆生救済の菩薩行を実践できない。そこで、見思惑の習気を残し、それだけでは弱いので、誓願の力によってそれを補助して、三界に生を受けるのである。

(9)伏道――煩悩を完全には断じないで、制伏するだけのあり方をいう。

(10)鉄輪――十信の位を指す。

(11)銅輪――十住の位を指す。

(12)気分――道理の趣きの意。

非ずと言わば、孰か是れ見ならん。

若し心は是れ無生なりと計せば、無は即ち不生なり。汝は是れ何等の不生なるや。是れ見の不生と為すや、是れ思の不生と為すや、習気の不生と為すや、塵沙の不生と為すや、無明の不生と為すや、業の不生と為すや、報の不生と為すや、行の不生と為すや、理の不生と為すや。

世人の云わく、「不生なり。不生は、即ち是れ仏なり。秖だ是れ法仏なりと道うのみ」と。今、此の語を釈せば、即ち是れ三仏[1]なり。理の不生は即ち法仏、無明の不生は即ち報仏、塵沙・見思の不生は即ち応仏なり。又た、無明の不生は即ち法仏、見思の不生は即ち報仏、塵沙の不生は即ち応仏なり。又た、業行・位の不生は即ち応仏、智業の不生は即ち報仏、理の不生は即ち法仏なり。又た、応仏は縁因[2]従り生じ、報仏は了因従り生じ、法仏は正因従り生ず。

三仏の生は即ち無生にして、無生は即ち三仏の生なり。若し阿字門を聞かば、即ち一切の義を解す。云何んが秖だ一解を作さんや。利钁もて地を劚り、徹して金剛[3]に至る。一の不生を聞かば、遍く法界の不生を解す。諸の不生を将て、汝が執心を勘うるに、了に一分無し。見に非ずして是れ何ぞや。

67b

有る人は、『中論』を難じて云わく、「不生不滅は、未だ深き理に会せず。何となれば、煩悩は是れ生法にして、三相[4]もて遷謝するは是れ滅法なり。秖だ此の生滅ならざるが故に、不生不滅と言う。但だ是れ空に入るのみにして、中の意を見ず」と。中論師は解して云わく、「不生不滅とは、不生ならず、不滅ならず、以て中道を顕わす」と。此の解は中を扶く(たす)れども、文を傷い(そこな)義を失う。何となれば、龍樹の意は、通を兼ね別を含むが故に、不生不滅と言う。不生とは、二十五有の生ならず、三相もて遷滅するの滅ならず、能く二十種の身見を破し、須陀洹、乃至、無学と成る。豈に通の意を兼ね申べ、亦た三蔵の意を兼ぬるに非ずや。若しは生、若しは滅、皆な生に属す。涅槃は但だ空のみにして、唯だ寂滅に属す。此の生ならず、此の滅なら

（1）三仏――法仏・報仏・応仏を指す。

（2）縁因――縁因仏性のこと。次下の「了因」は了因仏性、「正因」は正因仏性をそれぞれ指す。

（3）金剛――地層の最下層の金輪を指す。

（4）三相――有為法の生・住・滅の三種の様相のこと。

（5）難中論云不生不滅未会深理何者煩悩是生法三相遷謝是滅法秖不此生滅故言不生不滅但是入空不見中意――『中論』巻第一、観因縁品に出る「不生亦不滅」(T30, 1b14) に対する解釈への非難である。

（6）二十種身見――身見は、我見ともいう。『輔行』巻第五之六、「言二十者、五陰各四。謂色大我小、我在色中。我大色小、色在我中。即色是我、離色有我。四陰亦爾。故此二十名為身見」(T46, 323a19-22) を参照。

ず、双べて二辺を遮す。豈に別を含むの意に非ずや。若し生滅は是れ「因縁もて生ずる所の法は、即空・即仮・即中」ならば、即空の故に不生、即仮の故に不滅、不生不滅は即ち是れ中道なり。文を按じて解釈するに、二[1]を兼ね別を含みて、中を顕わす。四義[2]は宛然たり。龍樹の巧みなるは、不生不滅の一句を以て、広く諸法を摂し、乃ち摩訶衍に会するのみ。若し脣を開き舌を動かし、重ねて「鳳よ」[3]の声を吃[4]し、筆を抽き毫を染めて、黔淰[5]の字を加えば、秖だ一意を得るのみにして、全く三門[6]を失う。懸疣附贅[7]にして、補助せんと欲すと雖も、還って漏失を成ず。

今、不生の一句を解せば、何ぞ啻だに四義を含むのみならん。且らく略して十の不生不不生[8]の意を出ださん。

一には一切の法は破す可く壊す可く、一切の語は転ず可し。有に非ず無に非ず、言を絶し句を離る。一法として心に入ること無し。是れ一の不生なり。不生も亦た不生なるが故に、不不生と名づく。情に不生と謂うと雖も、実には是れ生なり。非想をば謂いて無想と言えども、[9]細

（1）二——通教・蔵教の二教のこと。
（2）四義——蔵教・通教・別教・円教の四教のこと。
（3）鳳兮——『論語』微子篇、「楚狂接輿、歌而過孔子曰、鳳兮鳳兮、何徳之衰」を参照。
（4）吃——ぎこちなく話すこと。
（5）黔淰——底本の「点（點）」を、全集本によって「黔」に改める。「黔」は、黒くするの意。「淰」は、濁らすの意。筆の墨で黒く汚すこと。
（6）三門——蔵教・通教・『中論』の円宗を指す。
（7）懸疣附贅——垂れ下がった疣（いぼ）とくっついた瘤（こぶ）のような余計なものの意。『荘子』大宗師篇、「彼以生為附贅県疣」を参照。
（8）不生不不生——「不生」を滅とすると、「不不生」は不滅を指すので、不生不滅の意と解釈する。ただし、この段に頻出する「不不生」は、単独で不生不滅を意味すると解釈する。つまり「不不生」は「不生不滅」の省略的表現と解釈する。なお、『輔行』巻第五之六には難解であるが、「初標云、且略出其十種。於中分為三意。第一第二明非但破生不生、不生須破。故更加不不生。此乃以正而破於邪。第三至第九皆以両不破両惑生。故云不不生。即是以一生字対上両不。義而言之、開為両生。故上不生是一不不見生。次一不生是一不不思生。及論結句一一但云不不生者、還存略故。故以下句不字次前不下。故云不不。下去諸句、準此可知。故云正習乃至別円。第十約妙覚位。智断永満、両生不生、名不不生」（T46, 323b18-29）とある。
（9）非想謂言無想——『南本涅槃経』巻第三十六、憍陳如品、「善男子、汝已先能呵責麁想。今者云何愛著細想。不知呵責如是非想非非想処、故名為想、如癰・如瘡・如毒・如箭」（T12, 851c20-23）を参照。

想を成就するが如し。此れは乃ち邪見の外道の不不生なり。[1]

二には犢子の道人は、我は第五の不可説蔵の中に在りと計す。[2] 此れは是れ一の不生なり。不生も亦た不生なるが故に、不不生と名づく。

三蔵の二乗の若きは、三界の見思を断ず。一の不は見を不し、[3] 一の不は思を不するが故に、不不生と名づく。而るに習気は猶お生ず。

三蔵の仏の若きは、正・習の倶に尽くるを、不不生と名づく。一の不は正を不し、一の不は習を不するが故に、不不生と言う。此れは析法の不不生なるのみ。

通教の若きは、見は本と不生なりと体し、思は本と不生なりと体するが故に、不不生と言う。『思益』に云わく、「我れは無生・無作に於いて、証を作すことを得」[4] と。二乗は見思を不するを体すと雖も、習気は猶お生ず。

通教の仏は、道場に坐して、正・習は倶に尽く。亦た是れ不不生なり。此れは乃ち分段の不不生なるのみ。

別教の人の若きは、通・別の惑を断ず。[5] 一の不は通を不し、一の不は別を不するを、不不生と名づく。此れは一品一分、二品二分の[6] 不不生なるのみ。上分は猶お生ず。

別教の仏の若きは、上分の[7] 尽くるを、不不生と名づく。此れは猶お是れ方便権説の不不生な

67c

るのみ。円人の若きは、一の不は通を不し、一の不は別を不するを、不不生と名づく。猶お因地に居す。猶お上地の行・智・報等の生在ること有り。

(1)成就細想――『大方等大集経』巻第二十二、声聞品、「凡夫離於非想非非想処、無麁煩悩、亦有十法。所謂、一受、二想、三行、四触、五思惟、六欲、七解、八念、九定、十慧」(T13, 161b23-26) を参照。

(2)犢子道人計我在第五不可説蔵中――『大智度論』巻第一、「犢子阿毘曇中説、五衆不離人、人不離五衆、不可説五衆是人、離五衆是人、人是第五不可説法蔵中所摂」(T25, 61a22-25) を参照。

(3)一不不見――一の不生は見惑を生じないという意。

(4)思益云我於無生無作而得作証――『思益梵天所問経』巻第一、分別品、「涅槃是無作性、我等已証、故説不可作而作」(T15, 37a27-28) を参照。

(5)通別惑――通惑と別惑のこと。通惑は見思惑のことで、声聞・縁覚・菩薩が共通に断じる惑なので通惑と呼ぶ。これに対して、塵沙惑・無明惑は菩薩だけが断じる惑なので、別惑と呼ぶ。

(6)一品一分二品二分――一品の煩悩を断ち切って一分の智慧を得ること、二品の煩悩を断ち切って二分の智慧を得ること。

(7)上分――上の段階の煩悩を指す。

妙覚の若きは、智の満じて、其の智は更に生ぜず、無明は究竟して尽き、惑は更に生ぜず。行・智・報等は、畢竟して不不生なり。又た、真なる理は極まるが故に、一の不不生なり。円理は極まるが故に、一の不不生なり。又た、理の本は、本と不生なれば、今も亦た不不生なり。若し単の不生の語を作さば、法を摂することは亦た尽く。前に説けるが如し。若し不不生の語を作さば、法を摂することは亦た尽く。汝の不生を作すは、何処の不生に斉(ひと)しきや。汝の不不生を作すは、復た何処の不不生に斉しきや。他すら尚お外道の不不生を識らざれば、況んや最後[1]の不不生を識らんや。那んぞ是の見を愊(ぷく)[2]さざることを得ん。当に苦(ねんご)ろに之れを破すべし。竪に亦有亦無の見、非有非無の見を破すは、上の菩提心の中、釈名の絶待の中に、其の相を示せるが如し。

若し心は亦生亦不生なりと謂わば、是れ何等の亦生亦不生と為すや。是れ見は生ぜざれども、真[3]は生ずと為すや、是れ思は生ぜざれども、真は生ずと為すや、是れ習は生ぜざれども、真は生ずと為すや、是れ塵沙は生ぜざれども、通の用(ゆう)[4]は生ずと為すや、是れ無明は生ぜざれども、中道は生ずと為すや、是れ内業は生ぜざれども、外業は生ずと為すや、是れ内報は生ぜざれども、外報は生ずと為すや、是れ小行は生ぜざれども、大行は生ずと為すや、是れ偏理は生ぜざれども、円理は生ずと為すや。而も亦生亦不生と言う。若し此の如き等の亦生亦不生に非ずば、

68a

見に非ずして何とか謂わん。

若し心は非生非不生なりと言わば、是れ何等の非生非不生と為すや、是れ断・常を析する非生非不生と為すや、断・常を体する非生非不生と為すや、是れ八地の道観双流(どうかんそうる)[5]の非生非不生と為すや、是れ初地の生死を破して涅槃を得る非生非不生と為すや、是れ十地の後果の非生非不生と為すや、是れ初住の二辺を双遮する非生非不生と為すや、是れ十行の中道を増進する非生非不生と為すや、是れ十迴向の非生非不生と為すや、是れ十地の非生非不生と為すや。是れ妙覚の極地の非生非不生と為すや。既に此れ等の非生非不生に非ざれば、見に非ずして是れ何ぞ。

(1)最後――妙覚を指す。
(2)愜――煩悩を制伏する意。『講義』に、「愜とは、伏なり」とあるのを参照。
(3)真――真無漏慧のこと。
(4)通用――神通の作用の意。
(5)道観双流――他を教化する道＝化道と、空の理を観察する空観とを並び行なうこと。

若し絶言ならば、絶言は甚だ多し。是れ何等の絶言ぞや。単の四句の外なるも亦た絶言と称す。複の外、具の外なるも亦た絶言と称す。婆羅門の唖法（あほう）[1]を受くる者の如きは、亦た是れ絶言なり。又た、長爪の一切法不受も亦た是れ絶言なり。犢子の云わく、「世諦に我有り。我は不可説蔵の中に在り」と。不可説も亦た是れ絶言なり。三蔵の実に入り真を証するに、亦た不可説なり。故に身子の云わく、「吾れは、解脱の中に言説有ること無しと聞く」と。三蔵の解脱に、凡そ四門の入実有り。即ち四種の不可説有り。通教の三乗の人は、同じく無言説の道を以て、煩悩を断ずるに、亦た四門の不可説有り。別教の人は、常住の理に言無く説無しと観ずるに、亦た四門の不可説有り。円教は宣示す可からず。浄名は口を杜（と）じ、文殊は之れを印す。此れに亦た四門の不可説有り。

不可説は衆多なり。汝が計する所の不可説は、是れ何等と為すや。汝は尚お犢子の不可説にすら及ばず。何に況んや三蔵の四不可説をや。何を以ての故に。犢子は不可説を謂いて世諦と為し、計して涅槃と為さず。汝は計して実と為す。故に知んぬ、犢子に及ばざるを。犢子は尚お是れ見なり。汝は寧んぞ見に非ざらんや。此の見の為めの故に、広く煩悩を起こすこと浩然なり。前に説けるが如し。

更に重ねて絶言を破すとは、汝は絶言は四句の外に在りと謂う。今、十種の四句を明かす。

68b

汝の絶言は、何等の四句の外に在るや。

十種とは、一往の四句、無窮（むぐう）の四句、結位の四句、褶牒（しょうじょう）の四句、得悟の四句、摂属（しょうぞく）の四句、権実の四句、開顕の四句、失意の四句、得意の四句なり。

一往の四句とは、凡・聖は通途に皆な四句を論ず。此の意は知る可し。

無窮の四句とは、四四爛漫[7]として無貲（むぜい）[8]なり。四十八番の中に其の相を示すが如し、云云。

（1）唖法――無言を守る修行方法を指す。

（2）長爪一切法不受――本書六六五ページ注5を参照。

（3）犢子云世諦有我我在不可説蔵中――本書七〇七ページ注2を参照。

（4）真――空のこと。

（5）身子云吾聞解脱之中無有言説――『維摩経』巻中、観衆生品、「天曰、耆年解脱、亦何如久。舎利弗黙然不答。天曰、如何耆旧大智而黙。答曰、解脱者無所言説、故吾於是不知所云」（T14, 548a8-11）を参照。

（6）浄名杜口文殊印之――『維摩経』巻中、入不二法門品、「時維摩詰黙然無言。文殊師利歎曰、善哉、善哉。乃至無有文字・語言、是真入不二法門」（同前、551c22-24）を参照。

（7）四四爛漫――四句のなかに四句があって溢れ乱れる様子。

（8）無貲――計算することができないの意。

結位の四句とは、四句を分斉[1]して、是非を剋定[2]す。単・複・具足等の住著の亡ぜざるが如きは、即ち凡夫の四句なり。若し句義無きを句義と為さば、是れ聖人の四句なり。

襵牒の四句とは、凡夫の四句を結して、牒[3]して有の句と為し、二乗を牒して無の句と為し、菩薩を牒して亦有亦無の句と為し、仏を牒して非有非無の句と為す。

得悟の四句とは、句に随って入る処は、即ち悟入の門と成れば、四句は即ち四門と成る。

摂属の四句とは、諸句の門に随って、何れの法に悟入するや。法を以て之れを分け、諸の法門に属するなり。

権実の四句とは、諸法の四句の門は、三の四[4]を権と為し、一の四[5]を実と為す。

開顕の四句とは、一切の四句を開いて、皆な一実の四句に入る。若し一実の四句に入らば、皆な不可説なり。仏の教の四句は、此れに斉る。

失意の四句とは、仏の四句を執して、諍競を起こす。過は凡夫に同じ。

得意の四句とは、菩薩は失意の過を見、小・大の論を作って、仏の両の四句[6]を申べ、執を破し迷いを遣らば、則ち得意の四句有り、論を作るの功は息む。

若し是の絶言の見を愊せずば、前の諸の四句に、汝は何等の四句の外に出でて、理は言の外に在りと謂うや。

前に横に四句を破し、今竪に四句の言の外を破するなり。

今、世に多く悪魔の比丘有りて、戒を退いて家に還り、駆策(くさく)[7]を懼畏(くい)して、更に道士に越済(おっさい)す。[8]復た名利を邀(もと)めて、荘老[9]を誇談す。仏法の義を以て、偸(ぬす)みて邪典に安(お)き、高きを押して下(ひ)きに就け、尊きを推して卑しきに入れ、概して平等ならしむ。道の道とす可きは、常の道に非ず、

(1)分斉——区分すること。
(2)剋定——判定すること。
(3)牒——提示すること。
(4)三四——蔵教・通教・別教の三種の四句のこと。
(5)一四——円教の一種の四句のこと。
(6)両——別教・円教の二つを指す。
(7)駆策——むち打ちの意。
(8)越済道士——仏教と道教の境界を踏み越えて、あらためて道士になること。
(9)荘老——荘子・老子の四相を指す。

名の名とす可きは、常の名に非ざるを以て、[1] 仏法の説示す可からざるに均斉くす。虫の木を食いて、偶たま字を成ずることを得るが如し。[2] 道理を検校するに、邪正は懸かに絶す。愚者の信ずる所、智者の嗤う所なり。何となれば、前に説く所の諸の生、諸の不生、諸の四句、諸の不可説の如きは、汝は尚お単の四句の外の不可説にすら非ず。何に況んや複の外、何に況んや具足の外、何に況んや犢子をや。尚お犢子にすら非ず。何に況んや三蔵・通・別・円をや。

諸法の理本もて往きて、常の名、常の道に望むるに、云何んが斉しきことを得ん。教相もて68c往きて望むるに、已に斉しきことを得ず。況んや苦・集を以て往きて検するに、過患は彰露なり。云何んが斉しきことを得ん。況んや道品を将て往きて望むるに、云何んが正法の要に斉しきことを得ん。本は既に斉しからざれば、迹も亦た斉しからず。仏の迹は世世に是れ正しく天竺の金輪の刹利[3]なり。荘老は是れ真丹の辺地の小国の柱下の書史、宋国の漆園の吏なり。[4] 此れは云何んが斉しからん。仏は三十二相・八十種好を以て、其の身を纏絡[5]す。荘老は、身は凡流の如し。凡流の形は、痤小醜蔑[6]なり。『経』に云わく、「閻浮提の人は、形状、鬼の如し」と。云何んが仏に斉しからん。仏は法を説く時、光を放ち地を動かし、天人は畢ごとく会して、叉手して法を聴き、機に適いて説く。梵響は流れの如く、辯は尽くす可からず、語の下に当たって、言は虚しくは発せず、聞きて皆な道を得。老は周朝に在りて、主上は知らず、群下は識らず、敢えて一言の諫諍をも出ださず、一人をも化得すること能わず、壊れたる板車に乗って、関西[7]に出で、窃かに尹喜[8]に説けり。何の公灼[9]なることか有らん。

（1）道可道非常道名可名非常名――『老子』第一章、「道可道非常道、名可名非常名。無名天地之始、有名万物之母」を参照。
（2）如虫食木偶得成字――『摩訶止観』（Ⅰ）の一一五ページ注3を参照。
（3）金輪刹利――金輪聖王の刹利（クシャトリヤ、王族）の意。
（4）荘老是真丹辺地小国柱下書史宋国漆園吏――老子は真丹（中国）の辺地の小国の柱下の書史（周の蔵書室の役人）であり、荘子は宋国の漆園の役人であるの意。
（5）纏絡――身にまとっていること。
（6）痤小醜蔑――腫れ物があり、小さく醜い様子。
（7）関西――函谷関の西を指す。
（8）尹喜――関所（函谷関）の役人で、老子に『老子道徳経』を授けられた。
（9）公灼――明白な様子。

又た、漆園に毫を染めて簡[1]に題し、勾治改足[2]し、軋軋[3]として抽くが若し。内・外の篇[4]を造って、以て顕達を規む。誰か共に同じく聞き、復た誰か道を得たる。云何んが斉しきことを得ん。是の如く斉しからざる、其の義は無量なり。倦みて説くこと能わず。云何んが邪を以て正を干さん。

復た次に、如来の行く時、帝釈は右に在り、梵王は左に在り、金剛[5]は前に導き、四部[6]は後に従い、空を飛んで行く。老は自ら薄板の青牛の車を御し、関西に向かって田を作り、荘は他の使う所と為りて、漆樹を看守す。此の如き挙動、復た云何んが斉しからん。

如来は定んで転輪聖帝と為り、四海は顒顒[7]として、神宝の至るを待つ。此の栄位を忽せにして、出家して仏を得。老は関東[8]に仕えて小吏の職を悋み、関西に墾農[9]して数畝の田を惜しむ。公私に忽遽かに此れを棄つること能わず。云何んが斉しと言わんや。盲人は眼無く、汝が説く所を信ず。智慧有る者は、愍みて之れを怪しむ。是の故に当に知るべし、汝が不可説は、是れ絶言の見なり。三仮は具足し、苦・集は成就し、生死は宛然たり。炬を抱いて自ら焼く。甚だ傷痛す可し。此の見を破するが若きは、前に説く所の如し、云云。

復た次に外人は或る時、「道の道とす可きは、常の道に非ず」というを用て絶言と為し、『中論』の「不生不滅」を破して云わく、「是れ第四句なり。絶言は四句を出過す」と。一往、語を聞くに、謂って「出過す」と言うも、理は則ち然らず。不生と言うは、見心は生ぜず。既に生ぜざれば、即ち滅せず。故に「不生不滅」と言う。絶言の見心は、一切の愛・見・疑・慢を生ず。云何んが生滅を以て、他の不生不滅を破せんや。愚癡の戯論なり。応に此の如くなるべからず。

(1)簡――竹簡を指す。
(2)勾治改足――底本の「句」を、『全集本』によって「勾」に改める。「勾」は削ること、「治」は修正すること、「改」は改正すること、「足」は添えることの意。まとめて、文章を添削修正するという意と取る。
(3)軋軋――ぎしぎしとした様子。
(4)内外篇――『荘子』内篇・外篇を指す。
(5)金剛――金剛力士のこと。仏教を守護する善神。
(6)四部――比丘・比丘尼・優婆塞・優婆夷の四衆を指す。
(7)顒顒――仰ぐ様子。
(8)関東――函谷関の東を指す。
(9)墾農――開墾すること。

又た問う。不生不滅の見を起こさば、此れは復た云何ん。

答う。応に六句有るべし。絶言は不生不滅を破す。不生不滅は絶言を破す。絶言は不生不滅を修す。不生不滅は絶言を修す。絶言は即ち不生不滅なり。不生不滅は即ち絶言なり……。

一切の凡夫は、未だ聖道に階（のぼ）らず、介爾も計を起こさば、悉皆（こと）ごとく是れ見なり。見有るを以ての故に、三仮の苦・集の煩悩は随従す。魚の王、貝の母のごとく、衆（もろもろ）[1]の使[2]は具足し、結業は蕪蔓（ぶまん）[3]として、生死は浩然たり。一人の経歴すら尚お辺畔（へんぱん）[4]無し。何に況んや多人をや。当に知るべし、見惑は大いに怖畏す可し。勤めて止観を用て之れを摧伏（さいぶく）せよ。若し単の見を起こさば、止観の四句を用て、逐（お）いて之れを体破せよ。若し単を避けて複に入り、複を避けて具に入り、具を避けて絶言に入り、趣き無くして薳（いよ）[5]いよ起こさば、止観もて之れを逐いて、遠として届（いた）らざること無し。常に寂にして常に照らして、之れを治するに休まず。金剛の刀の擬する所は、皆な断ずるが如く、悟りを取るを期と為せ。能く是の如く観ぜば、真を発せずと雖も、諸見は伏せられて、方便の五陰と成る。若し空に入ることを得ば、衆見は消尽す。故に初果の破する所は、四十里の水を竭（つ）くすが如く[6]、功夫（くふう）は甚だ大なり。恐らくは聞く者は疑を生ぜん。略して三結[7]を断ぜしむ。余残の尽きざることは、一渧（いったい）の水の如し。思は未だ尽くさずと雖も、見は已に余無し。多に従いて言を為して、亦た破法遍を明かすことを得るなり。

問う。従仮入空は、無量の見を破す。下の二観[8]は復た何の破する所あらん。

答う、入空の観は、見、及び思を破す。束ねて之れを言うに、秖だ是れ有を破するのみ。次の観の破する所は、秖だ是れ無を破するのみ。中観の破する所は、双べて二辺を非して、正しく中道を顕わす。故に『釈論』に云わく、「有無の二見は、滅して余無し。仏の尊重する所の

(1)魚王貝母──『南本涅槃経』巻第十一、聖行品、「亦如魚王・蟻王・蠡王・牛王・商主在前行時、如是諸衆悉皆随従、無捨離者」(T12, 678b23-24)を参照。
(2)衆使──多くの煩悩の意。
(3)蕪蔓──盛んな様子。
(4)辺畔──際限の意。
(5)無趣──意味がないこと。
(6)初果所破如渇四十里水──『南本涅槃経』巻第三十三、迦葉菩薩品、「須陀洹人所断煩悩、猶如縦広四十里水、其余在者如一毛渧」(T12, 824c16-18)を参照。
(7)三結──身見・戒禁取見・疑の三つの煩悩のこと。
(8)下二観──従空入仮観・中道第一義観を指す。

法に稽首す」[1]と。故に知んぬ、諸見は縦横[2]にして、尚お第二の観の破する所と為らず。云何んが謬って謂いて真法と為さんや。

問う。生死を束(つか)ねて有と為し、二乗を束ねて無と為す。有見は縦横にして無量なり。無も亦た応に然るべし。

答う。凡夫は妄計して、処に触れて著を生ず。是の故に有多し。二乗は已に見思を断じて、復た横計無く、唯だ空を証するのみ。大乗は之れを破して、名づけて空見と為すのみ。

5.7.2.8.1.2.1.1.1.4.2.1.1.1.2.2. 得失を料簡す

69b

二に得失を料簡すとは、問う。此の如き止観は、諸見に随逐(ずいちく)するに、何の得失か有る。

答う。当に四句もて料簡すべし。一に故(ふる)き惑は除かずして、新しき惑は又た生ず。二に故き惑は除かれて、新しき惑は又た生ず。三に故き惑は除かずして、新しき惑は生ぜず。四に故き惑は除かれて、新しき惑は生ぜず。一は譬えば薬を服するに、故き病は差(い)えずして、薬は更に病を成ずるが如し。二は治する所の病は差えて、薬は病を作す。三は病は差えずと雖も、薬は妨げを成ぜず。四は故き病は既に差ゆれば、薬は亦た随いて歇(つ)く。前の二種は是れ外道の得失の相にして、後の二種は是れ仏弟子の得失の相なり。

所以は何ん。本と止観を用て生死の惑を治するに、而も貪欲の心は、都べて休息せず、此の止観に因って、更に諸見を発し、因を破し果を破して、為さざる所無し。是れ則ち故き惑は除かずして、新しき惑は更に起こるなり。二に止観を修する時、衣食を貪求する、諸の鈍の煩悩は息んで起こらず。寒苦に忍耐し、刀もて割き香もて塗るも[3]、憎・愛を生ぜず、財物の得失にも、其の心は平等なり。而して見に執するの心は、甚だ怖畏す可し。渇ける馬の水を護るが如く、搪揬破壊して、因果を撥無す。是れ則ち故き惑は去って、新しき惑は生ず。此の両つは外道に属す。愛処に愛を生じ、瞋処に瞋を生ず。若し止観を学んで此の如きに堕せば、彼の外道に同じきなり。

（1）釈論云有無二見滅無余稽首仏所尊重法――『大智度論』巻第一。「有無二見滅無余　諸法実相仏所説　常住不壊浄煩悩　稽首仏所尊重法」（T25, 57c13-14）を尊重。「稽首」は、インドにおける最上の敬礼。ひざまづいて顔面を地に着け、相手の足を両手で受けて、自分の顔に触れさせること。頂礼、頭面礼足などともいう。漢語の稽首は、中国における最も重い礼で、頭を地に近づけ、しばらくとどめ、敬礼すること。ここでは、帰命と同義。

（2）縦横――多くある様子。

（3）刀割香塗――『南本涅槃経』巻第七、邪正品、「又復如来於怨親中其心平等、如以刀割及香塗身、於此二人不生増益・損減之心、唯能処中。故名如来。如是経律当知是魔之所説也」（T12, 644b19-22）を参照。

三に仏弟子は此の止観を修して方便道と為し、深く見・愛・無明の因縁を識り、介爾も心起こらば、即ち三仮を知り、止観もて随逐して、性を破し相を破す。復た貪・瞋は尚お在りと雖も、見著は已に虚しく、六十二等は伏せられて起こらず。是れ故き惑は除かざれども、新しき惑は生ぜずと名づく。是れ方便道の中の人と為すなり。

四に若し能く此の如き三仮の四観もて、念を逐いて検責し、虚妄にして性相は倶に空なりと体達し、豁然として真を発し、即ち理を見ることを得るは、唯だ故き病は永く除かるるのみに非ず、新しき病は発せず。是れ見諦道に入りて聖人と成ると為す、云云。

5.7.2.8.1.2.1.1.1.4.2.1.1.2.3. 見を破する位を明かす

三に見を破する位を明かすとは、若し此の方法を修して、明らかに四諦を識り、巧みに観慧を用て、諸見は伏せられれば、三蔵の法に依るは、是れ総・別の念処なり。正しく四倒を伏して、四倒は生ぜず、煖は即ち発することを得て、方便等の位を成ず。進んで諸見を破し、真を発して聖と成る。即ち初果の位なり。若し通教に依らば、見を伏する位は是れ乾慧地なり。若し理水を得て、心を沾さば、即ち性地を成ず。若し進んで見を破せば、即ち是れ八人・見地の位なり。若し別教に依らば、見を伏する者は是れ鉄輪の十信の位なり。見を破するは是れ銅輪

69c

の十住の位なり。若し円教に依らば、見を伏する者は是れ五品弟子の位なり。見を破するは是れ六根清浄の位なり。断伏の名は同じけれども、観智は大いに異なる。三蔵は思議の真を観じ、析法の観智もて伏断す。通教は思議の真を観じ、体法の観智もて伏断す。別教は中道を知ると雖も、次第の観智もて伏断す。円教は即ち中なり。一心の観智もて伏断す。名を聞きて仍お其の義を混ず可からず。

問う。若し見仮を伏して、賢位に入らば、故き惑は未だ差えずと雖も、新しき惑は応に生ずべからず。那んぞ止観を修する時、諸の見境は発することと有ることを得ん。

答う。此れは宿習[1]を発す。宿習の見は、還って是れ故き惑なり。人の薬を服するに、薬は宿病を撃つが如し。宿病は既に動ずれば、須臾にして自ら差ゆ。是れ薬は新病と為るには非ざるなり。

問う。何ぞ直ちに別・円の入空破仮の位を明かさずして、三蔵・通教等の入空の位を明かすや。

(1)宿習——過去の習慣の意。

答う。上に修発[1]、不修発、十境の交互等[2]を明かすは、行人に浅深の法を示さんと欲するが故に、諸位を叙するのみ。又た、半・満の位[3]を明かして、行者をして之れを識らしめんと欲するのみ。又、半字の入空の法は、悉ごとく是れ別・円の助道の方便なり。又た、「僕従多くして之れを侍衛(じえ)す」[4]とは、即ち其の義なり。又た、豈に方便を離れて別に真実有らんや。此の半字に即して是れ満字なり。故に云わく、「二乗の若しは智、若しは断は、即ち是れ菩薩の無生法忍なり」[5]と。

仮を体して空に入りて止観の義を結成すとは、諸見の輪は息(やす)みて、一たび受けて退せず永く寂然たるを[6]、名づけて止と為す。見は無性、性空、相空なりと達するを、名づけて観と為す。真諦の理を見るを、名づけて不生と為す。理は既に不生なれば、理は亦た不滅なり。是れ不生不滅と為し、無生忍と名づく。又た見惑は生ぜざるを因の不生と名づけ、三悪の報いの生を受けざるを果の不生と名づく。因果は不生にして、亦復た不滅なり。不生不滅を無生忍と名づく。是れ無生門は止観に通ずと為す。亦た是れ止観は無生門を成ず。仮従り空に入りて、見惑を破すること遍きこと竟(お)わんぬ。

摩訶止観巻第五下

（1）修発——過去世に順序だって修行し、あるいは今世で順序だって修行することと、順序だって修行するのにしたがって、順番に生じること。

（2）十境交互——十境がたがいに入れ替わること。

（3）半満——半字の小乗と満字の大乗を指す。

（4）多僕従而侍衛之——『法華経』譬喩品、「又多僕従而侍衛之」（T9, 12c23-24）を参照。

（5）云二乗若智若断即是菩薩無生法忍也——『大品般若経』巻第二十二、遍学品、「須菩提、是八人若智若断、是菩薩無生法忍。須陀洹若智若断、斯陀含若智若断、阿那含若智若断、阿羅漢若智若断、辟支仏若智若断、皆是菩薩無生忍」（T28, 381b23-26）を参照。

（6）一受不退永寂然——『維摩経』巻上、仏国品、「一受不退常寂然」（T14, 537c21）を参照。

【訳註者略歴】

菅野博史（かんの・ひろし）

1952年　福島県生まれ
1976年　東京大学文学部卒業
1984年　東京大学大学院博士課程単位取得退学
1994年　文学博士（東京大学）

創価大学大学院教授、
公益財団法人東洋哲学研究所副所長、
中国人民大学客員教授。

専門は仏教学、中国仏教思想史。

著書・訳書
　『法華玄義』上・中・下〔第三文明選書〕
　『法華文句』Ⅰ～Ⅳ〔第三文明選書〕
　『一念三千とは何か――「摩訶止観」正修止観章』〔第三文明選書〕
　『現代に生きる法華経』〔レグルス文庫〕（以上、第三文明社）
　『現代語訳　法華玄義』上・下（東洋哲学研究所）
　『法華経入門』（岩波書店）
　『南北朝・隋代の中国仏教思想研究』
　『法華玄義を読む――天台思想入門』
　『法華経――永遠の菩薩道　増補新装版』（以上、大蔵出版）
　『中国法華思想の研究』
　『法華とは何か――「法華遊意」を読む』（以上、春秋社）
　『中国仏教の経典解釈と思想研究』（法藏館）　など

摩訶止観（Ⅱ）　第三文明選書19

2023年12月20日　初版第1刷発行

訳註者　菅野博史
発行者　大島光明
発行所　株式会社　第三文明社
東京都新宿区新宿1-23-5　郵便番号　160-0022
電話番号　03(5269)7144（営業代表）
03(5269)7145（注文専用）
03(5269)7154（編集代表）
振替口座　00150-3-117823
URL　https://www.daisanbunmei.co.jp
印刷所　図書印刷株式会社
製本所　牧製本印刷株式会社

ISBN 978-4-476-18019-0